Trabalho e Educação

LIA TIRIBA E IRACY PICANÇO
(organizadoras)

Trabalho e Educação

Arquitetos, abelhas e outros tecelões
da economia popular solidária

DIRETORES EDITORIAIS:
Carlos Silva
Ferdinando Mancílio

EDITORES:
Avelino Grassi
Roberto Girola

COORDENAÇÃO EDITORIAL:
Elizabeth dos Santos Reis

REVISÃO:
Maria Isabel de Araújo

PROJETO GRÁFICO E EDITORAÇÃO:
Marcelo Antonio Sanna

CAPA:
Tamara P. Souza

Editora Idéias & Letras
Rua Pe. Claro Monteiro, 342 – Centro
12570-000 Aparecida-SP
Tel. (12) 3104-2000 – Fax (12) 3104-2036
Televendas: 0800 16 00 04
vendas@ideiaseletras.com.br
www.ideiaseletras.com.br

2ª edição: 2010

Dados Internacionais de Catalogação na Publicação (CIP)
(Câmara Brasileira do Livro, SP, Brasil)

Trabalho e educação na Era do pós-emprego: arquitetos, abelhas e outros tecelões da economia popular solidária / Lia Tiriba, Iracy Picanço, (organizadoras). – Aparecida, SP: Idéias & Letras, 2004.

Vários autores.
Bibliografia.
ISBN 85-98239-27-5

1. Cooperativismo 2. Economia 3. Educação popular 4. Solidariedade 5. Trabalho e classes trabalhadoras – Educação I. Tiriba, Lia. II. Picanço, Iracy.

04-7497   CDD-306.43

Índices para catálogo sistemático:

1. Educação e trabalho : Sociologia 306.43
2. Trabalho e educação : Sociologia 306.43

Amor, trabalho e sabedoria são as fontes de nossa vida. Deviam também governá-la.

W. Reich

Sumário

Prefácio – *9*
Gaudêncio Frigotto

Introdução – O trabalho como princípio educativo
no processo de produção de uma "outra economia" – *19*
Lia Tiriba e Iracy Picanço

Artigos

1. Puxando o fio da meada: educação popular e produção
    associada – *33*
    José Pereira Peixoto Filho

2. Saberes da experiência e o protagonismo das mulheres: cons-
    truindo e descontruindo relações entre esferas da produção
    e da reprodução – *55*
    Clair Ziebell e Maria Clara Bueno Fischer

3. Ciência econômica e saber popular: reivindicar o "popular"
    na economia e na educação – *75*
    Lia Tiriba

4. O caráter educativo da produção associada: o aprendizado
    da autogestão – *103*
    José Eustáquio de Brito

5. Oficinas de Autogestão como produtoras de novas identidades laborais no contexto da Economia Solidária – *125*
   Ricardo Carvalho e Ana Rita Trajano.

6. Educação autogestionária: entre a experiência e o mito da administração científica (o projeto de educação da Anteag) – *147*
   Marilena Nakano, Marli Pinto Ancassuerd
   e Maria Elena Villar e Villar

7. Análise sobre processos de formação de incubadoras universitárias da Unitrabalho e metodologia de incubação de empreendimentos de economia solidária – *167*
   Farid Eid

8. O projeto educativo das ITCP's: encontros e desencontros na incubagem de cooperativas populares – *189*
   Josiane Barros

9. Educação e trabalho cooperativo: desafios de uma política pública – *215*
   Marlene Ribeiro

10. Trabalho e educação nas cooperativas do MST – *237*
    Célia Regina Vendramini

11. Especializados e políticos: trabalhadores "dirigentes" de uma democracia popular – *257*
    Giovanni Semeraro

Apêndice – A ideologia que embala a galinha dos ovos de ouro – *275*

Sobre os autores – *291*

Prefácio

Fica decretado que agora vale a verdade,
Que agora vale a vida,
E que de mãos dadas,
Trabalharemos todos pela vida verdadeira...
(Thiago de Mello, *Os Estatutos do Homem*)

O livro *Trabalho e Educação: arquitetos, abelhas e outros tecelões da economia popular solidária*, organizado por Lia Tiriba e Iracy Picanço, com 11 artigos de autoria de quinze pesquisadores, pretende explicitar "*concepções e práticas de educação de trabalhadores em diferentes espaços e tempos da formação humana, em especial naqueles em que são eles os gestores de seu trabalho*", socializando "*os diferentes olhares sobre os vínculos entre trabalho, educação e economia*".

Com a intenção explícita de buscar a "unidade da diversidade" sobre os caminhos da "pedagogia da produção associada", tanto no âmbito teórico-metodológico quanto na ação prática, a coletânea objetiva mostrar que a "pedagogia da produção associada", no espaço contraditório das relações sociais de produção capitalistas, produz uma formação humana e processos educativos e culturais que se contrapõem e refutam a pedagogia do capital que aparece sob diferentes denominações no ideário pedagógico atual: "pedagogia empresarial" ou "pedagogia da fábrica" (capitalista), a "educação para o empreendedorismo" ou "educação para a gestão do próprio negócio".

O título sugestivo, elucidado por uma linguagem metafórica e a amplitude de temas que cobre e sua clara atualidade para a realidade brasileira, mas não só, certamente permitiria vários caminhos para um prefácio. Um desses caminhos seria o de buscar apreender os elos que articulam os diferentes textos e realçar o núcleo fundamental da coletânea naquilo que ela revela em termos de possibilidades e de desafios teórico-práticos. Isso, todavia, as organizadoras o têm feito com clareza na Introdução. Por aí o leitor tem uma clara visão do conjunto dos textos e do seu sentido e significado dentro do objetivo da coletânea acima exposto. O que me proponho é sinalizar para o leitor porque o livro assume uma relevância singular num tempo histórico onde a ideologia do "capitalismo realmente existente" busca sedimentar o senso comum de que não há alternativa a esse modo de produção e que, na "sociedade do conhecimento" não há mais classes sociais. Trata-se de situar esta obra no espaço das contradições, cada vez mais profundas, do sistema capital e do caráter cada vez mais destrutivo de seu metabolismo na busca de respostas a suas crises, também cada vez mais agudas.

Uma problemática central das análises de Marx e Engels foi a de compreender os processos históricos que constituem um modo de produção e as contradições que permitem que determinadas forças sociais se sintam em condições objetivas e subjetivas de superá-lo. Ao examinarem o modo de produção feudal esses autores nos evidenciam que o trabalho escravo, o poder absolutista e o domínio da Igreja e sua visão metafísica da realidade constituíam-se em sua base e, ao mesmo tempo, em sua fraqueza. Com efeito, foi justamente de dentro das crescentes contradições das relações de produção escravocratas e do aparato

10

político-ideológico do Estado Absolutista e da Igreja que a burguesia foi gerando as condições de fundar o modo de produção capitalista.

No plano da base material das relações de produção, um longo processo histórico foi instaurando, de dentro do feudalismo mediante a acumulação primitiva, as condições do surgimento da propriedade privada. A afirmação dessas novas relações de produção, todavia, dependiam do cimento da ideologia liberal e de instituições que produzissem e reproduzissem essa ideologia. De um lado, as idéias de liberdade (do e no mercado) e de uma igualdade da natureza humana definida por uma tendência ao bom, ao agradável e ao útil da liberdade (do e no mercado) e, de outro, as teses do estado liberal, da democracia burguesa e da laicidade estatuem este cimento ideológico. A escola emerge não como única instituição, mas como a fundamental para produção e reprodução dos conhecimentos, valores, idéias funcionais ao novo modo de produção.

A revolução protagonizada pela burguesia engendra elementos civilizatórios ao romper com o regime escravocrata e com a concepção metafísica da realidade. Todavia, como lembrava Marx, mantém a humanidade em sua pré-história por não romper com a cisão do humano mediante a sociedade de classes. A burguesia fundou uma nova sociedade de classe mascarada agora por um processo de exploração não externo, mas interno às relações sociais de produção. A ideologia de uma igualdade a-histórica da natureza humana e, por conseqüência, de uma liberdade abstrata, dão às novas relações entre capital e trabalho, entre capitalista e trabalhador a base para uma legalização da exploração. A idéia de que detentores de capital e detentores de força-trabalho se apresentam no mercado em igualdade de condições e, portanto, livres para fazerem suas trocas constitui-se no fundamento ideológico do mascaramento e legalização da exploração.

Seria o modo de produção capitalista uma sociedade de tipo natural, e portanto ideal e definitiva como sua ideologia, ontem e hoje, afirma e quer nos convencer? Com a crise e colapso das experiências do socialismo real estaríamos diante de uma prova histórico-empírica cabal de que as relações sociais capitalistas serão eternas? São os mesmos autores, Marx e Engels e os que seguem sua concepção de história e método de análise que nos oferecem elementos para uma resposta negativa a essas indagações.

O modo de produção capitalista não será eterno por inúmeras razões mas, fundamentalmente, pelas contradições insolúveis que estruturalmente engendra e seu caráter crescentemente destrutivo para fazer face às mesmas. A contradição fundamental define-se pela capacidade exponencial de desenvolver e fazer avançar as forças produtivas, hoje dominantemente pelo desenvolvimento da ciência e da tecnologia, e sua incapacidade de socializar a produção, fruto do trabalho humano. Por ser um sistema que se nutre da exploração dos trabalhadores e que sua produção não tem como finalidade precípua a satisfação de suas necessidades, mas sim o lucro, desde o início muitos deles vão tomando consciência de sua natureza expropriadora e se organizam e, por diferentes formas, lutam contra o mesmo. O objetivo dos trabalhadores, quer sob a inspiração do socialismo utópico, anarquismo ou do socialismo científico, é de romper com os grilhões da exploração capitalista e, associados de forma livre, produzir bens e serviços que satisfaçam suas múltiplas necessidades de seres da natureza e seres sociais e culturais.

Por aproximadamente três séculos, o modo de produção capitalista é o sistema social dominante no mundo. Ao contrário do que a teoria ou ideologia liberal prometeram — a tendência à igualdade entre regiões do mundo, nações e indivíduos — o que a história nos revela é a ampliação da desigualdade em todas

12

essas esferas. Chegamos ao século XXI após um século cuja síntese emblemática nos é dada pelo historiador marxista Eric Hobsbawm, ao caracterizá-lo como a *era dos extremos*. Em menos de 80 anos o mundo passou por duas sangrentas guerras mundiais e pela revolução socialista de 1917, que colocou um contraponto concreto ao sistema capitalista.

Sob esse contexto, por um lado pela compreensão de parte dos intelectuais orgânicos do capital e, por outro, pela luta dos trabalhadores, o capital foi sendo regulado mediante intervenção planejada do Estado. O que era uma heresia, até então, torna-se a estratégia para conter o caráter anárquico e destrutivo do capital. O mesmo historiador acima citado nos indica que o capitalismo viveu, ainda que de forma não generalizada, sua idade de ouro. Ali, onde a classe operária havia acumulado as condições objetivas para uma revolução socialista, mediante as políticas do Estado de Bem-Estar Social, solaparam-se as condições objetivas. Em pouco mais de 20 nações do mundo a classe trabalhadora não deixou de ser explorada, mas atingiu patamares elevados de qualidade de vida. Essa, todavia, não foi regra para o mundo. Os países do capitalismo periférico acumularam miséria. Na América Latina foi um período onde a revolta social foi mantida por sangrentas ditaduras e por políticas de apoio à concentração de capital e expropriação dos trabalhadores.

A vingança do capital contra o Estado intervencionista, contra as políticas do Estado de Bem-Estar Social e o sistema socialista, não tardou. As conquistas relativas, em escala diversa em diferentes partes do mundo, da classe trabalhadora em termos de assegurar direitos sociais implicam diminuição do grau de expropriação do trabalhador. Por outro lado, a capacidade exponencial de produzir mercadorias e serviços, sob uma nova base científico-técnica de caráter digital-molecular e a necessidade do sistema capital expandir-se e acumular sob novas bases. No final do século XX e início do século XXI processa uma efetiva mundialização do capital, sobretudo do capital financeiro especulativo (forma mais impetuosa do fetichismo do capital) que os ideólogos do capital buscam mascarar com a noção de globalização.

Em nenhum tempo histórico a riqueza e a ciência e tecnologia, produzidas pelo trabalho humano, estiveram tão concentradas e voltadas contra os trabalhadores. Paradoxal e tragicamente ganha atualidade o discurso pronunciado por Karl Marx, em 9 de janeiro de 1848, na sessão pública da Associação Democrática de Bruxelas sobre "O problema do livre câmbio": *"O crescimento do capital produtivo, forçando os capitalistas industriais a desenvolver suas empresas com meios cada vez maiores, arruína os pequenos industriais e os lança nas fileiras do proletariado".*

Ao aumento do proletariado, todavia, não corresponde um aumento de postos de trabalho. Ao contrário, a economia do mundo cresce e aumenta sua produtividade incorporando ciência e tecnologia e diminuindo a necessidade de trabalhadores, configurando um desemprego estrutural endêmico e explosivo. Mais de um terço dos quatro bilhões de seres humanos que necessitam e têm direito ao trabalho, estão desempregados ou precarizados. No caso brasileiro são mais de 20% da população economicamente ativa, o que representa, em termos absolutos, aproximadamente 12 milhões de pessoas. A efetiva entrada do capital no campo do agro-negócio produziu, a partir dos anos 70 até o presente, 20 milhões de *Sem Terra*, milhões de *bóias-frias* e favelizou, de forma brutal, as grandes e médias cidades.

Em suma, nada mais eloqüente para mostrar como a contradição entre o avanço das forças produtivas e o caráter opaco das relações sociais do capitalismo tardio que os dados apresentados na conferência de abertura do II Fórum Mundial de Educação, em 28.07.2004, em Porto Alegre, pelo filósofo Istvan

Mészáros. "*Nos anos 60, havia 30 pobres na base da pirâmide sócio-econômica para cada rico no topo dessa estrutura. Hoje, contamos 74 pobres para cada rico. No ano 2015, a previsão é que essa relação alcance cem pobres para cada rico no mundo. Essa é uma previsão oficial das Nações Unidas.*"

É esse mesmo filósofo que melhor explicita, atualmente, a tese de que é necessário ir além do sistema capital, pois esse, para manter seu metabolismo reprodutor e de forma ampliada, torna-se cada vez mais destrutivo. As políticas do ajuste, flexibilização das leis e os processos de privatização vêm minguando ou destruindo um a um os direitos conquistados pela classe trabalhadora. Além disso, a forma predatória do sistema capital também está comprometendo as bases da vida, mediante a destruição do meio ambiente e do ecossistema.

O modo de produção capitalista, desde sua gênese, subordinou os processos formativos do sistema escolar e do conjunto das relações sociais, à reprodução de seu metabolismo, embora proclamasse uma educação pública, laica e universal. Trata-se de uma educação cada vez mais instrumentalista e fetichizada cujo objetivo é adequar o trabalhador às necessidades da produção ampliada. Um cidadão produtivo que faz bem feito o que se lhes pede e que "não se mete" no que não lhe cabe: discutir os rumos da economia, a política e seus interesses. Um cidadão mínimo.

Duas noções têm desempenhado uma função ideológica aguda no contexto das formas do metabolismo do capital enfrentar suas crises mascarando a ampliação das desigualdades entre regiões, países e os indivíduos: capital humano, dos anos 50 aos anos 80, e pedagogia das competências para a "empregabilidade", após 1990. No primeiro caso mantinha-se a perspectiva de uma sociedade contratual integradora, que explora, mas gera empregos. No segundo, apaga-se a idéia do emprego e de direito ao emprego. Desloca-se a responsabilidade social, sob regras que asseguram direitos coletivos, para a responsabilidade de cada indivíduo. Daí a ênfase da "educação para o empreendedorismo" ou da "educação para a gestão do próprio negócio". O "empregável" é aquele indivíduo que se despoja de si e busca adequar-se, permanentemente, ao que o mercado lhe exige. E o mercado sempre lhe exigirá mais, pois o capital é uma relação social insaciável, cuja ética suprema é a do lucro máximo.

A coletânea organizada por Lia Tiriba e Iracy Picanço, situada no cenário acima assinalado, revela-se densa no plano teórico e político tanto na crítica às relações sociais capitalistas e suas concepções e práticas educativas, quanto no anúncio de indícios de novas relações sociais na produção associada e de novas concepções e práticas de formação humana. Em cada um dos textos, no seu recorte específico, estão presentes duas ordens de pressupostos. Primeiramente de que o sistema capital em seu metabolismo social é incompatível com relações horizontais de igualdade entre os seres humanos; que esse sistema não tem como finalidade a satisfação das necessidades humanas, mas sim do lucro; que é um sistema que para manter-se centra-se cada vez mais numa produção destrutiva. A segunda ordem de pressupostos explicita-se na compreensão de que por suas contradições insanáveis, cada vez mais profundas, não será eterno e que pela sua natureza cada vez mais destrutiva impõe-se superá-lo com a luta dos trabalhadores; que milhares de homens e mulheres do mundo, excluídos do emprego, mas que necessitam do trabalho como eterna necessidade do ser humano na produção de sua vida, por diferentes formas, buscam sua sobrevivência; que estas formas muito diversas de inserção na produção — economia solidária, economia cooperativa, incubadoras populares, economia popular da produção associada — no campo das contradições do sistema capital e das próprias contradições e limites internos destas formas de produção, engendram indícios de novas relações

16

de produção (associada), de uma nova cultura do trabalho centrada na produção de bens e serviços para responder às suas necessidades; que, finalmente, nessas novas formas de produção se gestam também novas relações e práticas educativas e novos vínculos entre economia, educação, produção e sociedade.

Trabalho e Educação: arquitetos, abelhas e outros tecelões da economia popular solidária não nos traz uma leitura ingênua dessas novas formas de produção. Pelo contrário, nos mostra que velho e novo persistem nelas. Nesse particular, cada termo do título sinaliza uma ênfase que permite perceber a preocupação de chamar atenção ao leitor à necessidade crucial de distinguir-se, no plano concreto, quais dessas formas reforçam a luta na superação das relações sociais capitalistas e quais apenas reformam e mantêm essas relações. Essa não é uma questão simples, já que o sistema capital tem se mostrado potente no processo de cooptação, alienação dos trabalhadores ou de estratégias de transformismo das lutas e experiências históricas dos trabalhadores.

Os textos, em seu conjunto, são apresentados numa linguagem clara e direta. Em cada um se revela que o autor ou autora não está falando de algo abstrato, mas de um longo percurso de envolvimento teórico e prático com as classes populares nos seus movimentos e em suas práticas de produção de sua existência. Uma coletânea que se dirige a um amplo público ligado aos cursos de graduação e pós-graduação em ciências sociais e humanas, a educadores e educadoras ligados aos movimentos sociais, sindicatos e a formuladores de políticas sociais e públicas comprometidos com os anseios e lutas das classes populares.

Gaudêncio Frigotto.
Agosto de 2004

Introdução

O trabalho como princípio educativo
no processo de produção de uma "outra economia"

Lia Tiriba[1] e Iracy Silva Picanço[2]

Este livro tem como propósito socializar uma nova e, ao mesmo tempo, velha dimensão do Campo Trabalho e Educação. Nova, porque, diante da atual crise estrutural do emprego, torna-se necessária a reafirmação da velha idéia de que, para além do mundo do trabalho assalariado, existem outros mundos do trabalho e

---

[1] Professora da Faculdade de Educação da Universidade Federal Fluminense-UFF. Doutora em Ciências Políticas e Sociologia pela Universidade Complutense de Madrid (Programa Sociologia Econômica e do Trabalho). Pesquisadora do Núcleo de Estudos, Documentação e Dados sobre Trabalho e Educação, NEDDATE/ UFF. Autora do livro *Economia popular e cultura do trabalho: pedagogia(s) da produção associada* (Unijui, 2001)..

[2] Professora Titular em Sociologia da Educação da Universidade Federal da Bahia. Coordenadora do Núcleo Temático Trabalho e Educação da FACED/UFBA e do Núcleo Local UFBA/UNITRABALHO. Autora de diversos artigos e organizadora de outras publicações na área de Trabalho e Educação. Ex-coordenadora do GT Trabalho e Educação da ANPED. Desde 1999, integra a equipe de avaliação de ações do PLANFOR (hoje PNQ/Mte), especialmente dos PEQ e PLANTEQ do Estado da Bahia, e do Plano de Qualificação da CUT-Nacional. Desde 2002, participa do Programa de Economia Solidária da UNITRABALHO.

que, para além do modo capitalista de produção, são possíveis outros modos de produção da existência humana. E, nessa perspectiva, aqueles que buscam apreender a complexidade da formação humana pelo veio do que acontece do lado de fora dos muros da escola e do lado de fora da fábrica ou da empresa capitalista, enveredam-se por espaços outros de formação que não se circunscrevem à instituição escolar ou à organização capitalista do trabalho. Esse veio parece ser por demais rico para a compreensão do significado do que afirmava Gramsci: "o trabalho é princípio educativo" – não apenas nos processos de produção pedagógica que se plasmam no interior da escola, mas, especificamente, em outros processos de produção da vida social. Por tratar-se de uma temática ainda nova e, portanto, comprometedora para quem se atreve a "navegar por mares pouco navegados", nunca é demais lembrar serem as questões da formação humana – aquelas que dizem respeito à produção e socialização de conhecimentos oriundos da prática social – o objeto mesmo da Educação.

O Trabalho nessa compreensão é entendido como mediação entre o homem e a natureza no processo de criação e recriação da realidade humano-social e, como conseqüência, a práxis produtiva como objetivação do agir laborioso dos seres humanos, os quais, como parte da natureza, modificam sua própria natureza. E se o objetivo da Educação torna-se então o de contribuir para que homens e mulheres trabalhadores rearticulem os saberes sobre a vida em sociedade, apropriando-se do processo de trabalho em sua totalidade, há que se buscar no interior mesmo da produção (naquela mais complexa ou em suas formas ou modalidades mais simples) os elementos que favoreçam a formação integral e omnilateral de um novo homem. Nesse sentido, ao tomar-se como centralidade a natureza ou o caráter educativo do trabalho, impõe-se a apreensão dos fazeres e saberes que se tecem na cotidianidade desses homens e mulheres, sejam naqueles oriundos de situações objetivamente escolares ou os que se efetivam em espaços de produção (propriamente dito) de bens materiais e espirituais, tanto nas empresas sob a direção do Capital, como nas organizações produtivas resultantes de iniciativas populares na busca de sua sobrevivência ou de novas formas que possam fazer emergir, como para alguns, uma "outra economia" (Cattani, 2004).

Ademais dessa compreensão em geral, na atualidade o desemprego estrutural, decorrente da crise do regime de acumulação fordista e do Estado do Bem-Estar Social, como modo de regulamentação social e política, vem impondo o despertar para algo até então pouco visível para determinados olhares sobre a realidade social: os setores populares – além de consumidos e consumidores – são atores econômicos, são sujeitos econômicos. Em outras palavras, no atual estágio do regime de acumulação do capital, no qual o trabalho assalariado tem se reduzido, torna-se mais expressivo o surgimento de iniciativas econômicas de setores populares como resposta a esse quadro. Mas, se os setores populares também fazem economia, ainda que de forma subordinada ao Capital, qual a potencialidade de iniciativas dessa natureza? Essa é uma das questões à busca de resposta. E, embora não se dispondo de uma vasta literatura sobre o tema, não é contudo insignificante o acervo já disponível da produção intelectual em torno das ações como aquelas sob a designação de "economia popular", "economia solidária", "cooperativismo", "autogestão" e de outras modalidades consideradas estruturantes dessa "outra economia". Essa que, por sobreviver e se fortalecer no interior do atual modo de produção, hoje hegemônico, poderá vir a tornar-se alternativa à economia capitalista.

Nas décadas de 1950-60, as atividades econômicas de iniciativa dos setores populares eram consideradas "marginais" e

21

associadas a "ofícios da pobreza" (Escola Desenvolvimentista) ou, então, consideradas como produtos do "capitalismo periférico", nos países onde se concentrava a maior parte do "exército industrial de reserva", necessário à substituição e reprodução da força de trabalho assalariada (Teoria da Dependência). Na década de 1970-80, essas atividades admitidas como existentes à margem da estrutura formal do capitalismo, passaram a ser explicadas como fruto da heterogeneidade da economia (Escola da Informalidade), cabendo ao Estado a responsabilidade quanto à formalização e regulamentação do "outro sendeiro luminoso" (Hermano de Soto) – o que poderia ameaçar a ordem em sociedades latino-americanas, consideradas "subdesenvolvidas" ou "em vias de desenvolvimento". Embora sob diferentes pontos de vista, as atividades da chamada economia informal eram, até então, consideradas como fruto de disfunções do sistema capitalista.

Hoje, ao tornar-se mais visível a crise do modelo fordista de produção, a proliferação de estratégias de trabalho e de sobrevivência tem sido interpretada como resultado da reestruturação produtiva e da flexibilização das relações entre capital e trabalho, desenvolvidas pelas grandes empresas e asseguradas pelo Estado (agora, não protetor dos direitos historicamente conquistados pelos trabalhadores). Assim como a Teoria da Dependência, tendo-se em conta os limites do sistema capital de absorver a força de trabalho-mercadoria, os "sobrantes" existentes não podem ser considerados marginais, mas, sim, funcionais às relações capitalistas de produção. Em última instância, em todos estes modelos explicativos, as atividades econômicas desenvolvidas pelos setores populares têm sido analisadas tendo como referência apenas o próprio desenvolvimento das forças produtivas do capital.

A partir da década de 1980, questionando-se a incapacidade das análises sob a ótica da dualidade economia formal e economia informal darem conta da multiplicidade das relações econômico-sociais, as estratégias de trabalho e de sobrevivência oriundas de setores populares têm sido objeto de interesse de economistas e cientistas sociais, representantes de organizações não-governamentais, formuladores e implementadores de políticas públicas de geração de trabalho e renda, sindicalistas e dos próprios trabalhadores expulsos ou que não ingressaram no chamado mercado formal de trabalho. Isso significa que, além da função ou disfunção do capitalismo, passa-se a reconhecer que nas organizações econômicas populares existe uma racionalidade que, embora também contraditória, distingue-se da racionalidade capitalista.

No Brasil, os movimentos sociais em torno da proteção e fortalecimento das iniciativas econômicas populares ganharam força com a criação, no ano de 2001, no primeiro Fórum Social Mundial (FSM) em Porto Alegre, do GT Brasileiro de Economia Solidária, formado por um conjunto de entidades que se propunha a coordenar as ações de estímulo e fomento das atividades do já assumido como um segmento ou setor produtivo. No Governo Lula, esse processo torna-se parte integrante das políticas institucionais pela criação, no Ministério do Trabalho e do Emprego, da Secretaria Nacional de Economia Solidária — SENAES (Decreto 4.764, de 24 de junho de 2003), sob a coordenação do Prof. Paul Singer — principal teórico e defensor, no Brasil, do fortalecimento do cooperativismo e demais empreendimentos de autogestão como resposta ao desemprego.

Sem dúvida, somadas à amplitude dos movimentos sociais em defesa do direito ao trabalho, as pesquisas e estudos vêm permitindo certo acúmulo teórico sobre a questão. Nesse processo, incorporam-se educadores, os quais têm se dedicado à economia popular, economia solidária, cooperativismo e autogestão como uma das dimensões do mundo do trabalho e da formação humana. A grande quantidade de iniciativas espontâneas e projetos de

23

geração de trabalho e renda de cunho associativista, em geral acompanhados de projetos de qualificação profissional, tem sido um elemento inspirador e convidativo para que os educadores passem a enveredar-se por caminhos que favoreçam a construção de uma pedagogia comprometida com a organização dos trabalhadores livremente associados na produção, em torno de um projeto político-econômico, hoje denominado de economia solidária (e, algumas vezes, de economia *popular* solidária).

Um dos desafios para os tecelões de uma "outra economia" tem sido repensar a formação humana tendo em conta os processos de trabalho que, historicamente, foram considerados como "marginais" – e que, a rigor, estabelecem relações de dependência no interior do modo de produção capitalista. No atual contexto do modelo neoliberal de acumulação de capital, além de mecanismo da reestruturação produtiva, o trabalho associativo vem se apresentando, na concepção de Razeto (1993), como estratégia de sobrevivência, como estratégia de vida e/ou como estratégia de sociedade. Sobre isso podem falar aqueles que cotidianamente fazem o MST – Movimento dos Trabalhadores Sem Terra; os que atuam nas cooperativas autogestionárias, acompanhados pela Anteag – Associação Nacional de Trabalhadores em Empresas de Autogestão; empreendimentos solidários, assessorados pela Unitrabalho ou pela ITCP — Rede de Incubadora de Cooperativas Populares; experiências alternativas de comércio, habitação ou crédito; redes de troca e tantas outras iniciativas de cunho associativo que contam com o apoio de Igrejas, partidos políticos, governos municipais, organizações não-governamentais e de setores do próprio movimento sindical cutista. Sobre isso podem falar os protagonistas das "empresas recuperadas" e "empresas comunitárias" que, desde o ano de 2002, vêm sendo organizadas pelo MTD — Movimento dos Trabalhadores Desempregados, na Argentina (e recentemente no Brasil); os trabalhadores da Colômbia, Portugal, Índia, África do Sul, Moçambique – o que levou Boaventura de Souza Santos (2002) a publicar um denso trabalho sobre os caminhos da produção não-capitalista. Também têm muito a dizer os autores dessa coletânea de artigos que, desde a universidade, do movimento sindical e de outras agências de fomento, ao tomar este tema como objeto de sua produção, buscam um novo modo para assumir-se o elo entre Trabalho e Educação, constituindo-se, no Brasil, como verdadeiros tecelões da economia popular solidária.

Em sua obra *O Capital,* dizia K. Marx (1980) que em todo modo de produção dominante persistem determinadas relações econômico-sociais que correspondem ao modo de produção que lhe antecedeu, assim como – ali mesmo – surgem elementos daquele que o irá suceder. Significando que, embora as relações capitalistas de produção sejam na atualidade hegemônicas em nossa sociedade, nela convivem o trabalho escravo e o trabalho servil. Além disso, sendo a realidade contraditória, outras formas de trabalho cujo sentido não se limita à reprodução do capital, mas da própria vida, passam a (re)surgir ou a se manifestar com maior intensidade. É certo que, se de um lado o sistema capital leva às últimas conseqüências o processo de exploração da força de trabalho, inovando e precarizando – ainda mais – as formas de apropriação de sua energia física e psíquica, de outro, contraditoriamente, a produtividade demandada pelo capital, ao mesmo tempo em que obriga os trabalhadores a estabelecer determinadas formas de relação entre capital e trabalho, os impele a recriar antigas e novas relações econômico-socias e, por conseqüência, repensar o sentido mesmo da práxis produtiva. É nesse contexto que surge a questão que dá sentido a esta coletânea: afinal o que tem de educativo no movimento por uma economia popular solidária? Qual sua potencialidade? Se, como dizia Gramsci (1982), toda relação de hegemonia é uma relação peda-

25

gógica, é possível uma pedagogia da produção associada que, contrariando a perspectiva da "educação para o empreendedorismo", contribua para a constituição de uma nova cultura do trabalho, calcada em novas relações econômico-sociais de novo tipo?

Enveredar por outros espaços da formação humana, em especial aqueles nos quais, mesmo sob os limites que lhes impõe o capitalismo, os trabalhadores se vêem diante do desafio de se tornarem "senhores" de seu trabalho é o que dá sentido à reafirmação da necessidade de garantir uma educação básica de qualidade para os trabalhadores; uma escola de formação unitária que contribua para rearticular os saberes fragmentados, resultantes da práxis utilitária cotidiana; uma escola única, na qual a apropriação do conhecimento científico-filosófico se dá em consonância com os saberes construídos na produção da própria vida. Parafraseando Kosik (1996), não sendo a realidade humana apenas produção do novo, mas também reprodução (crítica e dialética) do passado, o desafio da escola é sua contribuição para potencializar a faculdade de "ver" o mundo, promovendo o "reavivamento" e "rejuvenescimento" do caráter objetivo-subjetivo do trabalho em geral e de seu conteúdo em diversas formações econômico-sociais.

No horizonte da filosofia da práxis, cabe chamar atenção para o que ainda afirmava Grasmci (1978:12):

"Criar uma nova cultura não significa apenas fazer individualmente descobertas 'originais'; significa também, e sobretudo, difundir criticamente verdades já descobertas, socializá-las por assim dizer; transformá-las, portanto, em base de ações vitais, em elemento de coordenação e de ordem intelectual e moral" (Gramsci, 1978:12).

Foi durante a 26ª Reunião Anual da ANPED, em outubro de 2003, quando no GT Trabalho e Educação buscou-se debater a identificação do que somos, o que fazemos, o que pensamos...

e o que em comum temos, que essa questão surgiu como espaço a ser enfrentado e que, a rigor, já tem sido objeto de diversas iniciativas de ação e de tratamento teórico-metodológico por alguns de nós. Nesse processo, descobriu-se que não são tão poucos os que se inquietam sobre o caráter educativo que envolve as iniciativas que visam a sobrevivência dos setores populares. E aí é que se situa o objetivo precípuo desta coletânea de artigos, ou seja, tornar público que os educadores também têm contribuído para fortalecer o movimento por uma economia popular solidária, o que em último termo está requerendo a exposição mais acentuada dessa contribuição.

Um segundo objetivo de *Trabalho e educação: arquitetos, abelhas e outros tecelões da economia popular solidária* é a vontade de ver subvertida a pedagogia empresarial capitalista, aquela que tem envolvido em larga escala o campo e a produção em educação. E isto tornou-se viável pela reunião nesta coletânea de trabalhos com fundamento em elementos teóricos e/ou práticos que expressam um fazer pedagógico comprometido com a crítica à concepção utilitarista da educação como fator de produção. Reafirmar que o trabalho é princípio educativo é reconhecer que é no próprio processo trabalho, ou seja, é na práxis que os seres humanos criam e recriam a realidade social, como é nesse processo, também, que homens se educam ou se formam como seres humanos. Enfim, procura-se trazer à superfície uma outra Pedagogia, a qual se realiza buscando superar aquela que, tanto na escola como fora dela, tem apenas como horizonte a flexibilização ou suavização das relações entre o capital e o trabalho, e que, além disso, se expressa como uma ação em oposição à perspectiva de um cooperativismo vazio de um sentido criador e inovador.

Como conseqüência, são apresentados alguns estudos e pesquisas de cunho teórico-conceitual que, à luz de referenciais empíricos favorecem a reflexão sobre os desafios dos processos educativos cujo horizonte é a formação de trabalhadores capazes de (re)criarem um modo de produzir, distribuir e de consumir bens e recursos alternativos ao capital. Para trazer à superfície as dimensões específicas da relação entre trabalho e educação, considerando a materialidade da economia popular e da economia solidária, parte-se do entendimento de que o movimento de significação e resignificação da práxis educativa requer a análise dos aspectos filosóficos e sociológicos do trabalho e das formas pelas quais os setores populares buscam satisfazer as necessidades humanas.

Ao socializar diferentes olhares sobre os vínculos entre trabalho, educação e economia, busca-se, ademais, expressar uma dada "unidade da diversidade", perseguindo-se a exposição de possíveis caminhos político-educativos da(s) pedagogia(s) da produção associada, tanto no plano teórico-metodológico como no plano da ação prática. E admitindo-se a educação como um espaço de mediação e, ao mesmo tempo, como elemento da cultura do trabalho e da cultura econômica, reúnem-se elementos que permitam vislumbrar processos educativos no horizonte da produção associada (no sentido marxiano). Pretende-se, assim, refutar a "pedagogia empresarial" ou "pedagogia da fábrica" (capitalista), afirmando-se, portanto, a contraposição à "educação para o empreendedorismo" ou "educação para a gestão do próprio negócio", esta última a versão neoliberal do "trabalho livre".

O subtítulo assumido para o livro visa a remissão à "diferença entre o pior arquiteto e a melhor abelha", passagem na obra *O Capital*, na qual K. Marx sintetiza sua concepção de trabalho humano e a relação dialética entre pensamento e ação no processo de construção da realidade humano-social. Enfatiza que, assim como a aranha executa operações semelhantes à do tecelão, a abelha não supera um arquiteto para construir a colméia; isso porque, diferentemente do que acontece com outros animais, a práxis como atividade humana permite que no fim do processo de trabalho, apareça um resultado que já estava concebido na imaginação do trabalhador. No processo dialético de fazer, pensar, criar e recriar o mundo, também para os tecelões da economia popular solidária, o trabalho é o princípio educativo e, ao mesmo tempo, uma das formas pelas quais, com a luta dos trabalhadores, é possível fazer germinar os embriões de uma nova cultura do trabalho.

Quanto à menção às "abelhas" no subtítulo deste livro, um duplo significado foi perseguido: o primeiro é anunciar a necessidade de se repensar a relação entre os seres humanos e a natureza, de maneira que essa última não fique subjugada aos "homens-de-negócio" ou aos "mamíferos de luxo" (como se referia Grasmci), concepção essa que tem repercutido em um produtivismo exacerbado, destruidor da natureza, comprometendo a própria vida do planeta; o segundo significado da presença da abelha entre outros tecelões da economia popular solidária é tentar alertar para o fato de que, existindo antagônicos projetos de mundo em disputa, alguns "abelhudos" (por questão de modismo ou interesses particulares) tentam tirar proveito de um movimento cuja finalidade é a organização e fortalecimento de uma economia livre da exploração da força de trabalho. Assim, nunca é demais ressaltar que a economia solidária, como um movimento que busca dar organicidade às atividades da economia popular, não deve ser compreendida no horizonte do chamado "terceiro setor" – considerado, segundo Montaño (2003), como o atual "mocinho da história" na implementação de políticas sociais necessárias ao regime de acumulação flexível.

Acompanhada de um apêndice, a coletânea está composta de onze textos os quais, versando sobre economia popular, economia solidária, cooperativismo, associativismo, produção associada e autogestão, permitem a explicitação de concepções e práticas de educação de trabalhadores em diferentes espaços e tempos da formação humana, tendo como referência não apenas a escola, mas principalmente os processos produtivos em que são os trabalhadores os próprios gestores de seu trabalho. Diversas são as temáticas abordadas pelos autores: os sentidos históricos da educação popular e a produção associada como um de seus campos de ação/reflexão (*José Peixoto Filho*); as mulheres e os saberes da experiência desenvolvidos nas esfera da produção e da reprodução (*Clair Ziebell* e *Maria Clara Bueno Fischer*); economia popular e saber popular em matéria de economia (*Lia Tiriba*); a Escola Sindical 7 de Outubro/CUT e a formação de trabalhadores associados na produção (*José Eustáquio de Brito*); programas de educação desenvolvidos pela Anteag – Associação Nacional de Trabalhadores de Empresas Autogestionárias (*Marilena Nakano, Marli Pinto Ancassuerd* e *Maria Helena Villar e Villar*); pressupostos teórico-metodológicos das Oficinas de Autogestão na construção de novas identidades laborais (*Ricardo Carvalho* e *Ana Rita Trajano*); a formação de incubadoras universitárias da Unitrabalho e sua metodologia de incubação de empreendimentos da economia solidária (*Farid Eid*); potencialidades, desafios e contradições existentes no projeto educativo das Incubadoras Tecnológicas de Cooperativas Populares — ITCP's filiadas à Rede Universitária (*Josiane Barros*); políticas públicas de educação, com ênfase no trabalho cooperativo, desenvolvidas pela Secretaria Municipal de Educação de Porto Alegre (*Marlene Ribeiro*); o MST e o caráter educativo das cooperativas de trabalhadores assentados (*Célia Regina Vendramini*) e as contribuições de Grasmci quanto ao desafio da formação de trabalhadores "dirigentes" (*Giovanni Semeraro*).

No conjunto dos textos, é possível perceber as diferentes maneiras de compreender as estratégias de trabalho e sobrevivência, bem como os significados e potencialidades da economia popular solidária frente à crise do emprego. O leitor poderá observar que, mesmo alertando sobre os equívocos de projetos que, em última instância, se configuram como filantrópicos ou questionando os processos econômicos e educativos que não acompanham o atual estágio de desenvolvimento das forças produtivas e o conhecimento historicamente produzido, todos os autores se diferenciam da perspectiva do cooperativismo ou de qualquer outra organização econômica popular, quer seja como elemento para favorecer a atual racionalização produtiva, quer como mecanismo de flexibilização das relações entre capital e trabalho.

Outra observação é que, embora os autores constatem que a educação é um dos desafios da produção associada, ao contrário do que pregam os adeptos da teoria do capital humano (ou do neo-capital humano), a educação não se apresenta como o bode expiatório do desemprego e da pobreza. Neste horizonte, o texto de *Gaudêncio Frigotto* reafirma no Apêndice deste livro que, não sendo redentora da humanidade, a educação não pode, também, ser considerada como a "galinha dos ovos de ouro" da economia popular solidária. Valendo, pois, lembrar que o conhecimento, em si, não transforma o mundo, sendo apenas um elemento de mediação dos processos de (re)construção do mundo.

Alcançar-se chegar a esta publicação não se constituiu apenas pelo trabalho do coletivo de autores e organizadores, mas muito especialmente é necessário que sejam mencionados aqueles que de diferentes maneiras concorreram com seu trabalho e incentivo para que esse esforço se tornasse realidade. Assim, agradecimentos devem ser feitos ao Prof. Gaudêncio Frigotto (UFF e UERJ) que esteve presente desde o momento da idealização; ao Prof. Antonio David Cattani (UFRGS/Unitrabalho) que, pela aposta que faz na realização da utopia de semear "outra economia", acompanhou as idas e vindas do percurso de nosso pensamento, durante todo esse, também, processo de produção associada. Ademais, somos gratos ao apoio que contamos da Secretaria Nacional de Economia Solidária – SENAES/MTE, em especial ao Prof. Paul Singer e ao Prof. Valmor Schiochet, por terem demonstrado acreditar que os processos político-educativos são, também, elementos constitutivos e indispensáveis na construção de uma nova cultura do trabalho e novas relações econômico-sociais.

Puxando o fio da meada: educação popular e produção associada

José Pereira Peixoto Filho[3]

As modificações introduzidas nas últimas décadas no processo de produção capitalista interferiram de diversos modos e maneiras no mundo do trabalho, trazendo conseqüências imediatas para as vidas dos trabalhadores. Essas modificações têm sido estudadas e investigadas por diversos autores, tendo como foco de abordagem, dentre outras, as questões da desregulamentação e desestruturação da sociedade salarial e o que isso acarreta, como desemprego, a terceirização da mão-de-obra, a flexibilização etc. Entretanto, na luta pela sobrevivência várias iniciativas e experiências vêm sendo desenvolvidas, tendo a esfera da produção como campo de luta, tanto dentro do sistema produtivo formal, institucionalizado, mas também, fundamentalmente, naquele que é considerado informal. Essas, têm contado com a participação e o apoio de agentes, assessores, monitores de cursos profissionais, entre outros, num amplo processo de educação popular, realizado nos últimos quarenta anos no Brasil.

---

[3] *Doutor em Educação pela Universidade Federal do Rio de Janeiro — UFRJ; Professor Adjunto da Universidade Fluminense – UFF; autor do livro *A travessia do popular na contradança da educação* (Editora da UCG, 2003).

Puxar o fio da meada da educação popular, buscando suas contribuições para a construção de novas formas e novas relações dentro do processo produtivo – a produção associada – é o objetivo desse artigo.

Os chãos da educação popular

O sapato de Jovelina acabou.
Ela lida na casa de sapé. Benedito capina.
Ele usa a enxada na capina.

Conjunto didático/MEB, 1964

Compreender a Educação Popular como instrumento de contribuição imediata a uma efetiva participação popular em processos de transformação da sociedade tem sido uma tarefa à qual se propuseram, nos últimos 40 anos, vários intelectuais e educadores não só no Brasil, mas também em outros países. As origens de boa parte dessa prática e das inovações educativas e pedagógicas que dela originaram, estão vinculadas às descobertas de grupos da esquerda brasileira, entre eles fundamentalmente os cristãos comprometidos com intervenções sociais, as quais buscaram participações nas transformações das relações e estruturas sociais.

Entendendo a Educação Popular como um conjunto de práticas que se realizam e se desenvolvem dentro do processo histórico no qual estão imersos os setores populares, ela deve ser compreendida também como estratégias de lutas para a sobrevivência e libertação desses mesmos setores. Nesse sentido, recupero para a reflexão à qual me proponho neste texto, as idéias básicas apresentadas por Júlio Barreiro (1980) no seu histórico livro *Educação Popular e Conscientização*:

"a) há transformações justas e necessárias que precisam ocorrer na América Latina e elas devem modificar essencialmente as bases estruturais das sociedades onde se localizam as contradições sócio-econômicas e culturais dos sistemas vigentes em quase todos os países;
b) as transformações estruturais a realizar devem se constituir como um verdadeiro programa histórico assumido pelo povo, como uma tarefa sua, e através da qual ele se transforma progressivamente em sujeito de sua própria ação;
c) para que o povo possa conquistar e desenvolver essa ação transformadora precisa passar a níveis de ação coletiva cada vez mais organizada, mais abrangente e mais crítica;
d) conseqüentemente, uma das tarefas mais necessárias para aqueles que se colocam a serviço desse projeto de libertação é a preparação de grupos populares capazes de se constituírem como agentes conscientes e críticos de todo o processo de mudanças sociais;
e) programas de Educação Popular podem se constituir como um dos instrumentos de formação-organização do povo, ao longo de sua própria ação transformadora."
(Barreiro, 1980: 20)

Essas idéias-base são fundamentais para que seja compreendido o conceito de Educação Popular, o qual tem sido elaborado a partir da própria prática dos educadores populares ao longo dos últimos quarenta anos. Se por um lado foram desenvolvidas práticas e experiências em diversos momentos e nos diversos espaços possíveis de realização de trabalhos populares – sindicatos, igrejas, escolas, associações de moradores, vilas operárias, clubes de mães, favelas, movimentos rurais e outros, por outro, foram também necessárias reflexões que permitiram o aprofundamento das questões originadas ou advindas da própria prática social.

As articulações do setores populares em busca de soluções para seus problemas locais têm trazido para o campo da Educação Popular reflexões acerca das relações entre educação e trabalho, entendido esse não apenas como fonte ou geração de renda, mas também como forma de realização humana e garantia de reprodução da vida. Os momentos de forte união dos grupos e setores populares em torno das lutas pela sobrevivência material e espiritual têm possibilitado a esses grupos encontrar caminhos que apontem saídas, mesmo que sejam apenas conjunturais, para seus problemas emergenciais.

Um dos programas de Educação Popular, realizado pelo Movimento de Educação de Base – MEB, nos ajuda a compreender como as experiências de produção associada podem se constituir como instrumento de formação e de organização do povo. A título de exemplo, no ano de 1965, na comunidade de Serrinha, interior de Goiás, trabalhadores rurais que não tinham escolas para seus filhos começaram a lutar por seu direito de escolarização. Encontrando dificuldades em todos os setores públicos, e grande resistência por parte dos fazendeiros locais, resolveram se unir para discutir as possibilidades de se construir uma escola, interferindo na realidade. Após várias reuniões, levantamento de questões, dados sobre o número de crianças da região, as etapas para a construção da escola foram planejadas e sua construção realizada com a contribuição e trabalho de todos, tendo sido inaugurada no dia 29/08/1965, passando a funcionar imediatamente (Peixoto Filho, 2003: 82-84).

Vale ressaltar que a Educação Popular pensada e realizada pelos grupos e setores comprometidos com a libertação dos opri-

36

midos e com as transformações sociais, teve como pressuposto básico que as teorias pedagógicas devam sempre ser testadas mais nos significados de suas práticas do que no confronto com outras teorias. Nesse sentido, para puxar o fio da meada da produção associada como um dos chãos onde se realiza a educação popular, é necessário que retomemos o caminho percorrido historicamente.

Revisitando a história: educação para que trabalho?

A MÁQUINA
Trabalhar a terra só com o braço e a enxada é custoso. O trabalho rende pouco e flagela o homem. Com máquina a produção é maior. O rendimento do trabalho beneficia a todos; homem do campo e da cidade. A máquina é instrumento de trabalho. Ela ajuda, alivia a labuta do homem. O lavrador tem precisão de máquina.

Conjunto didático/MEB, 1964

A elaboração das bases e das perspectivas que, a partir dos anos 60, passaram a nortear a Educação Popular tem como uma de suas origens as preocupações e sugestões emanadas das discussões e debates em torno do analfabetismo adulto e da educação de jovens e adultos não escolarizados. Nesse sentido, assume importância fundamental a realização do II Congresso de Educação de Adultos, realizado no Rio de Janeiro, em 1958. Dentro dos objetivos desse Congresso, entre outros, estavam avaliar a Campanha Nacional de Educação de Adolescentes e Adultos, a Campanha de 47, cuja eficácia, bastante questionada por vários autores, teve como principais obstáculos, resumidamente, os seguintes: a) dificuldade no recrutamento de analfabetos; b) elevadas taxas de evasão; c) desinteresse dos voluntários; d) exígua motivação dos alfabetizados; e) inadequação do material didático.

A questão da Educação Popular, então profundamente ligada à Educação de Adultos e ao analfabetismo adulto no país, foi objeto ainda após as críticas e análises da Campanha de 47, por parte do Ministério da Educação e Cultura na busca de respostas aos problemas levantados com o que denominou de "ações de profundidade", através de criação dos Centros de Iniciação Profissional, sistemas rádio-educativos que pouco influenciaram no movimento. O fracasso da Campanha Nacional de Adolescentes e Adultos levou o governo Juscelino Kubitschek a declarar seu fim. Por outro lado, também é importante ressaltar que a população por ela atendida regredia ao analfabetismo.

Dentro do quadro de expansão dos direitos sociais e da cidadania a todos os brasileiros e como resposta à presença de amplas massas populares que se deslocavam para os meios urbanos em busca de emprego, é que pode ser entendida a atuação do governo na área educacional. O motivo da procura de outro trabalho, pois o campo não é mais lugar para o trabalhador rural, relaciona-se ao fato de que durante o período desenvolvimentista, ao mesmo tempo que se intensificam os processos de urbanização e a industrialização nas cidades, há também significativos investimentos nas áreas agrícolas, favorecendo a expansão do capitalismo nessa área. Essa expansão teve o sentido de modernizar a agricultura e a pecuária, trazendo para o campo o avanço técnico e o uso das máquinas de maneira extensiva, com o objetivo de aumentar a capacidade da produção agropecuária, bem como a qualidade dos produtos para a exportação. Nesse quadro de instalação definitiva e de modo extensivo de um modelo agrário dentro dos novos padrões e das exigências de grande capital, há uma reorganização do mundo rural em grandes propriedades produtivas, não restando lugar para os pequenos agricultores e, menos ainda, para os trabalhadores rurais sem qualificação técnica exigida pelos novos padrões em implantação na agropecuária. Conseqüentemente, há um imenso deslocamento das populações rurais para as cidades, em busca de novos locais e meios de vida, isto é, novos trabalhos.

Essa população, portadora de altos índices de analfabetismo e sem a qualificação técnica para as novas maneiras de se produzir na indústria, já presentes na economia brasileira, será o novo alvo da pretendida atuação do governo no campo educacional. A intencionalidade era preparar rapidamente mão-de-obra operária, mais qualificada, para as necessárias demandas do desenvolvimento econômico previsto naquele momento. Aumentando suas atribuições em relação à educação de adolescentes e de adultos, requeridas pela reordenação do Estado brasileiro após a Revolução de 30, a atuação dos governos da Nação e dos Estados – até então fragmentada – ganha corpo numa política nacional, com verbas veiculadas a ações estratégicas em todo o território nacional.

A extensão de oportunidades educacionais por parte dos governos serviu, por um lado, como função de acomodação de tensões que cresciam nos meios urbanos nacionais, entre as classes sociais. Por outro lado, serviu também como condição ao bom desempenho dos projetos nacionais de desenvolvimento propostos pelos governos federais. Nesse sentido, mais que as características de desenvolvimento de potencialidades individuais, e, portanto, como ação de promoção pessoal, a educação de adultos passava a ser condição necessária para que, com a exploração da força de trabalho (agora "qualificada") o Brasil se realizasse como nação desenvolvida. Em outras palavras, a educação de adultos passa a ser parte integrante dos projetos de desenvolvimento econômico. Essas duas faces do sentido político da educação, que se diferenciavam a partir de 30, com o fortalecimento do Estado Nacional Brasileiro, ganharam fortes matizes posteriormente, com o Golpe de 1964.

Em que pesem os questionamentos dos educadores e as críticas político-pedagógicas quanto à eficácia das campanhas, é importante salientar que embora permanecessem altos os índices de analfabetismo no ano de 1960, os esforços empreendidos nos anos 40 e 50 os fizeram cair para 46,7%.

Fincando o pé no chão: o novo sentido da Educação Popular nos anos 60

DIREITOS DO HOMEM
A preocupação de Benedito não é só com o trabalho na terra. Ele ainda tem de ajeitar muita coisa. A alimentação precisa ser mais sadia. Roupa, remédio e calçado ele vai ter de comprar. Está faltando melhorar a casa e arranjar escola para os meninos, pois eles precisam estudar. Casa, alimentos, roupa, calçado e escola são necessidade de Benedito e de todos nós. É direito que todo homem tem.

Conjunto didático/ MEB, 1964

O II Congresso Nacional de Educação de Adultos, realizado em 1958, possibilitou aos educadores, de modo mais sistemático, transformar os questionamentos a respeito das campanhas em preocupações. Nesse sentido, perceberam os educadores a necessidade de se redefinir um espaço próprio para a educação de adultos, bem como suas características específicas. Reconhecia-se que, apesar de organizada como sistema próprio, reproduzia de fato as mesmas características da educação infantil, reforçando os conceitos e preconceitos. O adulto deveria ser atualizado com os mesmos conteúdos formais da escola primária infantil, para salvar-se de sua ignorância.

"Marcou o Congresso o início de um novo período na educação de adultos no Brasil, aquele que se caracterizou pela intensa busca de maior eficiência metodológica e por inovações importantes nesse terreno, pela reintrodução da reflexão sobre o social no pensamento pedagógico brasileiro e pelos esforços realizados pelos diversos grupos em favor da educação da população adulta para participação na vida política da nação. (Paiva, 1973: 206)

Assim é que no início dos anos 60 vão ser articuladas no campo político ações que dão origem a diversas atividades e, posteriormente, movimentos em favor da educação e da alfabetização de adultos.

O contexto bastante fértil do período populista (1961-1964) propiciou o desenvolvimento e o aprofundamento de ações e práticas no campo político-pedagógico, permitindo a elaboração e a realização de trabalhos na área da educação de adultos, que refletiram de maneira intensa uma nova forma de pensar a Pedagogia, a qual vai marcar definitivamente o pensamento educacional. Essa nova forma, no entanto, já havia se esboçado no seminário preparatório ao Congresso, realizado em Recife, com a presença do professor Paulo Freire. Neste seminário, discutia-se

"a indispensabilidade de consciência do processo de desenvolvimento por parte do povo e de emersão desse povo em todo o trabalho de elaboração, participação e decisão responsáveis em todos os momentos da vida pública, sugeriram os pernambucanos a revisão dos transplantes que agiram sobre nosso sistema educativo, a organização de cursos que correspon-

dessem à realidade existencial do aluno, o desenvolvimento de um trabalho educativo com o homem e não para o homem, a criação de grupos de estudos e de ação dentro do espírito de auto-governo, o desenvolvimento de uma mentalidade nova no educador, que deveria passar a sentir-se participante; propunham, finalmente, a renovação do método e processo educativos, substituindo o discurso pela discussão e utilizando as modernas técnicas de educação de grupos com a ajuda de recursos audiovisuais".
(Paiva, 1973: pág. 210)

A mobilização política e social de setores da sociedade brasileira, e as articulações em busca de soluções para os problemas nacionais relativos às condições de vida da grande maioria da população, cujas condições se situavam e ainda se situam abaixo da linha da pobreza, fez com que o campo educacional viesse à tona de maneira bastante promissora para trabalhos em favor das mudanças desejadas, isto é, em favor de um mundo mais justo e solidário.

Nesse sentido, os movimentos educativos ligados às camadas populares tiveram forte expressão, envolvendo artistas, intelectuais, professores e estudantes universitários, partidos políticos de esquerda e setores da Igreja Católica – todos eles preocupados e comprometidos com as transformações sociais. Destacam-se nesse período, fundamentalmente, quatro movimentos de educação e cultura popular que buscaram uma perspectiva nova de Educação Popular: Movimento de Educação de Base (MEB), Movimento de Cultura Popular (MCP), Centros Populares de Cultura (CPC) e a *Campanha de Pé no Chão, Também se Aprende a Ler.*

A própria conjuntura econômica que marca o período de formulação e existência desses movimentos, caracterizada pelo desenvolvimentismo, faz com que surjam necessidades de maior participação de toda a sociedade civil, seja no aspecto de inserção no mundo do trabalho, seja nos diferentes níveis de decisão. Nesse sentido, essa conjuntura levou também à recolocação dos problemas na área da Educação e da Cultura, nos seus pontos considerados mais críticos e tidos com entraves ao desenvolvimento econômico do país, tais como o analfabetismo, a ausência de formação de mão-de-obra especializada e de recursos humanos de nível médio e superior. Assim é que, a partir das discussões sobre o analfabetismo, são levantados questionamentos em torno da participação da grande maioria da população brasileira. Em conseqüência, alguns educadores brasileiros vão colocar a participação política dentro da problemática da Educação e Cultura, na busca de soluções para as grandes questões nacionais. A educação nessa perspectiva é vista então como um processo que passa por uma prática que é também política, portanto, integrante de todo o processo histórico da sociedade.

Para os idealizadores e formuladores das propostas dos movimentos de educação e de cultura popular, que surgiram no início dos anos 60 – quase sempre intelectuais representantes das classes médias – todo o processo de transformação e de mudança social e política dá-se também no campo da ideologia. Portanto, a Educação, como processo que é também ideológico, será de fundamental importância e poderá trazer contribuições específicas para as transformações sociais.

Buscando traduzir em práticas político-pedagógicas estas propostas é que os movimentos – MEB, MCP, CPC – puderam realizar atividades e desenvolver programas que, sem dúvida, demarcaram uma nova perspectiva, e contribuíram para trabalhos posteriores no campo da Educação Popular. No entanto, a violenta repressão sobre esses movimentos exercida pelo Golpe Militar de 1964 fez com que fossem interrompidas as experiências do CPC e do MCP, restando apenas o MEB para dar continuidade e aprofundar as perspectivas então levantadas, ao mesmo tempo em que pudesse experimentar novas formas de atuar no campo pedagógico.

Para Carlos Rodrigues Brandão (1977: pág. 25)

"Através de uma visão cristã do homem e do mundo, uma visão marcadamente personalista e definida na prática pelos princípios da Doutrina Social da Igreja, a Educação de Base do MEB introduz a história na educação popular. Introduz termos e propostas novas de mudança e de direitos humanos, como os verdadeiros produtos de uma educação comunitária. As mudanças pretendidas não são as de condições de espaço (comunidade, região, nação); são as da passagem de um tempo histórico para outro: de um mundo sem justiça em um mundo regido pela justiça.

A teoria de uma educação popular fundada sobre estes termos é a que aparece de forma mais sistematizada na *Educação Popular* de Paulo Freire. Talvez não tenha havido até hoje uma forma popular de educação tão insistentemente estabelecida como a do Sistema Paulo Freire. De um modo muito rudimentar, é possível dizer que tanto ele quanto o MEB procuraram transformar uma educação fundamental para o povo (os valores políticos dos grupos externos retraduzidos na linguagem de ajuda ao povo) em uma educação do povo (os valores culturais dos grupos populares retraduzidos através de educação levada a eles). Esta seria a descoberta do que é fundamental na educação popular."

Para a viabilização de sua concepção de educação popular, o MEB desenvolveu um conjunto bastante amplo de atividades, comumente chamado de "educação de base", tais como alfabetização, conscientização, mudanças de atitudes e instrumentação das comunidades, inicialmente centradas nas escolas radiofônicas e, posteriormente, desenvolvidas como atividades de *animação popular*. Para todo esse trabalho foram de fundamental importância os chamados agentes de educação popular (técnicos, professores, monitores, animadores etc.). Esses agentes buscaram caracterizar os componentes ideológicos das classes populares e organizar em suas elaborações, com graus variáveis de manipulação, as ideologias denominadas em suas múltiplas formas de manifestação, empregando técnicas, métodos e recursos muitas vezes simples e artesanais, mas bastante expansivos quanto à comunicação com o povo.

Nesses instrumentos e meios, na maioria das vezes, enfocava-se a própria história e a experiência comum das pessoas envolvidas. Histórias e experiências tais como os recursos da tradição oral de transmissão de conhecimentos envolvidos nas relações afetivas e interpessoais que as próprias comunidades possuem e criam para suas formas de sobrevivência no dia-a-dia, por meio do trabalho, da religião, do lazer etc., permitindo maior divulgação das ideologias dos dominados para setores mais amplos da sociedade, ganhando amplitude e conquistando aliados.

A produção associada como chão da "animação popular"

O TRABALHO
Benedito vende sua produção na feira. A produção é resultado de um ano de trabalho. Trabalho de Benedito e de toda a sua família. Nesse trabalho, Benedito deixou seu suor, seu esforço. Esse trabalho é quase um pedaço dele mesmo.

Conjunto didático/ MEB, 1964

Nas últimas décadas temos presenciado o desenvolvimento de atividades de Educação Popular através de agentes oriundos, tanto dos setores populares, como também de outros setores da

45

sociedade, avançando nas lutas e formulando novas propostas de articulação político-pedagógicas. Dentre essas propostas destacam-se as "iniciativas de trabalhadores que se associam para produzir meios de vida: alimentos, roupas, ferramentas, brinquedos, material de construção, instrumentos musicais, impressos e muitos outros. Serão essas iniciativas uma maneira organizada de luta transformadora da sociedade?" (Costa, 1989: pág. 9).

Discutindo a designação de trabalhadores associados ou formas associativas de produção, Beatriz Costa afirma que um empreendimento econômico popular não pressupõe necessariamente a constituição jurídica de uma associação. Trata-se simplesmente de pessoas que se organizam, isto é, se associam numa prática comum de produção. Passados quinze anos da publicação do décimo quinto Cadernos de Educação Popular, cuja temática dedicava-se à *Produção associada: pensares diversos*, quais os significados e potencialidades das atuais estratégias associativas de trabalho e de sobrevivência, empreendidas pelos setores populares? Puxando o fio da meada e revisitando a história dos trabalhos dos movimentos de educação e cultura popular, trazemos novamente a importância de recuperar essa reflexão sobre a associação de trabalhadores na produção, como campo de luta. Diante das condições concretas de aumento do desemprego e das tendências atuais do processo de produção, seja nas indústrias, nas fábricas ou mesmo nos setores de prestação de serviço, essas associações podem criar possibilidades de um novo direcionamento e novos modos de produção da vida, os quais rompam com as formas hegemônicas, parte integrante da reordenação do sistema capitalista nacional e internacional, concentrador de riquezas, excludente e produtor de miséria e fome.

Se a Educação é um processo que passa por uma prática que também é política e, portanto, integrante do processo histórico, a Educação Popular deverá sempre estar articulada às necessidades básicas daqueles que compõem o conjunto dos setores populares, isto é, os trabalhadores em geral. Nesse horizonte, uma das formas mais ricas de trabalho pedagógico criada pelo Movimento de Educação de Base denominou-se *encontro*, o qual começou a desenvolver-se em 1963, nos municípios onde funcionavam as escolas radiofônicas, com os seguintes objetivos: complementação do trabalho radiofônico, contato direto com a comunidade, revisão e planejamento conjunto e motivação e abertura às comunidades. O amadurecimento e a reflexão crítica desses *encontros* populares do MEB permitiram que fossem aprofundadas as discussões gerando uma nova metodologia chamada de *Animação Popular*, a ser desenvolvida em vários espaços educativos, entre eles, os espaços onde os trabalhadores associados, no campo e na cidade, produziam os meios necessários para sua sobrevivência.

Beatriz Costa traz à tona vários exemplos de cooperação e apoio às várias "iniciativas e movimentos que lutam por uma vida digna", como o de diversas comunidades de agricultores que enviam produtos de suas roças para acampamentos de trabalhadores que lutam para permanecer ou conquistar um pedaço de terra, participando do próprio acampamento em apoio aos companheiros em luta. (Costa, 1989: 12)

A Animação Popular (ANPO) foi uma proposta pedagógica de trabalhos populares, desenvolvida numa tentativa de ver de maneira globalizante todos os trabalhos então realizados. Teoricamente definia-se a Animação Popular como trabalho pedagógico em que a reflexão política tinha seu lugar privilegiado. Sua metodologia básica era fundamentalmente delineada pelos seguintes pressupostos:

1. "Animação Popular (ANPO) é um processo global de promoção do Homem, através de sua própria ação.
2. A expressão "Animação Popular" significa, estritamente, trabalho animado por elementos populares.

No caso do trabalho educativo, serão elementos do povo que

assumirão sua própria educação e os engajamentos conseqüentes.

3. A Animação Popular é um processo de estruturação de comunidades e organização de grupos, progressivamente assumido por seus próprios membros a partir da liderança. A comunidade organiza-se como conseqüência da descoberta de seus valores, seus recursos e suas necessidades, em busca da superação de seus problemas sociais, econômicos, culturais, políticos e religiosos, no sentido da afirmação de seus membros como sujeitos.

4. A Animação Popular é uma tarefa da comunidade. Faz-se através da transformação de um conjunto de indivíduos, que vivem juntos, em uma integração de pessoas que pensam, planejam e agem em comum, buscando atender a todos como membros da comunidade local, sem desvinculação da problemática nacional e internacional.

5. O aspecto reflexão e ação é essencial na "Animação Popular". O trabalho educativo estaria falho se parasse na difusão de idéias. A própria psicologia do povo exige uma concretização do que se fala.

Sem ficar em soluções imediatistas, a "Animação Popular" tem de ser objetiva, ter atuação visível, com repercussões e conseqüências sensíveis.

Entretanto, o trabalho não se fecha no âmbito estreito de problemas imediatos. Ele se insere, como ponto de reflexão e ação, no contexto da luta pela transformação de estruturas, elaboração de esquemas mais humanos, sem o que seu sentido se esvazia (MEB – em 5 anos, 1996)" in (PEIXOTO FILHO, 2003: pág. 74).

Do aprofundamento da Animação Popular resultaram várias conquistas, as quais eram fruto da participação associativa e em busca da resolução de problemas levantados pelas comunidades locais, tais como atendimentos à saúde, moradia, construção de escolas para crianças e jovens etc. Porém, se a busca de soluções para os problemas sociais, econômicos, culturais, políticos etc. das comunidades é a motivação fundamental para sua organização, é necessário salientar que:

"O mais importante na Animação Popular não eram seus resultados físicos e mensuráveis: uma escola construída em regime de auto-ajuda, um posto de saúde, uma campanha de fossas etc. O mais importante era o próprio processo de organização de grupos populares e de representantes locais do seu modo de pensar e de agir. De certa maneira, os resultados significativos eram sociais. Os agentes da MEB não se engajaram no engano de acreditar que a soma de inúmeras comunidades 'organizadas e em desenvolvimento', e de mudanças sociais em direção a 'uma sociedade mais justa'. Essas mudanças não podem ser dadas 'de cima para baixo', elas são uma conquista e o resultado de um trabalho sobre a sociedade, exercido por diversas categorias de agentes conscientes e mobilizados" (Brandão, 1980: 25).

Por outro lado, pensar a Animação Popular também como instrumento educativo, que possibilite aos grupos populares alcançar objetivos imediatos e soluções para seus problemas cotidianos, aponta, sem dúvida, caminho para a construção de um movimento pedagógico, cuja base esteja fundada no trabalho coletivo/associativo, tais como a realização de mutirões para construir casas, festas, quermesses, entre outras formas de auto-ajuda. Essa base coletiva/associativa tem sido uma maneira que os setores populares, historicamente, têm encontrado para garantir meios de vida, uma vez que nem sempre esses setores têm garantido, pelo Estado, os direitos às condições mínimas de vida e de sobrevivência, tais como, educação, saúde, saneamento básico, moradia, cultura, lazer, transportes. A busca solidária no mundo do trabalho e na produção da vida e da sobrevivência humana em suas relações no cotidiano, apontam para diferentes maneiras de se organizar e de produzir social e economicamente, solucionando, mesmo que sejam apenas as questões imediatas que afligem os grupos e as comunidades populares.

Trabalho associativo e educação popular: antigos e novos fios da meada

> *A colheita feita com máquina é melhor.*
> *Com máquina a safra é melhor.*
> *Benedito tem máquina?*

Conjunto didático/ MEB, 1964

Diante das atuais condições de vida, já referidas anteriormente, nas quais se encontra a grande maioria da população brasileira, as lutas pela sobrevivência demandam a necessidade de se criar alternativas que apontem caminhos possíveis para garantir a reprodução ampliada da vida, ao mesmo tempo que se possa representar, também, alternativas para relações sociais, políticas e econômicas mais justas e igualitárias, portanto mais solidárias.

Nesse sentido é que recupero a trajetória da construção histórico-social da Educação Popular no Brasil e na América Latina e, considerando as iniciativas de trabalhadores que se associam para produzir meios de vida: alimentos, roupas, brinquedos, ferramentas, material de construção, instrumentos musicais, impressos e muitos outros, é que se torna importante aprofundar questões no campo de uma pedagogia da produção associada. Para isso, seguramente, a Educação Popular deverá retomar sua prática político-pedagógica no sentido de incentivar laços novos e diversificados, entre vários tipos de movimentos, algo como rede de articulações ou articulação em redes, cooperação e participação, elaboração de conhecimentos, numa reciprocidade que respeite as diversas perspectivas teórico-epistemológicas e culturais e interagindo com a realidade de cada movimento e de cada lugar.

A construção de um novo projeto de sociedade, sem dúvida, deverá necessariamente incluir e passar por uma nova prática de produção da riqueza, quer seja da riqueza material, quer seja da espiritual. Por isso, novos modos de produção da vida social são necessários de ser experimentados e incentivados, na direção da construção desse projeto, que se refiram às estruturas democratizantes de decisões, de relações de igualdade e cooperação entre os produtores de bens materiais e espirituais e de desenvolvimento da criatividade profissional que propiciem a estruturação das atividades produtivas propriamente ditas.

A pedagogia, entendida como prática social e como movimento que articula saberes e conhecimentos, pode e deve ser um instrumento poderoso para que sejam elaboradas estratégias, as quais venham contribuir com a realização de novos modos de se produzir e construir novas relações na sociedade. Nessa perspectiva podem ser pensados novos horizontes para a formação de trabalhadores capazes de criar os necessários novos modos de produzir, de distribuir e de consumir bens e recursos, os quais poderão contribuir para alternativas do atual modelo sócio-econômico. No entanto, se essa perspectiva pode apontar novos caminhos, é necessário que sejam aprofundadas as dimensões específicas da relação trabalho e educação, inclu-

51

indo nesse aprofundamento a resignificação de uma práxis educativa, a qual tenha também como referência as dimensões materiais de uma economia popular e solidária. Considerando assim, é necessário que o trabalho, como categoria fundamental, por um lado, seja pensado como produção da vida e da riqueza humana, portanto, articulado com a cultura e por outro, como realização e parte integrante do processo de humanização. Uma pedagogia da produção associada como proposta educativa pressupõe seguramente a relação trabalho e educação, que numa perspectiva de formação de trabalhadores – Educação Popular – inclui, obrigatoriamente, a troca entre saberes e conhecimentos, produzidos e tecidos no cotidiano das lutas pela sobrevivência – mundo do trabalho – e conhecimentos historicamente produzidos e construídos como compreensões e explicações da realidade, porém, pensados em favor dos processos de mudança e transformação dessa mesma realidade. Por outro lado, será também importante que sejam incorporadas as experiências e reflexões já produzidas e criticamente sistematizadas, que venham contribuir para o desenvolvimento e aprofundamento da perspectiva da pedagogia da produção associada como processo de Educação Popular.

Considerando o contexto sócio-econômico atual de acumulação do capital, perversamente excludente, que produziu uma das maiores crises de emprego/desemprego de nossa história contemporânea e, conseqüentemente, tornando dispensável e supérflua a força de trabalho assalariada, repensar a Educação Popular como processo educativo dos trabalhadores é uma tarefa imediata e de fundamental importância. Nesse horizonte, esse texto representa apenas uma contribuição e um convite à reflexão e ao debate, diante das inúmeras indagações que permeiam o tema. Afinal, "Benedito vive, Jovelina vive". Que vivam tantos Jovelinos e tantas Beneditas!!!

52

Referências bibliográficas

BARREIRO, Júlio. *Educação Popular e Conscientização*. Petrópolis: Editora Vozes Ltda., 1980.

BRANDÃO, Carlos Rodrigues. *Da Educação Fundamental ao fundamental da educação*. Cadernos do CEDES, São Paulo: Cortez Editora/Autores Associados/CEDES, 1980.

COSTA, B. *Trabalhadores associados na produção: um modo de pensar a luta*. Cadernos de Educação Popular, n°. 15, 1989. Vozes/ Nova.

PAIVA, Vanila. *Educação Popular e Educação de Adultos, contribuição à história da Educação Brasileira*. Rio de Janeiro: Loyola, 1972.

PEIXOTO FILHO, José Pereira. *A travessia do popular na contradança da Educação*. Goiânia: Editora da Universidade Católica de Goiás, 2003.

Saberes da experiência e o protagonismo das mulheres: construindo e desconstruindo relações entre esferas da produção e da reprodução

Profª. Dra. Maria Clara Bueno Fischer [*]
Profª. Ms. Clair Ribeiro Ziebell [**]

A necessidade de as mulheres estabelecerem, de forma consciente, crítica e prática, relações entre saberes desenvolvidos por elas em experiências de emprego formal e ocupações informais, vida comunitária e em empreendimentos econômicos sócio-solidários, como condição necessária para a realização mais profunda de seu protagonismo também na esfera econômica e social[4], é o foco da reflexão que apresentamos neste artigo.

Protagonizar significa ocupar um lugar central, sair dos bastidores. Partimos da premissa de que a sistematização e a apropriação crítica, pelas mulheres, dos saberes desenvolvidos por elas durante a vida, reforça seu protagonismo individual e coleti-

---

[*] Professora do Curso de Pós Graduação em Educação da UNISINOS.
[**] Professora Mestre do Curso de Serviço Social da UNISINOS.
[4] Acreditamos que nosso estudo pode contribuir para manter em evidência os compromissos assumidos em conferências internacionais sobre gênero e direitos das mulheres (CEDAW(1979), Hamburgo (1997), Beijing + 5 (1995, 2000), entre outras.

vo. Sistematizar saberes da experiência "a)...permite a legitimação e dá crédito às [suas] experiências de vida e trabalho;... b) constitui uma base para trabalhos de conscientização, de ação comunitária e de mudança social; c) é um meio para ampliar a autoconsciência e efetividade de um grupo" (Weil E Mcgill 1989 em Tight 1996, p. 99[5]) e pode, ainda, d) incidir na redefinição e ampliação de conceitos.

A reflexão que apresentamos tem como base empírica uma análise qualitativa de entrevistas com mulheres envolvidas em dois empreendimentos econômicos solidários[6]: uma cooperativa e uma associação pró-cooperativa[7].

---

[5] A tradução é de responsabilidade das autoras.

[6] Foram entrevistadas mulheres de uma cooperativa e de uma associação pró-cooperativa localizadas na região de Grande POA-RS. Um dos objetivos da pesquisa foi relacionar os saberes de experiência das mulheres com um programa político-educativo desenvolvido por uma confederação sindical de trabalhadores que teve um papel importante na constituição dos mesmos. A cooperativa foi formada em São Leopoldo por um grupo de mulheres, com a ajuda da comunidade e de assistentes sociais, tendo como um momento desencadeador relevante uma das ações político-educativas desenvolvidas pelo Programa Integrar, denominadas de oficinas de desenvolvimento sustentável.

Vinte e duas pessoas fundaram a cooperativa, com base nos princípios do cooperativismo, com o objetivo de realizar serviços variados: limpeza, construção civil e, também, fazer sanduíches e artesanato para vender. À medida que o tempo passou foi, no entanto, perdendo suas características como empreendimento solidário e, hoje, apresenta poucas possibilidades de continuar existindo. O empreendimento foi redimensionado como uma empresa precarizada de prestação de serviços terceirizados. Algumas mulheres do grupo inicial continuaram muito ativas na comunidade, lutando por seus direitos. Para sobreviverem, voltaram para iniciativas individuais informais, às vezes recorrendo a redes de vizinhança e parentesco. Buscaram outras formas de sobrevivência como cuidar de crianças, auxiliar em atividades de comércio familiar e produção artesanal voltada para indústria coureiro-calçadista. Houve a busca de saídas no âmbito de soluções assistenciais, através da participação em programa municipal de limpeza pública em troca de cesta básica.

O outro caso, a associação pró-cooperativa, foi estabelecido em 2000 por um grupo de nove mulheres num bairro popular de Canoas-RS, para produzir e comercializar produtos

Experiências geradoras de muitos saberes

A experiência em gestão comunitária

A experiência de gestão da vida comunitária promove o desenvolvimento de muitos saberes. Essa integra todo o trabalho reprodutivo, incluindo criar os filhos, cuidar da casa e, conjuntamente, desenvolver ações na comunidade como organizar grupos, implementar programas de geração de renda, cuidar de pessoas doentes e mais velhas, entre outras atividades do tipo. Essa gestão ocorre, em grande medida, através da sua intensa participação em atividades promovidas pelas Igrejas – de orientação tradicional ou progressista; em cursos de Educação Popular desenvolvidos pela Igreja Católica e/ou por Organizações Não-Governamentais (ONGs) e sindicatos; e, ainda, no movimento social urbano. E, claro, nas múltiplas relações familiares e de vizinhança.

"alternativos": alimentos naturais e medicamentos fitoterápicos com o objetivo de, também, contribuir com a melhoria da qualidade de vida – alimentação e saúde — das pessoas mais pobres da própria comunidade. Na formação do empreendimento a líder buscava ajudar as mulheres a "saírem" de casa; motivada por uma consciência de gênero. Outras percebiam a cooperativa como uma saída efetiva para o desemprego. Nesse caso o empreendimento resultou de uma decisão tomada por mulheres num curso para mulheres na cidade, sendo o empreendimento liderado, desde seu estágio inicial, por uma delas que foi educadora do curso. Tiveram apoio do Programa Integrar, através de um curso de 60 horas sobre legislação e gestão de cooperativas. O grupo está reduzido a três mulheres que trabalham dois dias por semana na associação, sendo que as outras voltaram para casa ou buscaram iniciativas individuais, no âmbito da economia informal. É uma associação pró-cooperativa por não estar legalizada. Os trâmites burocráticos e, fundamentalmente, os altos custos implicados têm retardado a legalização, fato comum nesse tipo de iniciativa (TIRIBA, 2001). Nessa condição elas têm se envolvido num debate público mais amplo na cidade buscando uma articulação com outros grupos para conquistarem melhores condições para o estabelecimento e manutenção de empreendimentos dessa natureza e também têm participado em grupos de troca locais em que se experimenta o uso de moeda social.

[7] Denominados, neste artigo, de empreendimentos A e B respectivamente.

Saberes associados à organização e poder permeiam os depoimentos das mulheres entrevistadas. A experiência no movimento da moradia foi extremamente significativa para todas as participantes da associação pró-cooperativa. As casas onde vivem foram conquistadas através da ação coletiva, incluindo um processo de ocupação e negociação das mesmas. Seus depoimentos revelam que foi uma situação de aprendizagem muito importante em termos dos benefícios de agir coletivamente e do desenvolvimento de uma série de saberes de natureza político-organizativa tais como: aprender a coordenar pequenos e grandes grupos de pessoas; a elaborar propostas conjuntas, a tomar decisões individual e coletivamente (de forma autoritária ou democrática). Consultar a todos para tomar as decisões com vistas ao consenso; encorajar as pessoas a desenvolverem, e a manterem, uma disposição para a luta por seus direitos; planejar ações e considerar, aí, estratégias e táticas; dividir coisas materiais e não-materiais, são alguns dos aprendizados indicados. Assim, aprender a realizar e, também, a valorizar tais ações e posturas compõe um conjunto de saberes desenvolvidos associados à ação coletiva.

Aprendizados relacionados a relações de poder também são nomeados. Identificar e saber agir considerando interesses e relações de força em jogo é algo aprendido em diferentes espaços, destacando-se o da Igreja, como por exemplo: identificar interesses das pessoas e grupos em diferentes situações; identificar formas como lutam para defendê-los ou garanti-los; enfrentar tensões quando há uma falta de consenso entre as pessoas, entre outros. Parte constitutiva desses aprendizados é, também, a superação do medo de falar em público e a valorização da própria opinião, mantendo energia e iniciativa mesmo em situações hostis.

Outros saberes, de natureza ética, desenvolvidos na experiência de gestão comunitária são: o cultivo da coerência entre a palavra e a ação, e o ser transparente nas informações oferecidas e no uso do patrimônio comum.

Saberes associados a uma determinada perspectiva de solidariedade também emergem de suas falas. Nesse sentido pode-se citar, além do exemplo da experiência no movimento da moradia, a experiência em atividades desenvolvidas pela Igreja Católica, especialmente aquelas das CEBs. Essas promoveram significativos aprendizados de valores baseados no senso de solidariedade. Ensinamentos como "ensinar a pescar e não simplesmente dar o peixe para alguém que pede sua ajuda"; "o que tu aprendes tu deves ensinar aos outros, não simplesmente ficar para ti"; "viver em comunidade" e "dar e receber" foram associados à experiência nas CEBs.

As entrevistadas aprenderam a apoiar especificamente as mulheres na busca por sua libertação de, ou em, diferentes situações em que são desrespeitadas. Algumas mulheres dos dois empreendimentos assistiram a cursos e atuaram a partir deles como promotoras legais populares[8]. Em tais cursos as mulheres são preparadas para defender a si mesmas e a outras que se encontram em situações de desigualdade, violência e/ou preconceito – espaços que têm promovido seu empoderamento. Em cursos de formação em liderança de gênero refletiam, e ainda refletem, a respeito de impasses enfrentados nas relações sociais intra e extra grupos: desvendam as relações de poder que, implícitas ou explícitas, dificultam um processo democrático de participa-

---

[8] "Promotoras legais populares são mulheres que realizam capacitação em legislação e direitos humanos, com ênfase nos direitos das mulheres, tornando-se multiplicadoras de informações em suas comunidades, fortalecendo e qualificando a intervenção feminina na construção de relações mais igualitárias" (Texto do folder da ONG CECA – Centro Ecumênico de Evangelização, Capacitação e Assessoria – 2003).

ção preparando-as para o exercício da liderança e a tomada de decisões. Assim, essa participação, associada diretamente à dimensão de gênero, induz as mulheres a irem "mais além", a realizarem a aventura de estabelecer empreendimentos econômicos e de se envolverem em outras ações de âmbito municipal ou mais amplo. A motivação de gênero esteve no cerne da associação prócooperativa desde sua fundação. Algumas das mulheres desse empreendimento têm, recentemente, participado de um processo político envolvendo diferentes cidadãos e cidadãs que têm como objetivo discutir e dar suporte às cooperativas do município[9]. No caso do empreendimento A, todas as mulheres participaram da criação, na cidade, do Fórum de Mulheres[10], o qual articula mulheres de todos os lugares da cidade. No entanto, como se verá em outro momento, há toda uma cultura patriarcal que mantém sua força e se manifesta no cotidiano dos empreendimentos. A elevação de consciência de gênero ocorreu, como se percebe, em função de diferentes experiências educativas que tiveram com a Igreja Progressista e/ou Organizações Não-Governamentais (ONGs) e através da participação em movimento de mulheres.

A experiência de gestão comunitária promove, então, um intenso processo educativo. A maioria das atividades de formação de que elas participaram pode ser considerada como de Educação Popular, sendo que, em algumas, a metodologia integra a perspectiva de gênero. As mulheres têm uma opinião muito positiva a respeito do que lá aprendem. Destaca-se que a escola formal não é uma instituição citada como um local de aprendizados

---

[9] Ver nota de rodapé número 7 neste texto.

[10] O Fórum de Mulheres de São Leopoldo é um Movimento Social Popular em defesa de políticas públicas na perspectiva de gênero com compromisso ético com as classes populares, respeitando as etnias, raças e igualdade de direitos entre mulheres e homens. (Regimento Interno do FMSL, 2003, p.1).

significativos relacionados ao seu desenvolvimento para o trabalho coletivo.

Em síntese, podemos afirmar que a experiência de gestão comunitária gera saberes político-organizativos, de solidariedade, de gênero e potencializa saberes de trabalho, muitos dos quais aprendidos em casa. Saberes populares que vão sendo apropriados através de sistematização ocorrida na própria ação individual e/ou coletiva ou, de forma intencional, através de atividades de Educação Popular.

Experiências de trabalho formal e informal

Perguntamos às mulheres a respeito da sua experiência de trabalho, antes ou concomitante ao seu envolvimento nos empreendimentos, para identificarmos saberes oriundos de aprendizados ocorridos em tais experiências e relacioná-los com aqueles vividos, ou necessários, para o trabalho em cooperativas. Vejamos os casos das entrevistadas Janete e Carla[11], que ou são representativos do grupo entrevistado ou são ricos em termos dos fins deste artigo.

Janete carrega as marcas do trabalho rural e experiências de trabalho na cidade. Ela trabalhou com "carteira assinada", por alguns anos, em indústria de calçados e de produção de ar-condicionado e, ainda, como empregada doméstica. Realizou atividades na informalidade como em ateliers de calçados e como empregada doméstica, porém sem vínculo. Desenvolveu saberes profissionais na indústria de confecção de calçados. Ela, no entanto, destaca com ênfase saberes relacionados à profissão

---

[11] Janete e Carla são nomes fictícios para duas entrevistadas. A primeira, membro da cooperativa e a segunda da associação pró-cooperativa.

de empregada doméstica, aprendidos com as patroas nas casas onde trabalhou. O trabalho na fábrica, diferente do doméstico, permitiu-lhe desenvolver certa independência pelos benefícios legais e a qualificação profissional obtida. Ao comparar essa experiência com a do trabalho na cooperativa, ela estabelece algumas semelhanças que nos permitem inferir o que aprendeu na fábrica: o trabalho sempre necessita de organização; há necessidade do estabelecimento de hierarquia e isso tem de estar relacionado com competência e, no entendimento dela, não com gênero; a divisão sexual do trabalho é necessária, justificando que homens devem assumir tarefas que exigem um esforço físico maior. Ao referir-se à cooperativa ela a entendia como um tipo de iniciativa econômica própria para os que não têm escolarização, ou mesmo uma profissão, e para quem está fora do mercado formal de trabalho.

A experiência formal e informal de trabalho de suas companheiras da cooperativa é similar. Em geral repetem a mesma trajetória: de vínculo formal de emprego para o desemprego; desse para atividades remuneradas temporárias, sem carteira assinada, e daí, ou ao mesmo tempo, para a produção e a venda de artesanato. As positividades da experiência do trabalho formal e dos saberes aí desenvolvidos são mencionadas, de formas variadas, por outras mulheres do empreendimento. São trajetórias típicas de mulheres das classes populares.

Nesse empreendimento, desde a sua fundação, tem havido a presença ativa de um homem, que traz consigo as marcas da matriz dominante de gênero (Saffioti, 2002, p. 334) e de experiência do emprego formal. Nessa condição, muito diferente das mulheres, é que ele se envolveu com a cooperativa. Em outro momento apresentamos reflexões em torno desse fato.

Carla, uma mulher do outro empreendimento, teve uma pequena experiência com emprego formal, no setor de serviços.

62

Sua principal experiência, prévia à da associação, foi como trabalhadora em casa, onde aprendeu a bordar e realizar outras atividades similares. Além disso também foi vendedora. O trabalho de gestão comunitária tem ocupado, no entanto, um lugar central na sua vida. Carla demonstrou ter um prazer muito grande com sua atuação comunitária; ela adora estar em movimento. Envolver-se com a associação pró-cooperativa faz parte desse "estar em movimento". Sua experiência, nesse sentido, é singular. A maioria das mulheres dessa associação pró-cooperativa veio da zona rural nos anos 70 e 80. Trabalhavam em pequenos pedaços de terra com outros membros de suas famílias. Quase todas foram, em algum momento de suas vidas, trabalhadoras assalariadas no setor de serviços e poucas na indústria. Somente uma divide sua ação na associação com atividades como funcionária regular num hospital. Todas, desse e do outro empreendimento, também realizam o trabalho doméstico como "donas de casa"; algumas poucas como empregadas domésticas. Vender no mercado informal também faz parte da experiência de algumas mulheres desse empreendimento. Uma delas trabalha num pequeno negócio de vendas, do tipo familiar. Em grande medida não adquiriram uma profissão e, portanto, saberes propriamente profissionais. Aprenderam, na experiência própria e de outros, que ter direitos trabalhistas é conquistar o reconhecimento social que possuem os que estão "trabalhando numa firma", o(a) s formalmente empregado (a)s. Mencionam aspectos positivos relacionados à sociabilidade aí ocorrida como, por exemplo, a rotina de deslocar-se para o trabalho, saindo de casa e afastando-se de atividades a ela associadas; encontrar outras pessoas no ônibus e fazer amigos fora do lugar onde vivem. Indicam saberes relacionados à organização do trabalho, para algumas valorizados como positivos: cada um com sua tarefa sem ter de discutir tudo no coletivo, como é o caso do trabalho em cooperativa, bem como um horário de trabalho definido. Todavia também expressavam, por vezes, insatisfação com a gestão verticalizada e o ambiente competitivo. É interessante que uma mulher que trabalhava na associação e também num laboratório, mencionou saberes de gestão coletiva aprendidos na cooperativa, os quais estava transferindo para o trabalho no laboratório. Parece significativo que, em geral, não é alguma qualificação profissional específica, mas formas de organizar o trabalho, especialmente a dimensão da gestão, que é evocado como saber aprendido, especialmente a hierarquia e divisão do trabalho. Talvez isso se explique pela falta de desenvolvimento de uma profissão propriamente dita.

Para a maioria das mulheres dos dois empreendimentos, ter um emprego formal seria muito melhor do que empreender esforços para estabelecer cooperativas. A cultura do emprego parece sobrepor-se, especialmente em função de um ideal de ter direitos trabalhistas; incluindo a estabilidade. Têm clareza, no entanto, de que na sua idade, além de outras variáveis, conseguir emprego vai se tornando difícil, e as cooperativas aparecem como uma alternativa de sobrevivência, no mínimo.

A experiência nos empreendimentos [12]

As mulheres tiveram, e ainda têm, de enfrentar muitos desafios que logo se tornam dificuldades em relação aos empreendimentos: necessidade de financiamento; comercialização de produtos e serviços; gestão coletiva; conhecimento e implementação da legislação; competição com "falsas" cooperativas; falta de infra-

---

[12] Tivemos limites para uma análise mais aprofundada pois as experiências analisadas são relativamente recentes. Acreditamos, no entanto, que os casos oferecem pistas importantes para outras pesquisas e mesmo para a criação de empreendimentos econômicos dessa natureza.

estrutura para implantar o empreendimento; necessidade de qualificação profissional; conflitos de gênero e, ainda, ausência de políticas públicas.

Quando criaram os empreendimentos, elas tinham um cabedal de saberes relacionados ao conteúdo específico de determinados trabalhos, aprendidos em casa e na vida comunitária, que sustentam uma série de processos relacionados com a reprodução: serviços gerais, habilidade de bordar, cozinhar, cozer, produzir fitoterápicos. Trata-se, no entanto, de saberes sem reconhecimento público mas que, por outro lado, foram centrais para estabelecer os empreendimentos. Outros saberes que trouxeram eram oriundos da experiência de trabalho em empresas, relacionados com a gestão do trabalho como a garantia de controle de qualidade; aspectos burocráticos e, também, de organização do trabalho, especialmente de aspectos relacionados à hierarquia e divisão do trabalho.

Os dois empreendimentos indicam sinais diferenciados a respeito da transferência, pelas mulheres, da riqueza de seus saberes prévios para os empreendimentos. Os saberes relacionados a fazer artesanato, forte no caso da cooperativa, não foram potencializados e sim outros saberes, embora houvesse duas mulheres do empreendimento A que possuíam uma expectativa de atuarem de forma mais profissional utilizando e aperfeiçoando tais saberes na cooperativa. Expectativa, no entanto, abortada com a mudança do tipo de atividades desenvolvidas pela cooperativa. Em grande medida, então, elas não aproveitaram tal saber nem o desenvolveram. Já no empreendimento B as mulheres potencializaram saberes que já tinham a respeito de fazer alimentos e produzir fitoterápicos. Como poderá se perceber em outros momentos deste texto, as relações de poder internas associadas a assimetrias de gênero foram causas importantes dos desdobramentos diferenciados.

As mulheres da cooperativa tiveram dificuldades de transferir para o empreendimento valores como democracia, solidariedade e igualdade nas relações de gênero, mesmo que, de certa forma, os mantenham e os desenvolvam em outras esferas de atuação. Na associação pró-cooperativa, embora com dificuldades, a situação foi um pouco diferente, percebendo-se uma maior continuidade em relação a tais aspectos.

Tecendo saberes para promoção de um protagonismo ampliado

O protagonismo das mulheres pode, em parte, ser compreendido à luz do conceito de Redes Movimentalistas de Ação Direta: "são redes sociais que mobilizam pessoas que estão predispostas a ter uma participação contínua em movimentos sociais reivindicatórios, num campo informado por valores comuns [e]... emergem de relações pessoais e através de manifestação de diferentes interesses e intercomunicação entre grupos de natureza e funções distintas e têm, nas Comunidades Eclesiais de Base (CEBs), sua matriz fundadora...Vão da luta contra o alto custo de vida à luta por creche, seguida da luta por saúde pública" (Doimo, 1995, p.152 e p.155). Os participantes aprendem a lutar e a construir consensos em torno de valores que orientam e regulam a conduta de participação. Essas redes caracterizam-se, ainda, por um comportamento espasmódico. Doimo indica que "... a participação dos indivíduos nas redes está baseada na idéia do consenso e da solidariedade que acaba criando um espaço para líderes carismáticos criando dificuldades para a absorção de conflitos internos e, então, acaba por excluir vozes divergentes" (p.156).

Tornar essa sociabilidade, por vezes transformada em saberes, objeto de reflexão crítica com as mulheres pode contribuir para a superação de várias das dificuldades que as impedem de realizar plenamente seu protagonismo: a questão de lideranças carismáticas; as dificuldades de lidar com o conflito; de entender o contexto mais amplo em que estão inseridas e os limites oriundos da falta de institucionalidade de sua ação. Por outro lado, é fundamental reconhecer e reforçar algumas das características positivas desses processos, como a habilidade de estabelecer ações em rede e os resultados daí decorrentes, como ocorreu nos dois casos analisados. O envolvimento ativo das mulheres entrevistadas na criação de fóruns e nas atividades de Educação Popular – os cursos de liderança de gênero; saúde comunitária e de promotoras populares – resultam também dessa postura e habilidade. É preciso trazer à consciência sua capacidade, concretamente demonstrada, de atuar tanto na esfera privada como na pública, para possibilitar o acontecer de níveis mais elevados de protagonismo e cidadania.

A categoria gênero contribui para avançar no entendimento da relação entre saberes da experiência, protagonismo e empreendimentos e, assim, compreender alguns dos limites apresentados na implementação dos empreendimentos considerados.

O grupo da cooperativa vivenciou no seu cotidiano uma cultura que deriva das assimetrias de gênero, como a que se refere a abuso de poder, dupla jornada de trabalho, desigualdade de remuneração e, ainda, trabalho precarizado das mulheres. As mulheres e o homem desse grupo organizaram sua ação baseados em valores tradicionais, resultado de uma longa experiência de preconceito e discriminação. A presidência da cooperativa foi sendo assumida, e aceita pelo grupo, pelo único homem; o cargo legal, formal, no entanto, é de uma mulher. Ele, marido dessa, um aposentado que tinha tempo para empreender, conhecimento de aspectos burocráticos necessários à gestão e um comportamento autoritário, mas maculado por um discurso a favor das mulheres, acabou por se impor no grupo. Como e por que, sendo maioria e com uma rica experiência de gestão comunitária, as mulheres não enfrentaram o poder exercido por um só homem? Heleieth Saffioti (2002), na reflexão que faz sobre a ordem patriarcal de gênero e sua relação com classe e etnia, afirma que são formas de dominação e exploração que persistem, sendo levadas ao extremo no atual modelo societário. A autora afirma que a predominância dessa matriz de gênero "modela profundamente as subjetividades das pessoas" (p. 333). Um dos aspectos, elucidativo para compreender esse e outros casos, diz respeito ao sentimento de impotência que, na mulher, seria específico de gênero. "Como gênero atravessa toda a vida social, pode-se afirmar que as mulheres, enquanto tais, vivenciam cotidianamente a impotência" (p. 335). Para a autora, as mulheres são mais capazes de conviver com a impotência pois seriam mais *treinadas* para tal[13]. Denise Carreira, Menchu Ajamil e Teresa Moreira (2001), apoiando-se em reflexões de Marta Lamas (1999), apontam outros aspectos que limitam o exercício da liderança pelas mulheres: a crença de que o poder isola e de que todas as mulheres são iguais levando-as a uma busca obsessiva pelo consenso pois, segundo a autora, elas tendem a priorizar e preservar as relações a todo custo. Essas autoras contribuem significativamente para a compreensão de elementos da subjetividade feminina, forjada culturalmente – tendência ao consenso, impotência, não enfrentamento de conflitos, entre outros – que estão diretamente presentes no exercício do protagonismo individual e coletivo desse e de outros empreendimentos.

---

[13] Heleieth Saffioti (2002), no entanto, não desconsidera que as mulheres exerçam o poder. No entanto a dimensão da impotência prevalece, na relação face a face com os homens em geral e o "seu homem". Ressaltamos que as reflexões da autora, nas quais nos apoiamos aqui, são feitas numa análise a respeito da violência contra a mulher e violência doméstica. Para nós tais reflexões são fecundas para compreender o caso em questão e, possivelmente, outros.

Já no outro empreendimento a líder do grupo trouxe consigo um saber mais consolidado a respeito da positividade de relações simétricas de gênero: a convicção de que mulheres e homens têm direitos iguais. Tal perspectiva foi desenvolvida, principalmente, nos variados cursos e atividades para mulheres dos quais ela tem participado. Nesse caso ela é a líder do grupo: de direito e de fato. Foi a proponente do empreendimento com o objetivo claro de dar apoio às mulheres que estavam sem perspectivas. Em casa, estavam isoladas de outras experiências culturais. Foi, principalmente, a partir dessa motivação, construída numa perspectiva de gênero, que ela agiu e continua agindo. Há, no entanto, um aspecto econômico envolvido: o empreendimento funciona na sua casa; embora ela diga que lute continuamente para que o mesmo seja transferido para outro local. São aspectos relevantes para analisarmos o relativo sucesso dessa associação pró-cooperativa enquanto empreendimento com características sócio-solidárias e, no caso, a questão do papel do protagonismo das mulheres. É uma líder e educadora popular lembrando permanentemente suas companheiras sobre o que significa estabelecer uma "verdadeira" cooperativa e mostrando, na prática, caminhos para estabelecê-la através de várias ações: elaboração de projetos; articulação com a comunidade mais ampla; da busca de formas para comercializar os produtos, entre outras. Nesse mesmo empreendimento, no entanto, algumas mulheres indicaram claramente que sentiam falta da presença masculina para vender os produtos e sentirem-se mais seguras e respeitadas. Podemos perceber a impotência das outras mulheres no sentido de, tendencialmente, delegar o poder de decisão e a iniciativa para Carla. Além disso, algumas dessas mulheres ainda estão convencidas da cultura patriarcal: determinadas tarefas e condição de respeitabilidade social estão relacionadas com a figura masculina.

Ana Maria Doimo (1995) recorda-nos que os movimentos de mulheres na América Latina, situados no campo dos movimentos sociais populares, pautaram-se nas décadas de 70 e 80 por uma conduta de ação direta que teve como novidade importante o fato de se originarem fora da esfera produtiva e dos canais convencionais de mediação política, num contexto de crise do Estado capitalista geradora de fortes carências experimentadas no cotidiano. Há, portanto, uma cultura nesse tipo de movimento que é diferente, estranha às relações tradicionais da esfera produtiva.

Pensar as experiências considerando, de forma articulada, redes movimentalistas de ação direta e gênero, permite uma melhor compreensão dos impasses e dos avanços das mulheres no exercício pleno de seu protagonismo.

A experiência e os saberes desenvolvidos nos movimentos de mulheres e ação comunitária em geral tiveram um papel central no processo de organização inicial dos dois empreendimentos através da iniciativa, mobilização e ação em rede. Tomando o caso da cooperativa verificamos que, à medida que a ação é formalizada, isso se altera, tornando-se inoperantes ou não importantes tais saberes. Para a etapa produtiva propriamente dita, seja porque os objetivos se desviaram, seja porque nas relações de poder entre homens e mulheres predominou a concepção masculina de trabalho, que passou a determinar o caráter que deveria ter o empreendimento e/ou, ainda, pela dificuldade das mulheres de atuarem na esfera da produção ou com organizações mais institucionalizadas, não houve o mesmo desempenho e habilidade por parte das mulheres. Os saberes prévios aparentemente se desvanecem, não transmutando numa articulação entre o social, o político e o econômico.

Homens e mulheres, em geral, têm dificuldades de estabelecer relações conscientes e práticas entre o mundo da produção e o mundo da reprodução, esse considerado como o mundo do feminino. Essa questão histórica recoloca a problemática, que vem das práticas e estudos feministas, de que o conceito de trabalho, em redefinição, deve considerar as atividades cotidianas das mulheres, com todas as conseqüências econômicas, políticas e culturais para a sociedade como um todo que advém daí (Bruschini, 1988). Parece-nos que o não reconhecimento social da atividade de *gestão comunitária* como trabalho cria dificuldades de transferência, consciente e prática, entre saberes oriundos da esfera da reprodução para a da produção e vice e versa. A gestão comunitária deve ser considerada, do ponto de vista teórico e prático, como trabalho, integrando a experiência do trabalho reprodutivo da vida, nas suas dimensões privadas e públicas e, também, o exercício político em nível do poder local. Tornar consciente, representar e assumir a gestão comunitária como trabalho pode contribuir, tanto na teoria como na prática, para o entrelaçamento entre o mundo da produção e o mundo da reprodução; questão-chave para a criação e consolidação de empreendimentos econômicos solidários.

Outra questão que trouxemos neste artigo refere-se aos saberes desenvolvidos a partir da inserção das mulheres em atividades de emprego formal. As relações sociais de trabalho formal ensinaram as mulheres a dar valor ao emprego formal para ter alguma segurança na vida e no trabalho, para ser alguém na sociedade capitalista. Se, por um lado, esse processo contém aprendizados de alienação, por outro significa o reconhecimento de direitos conquistados pela classe trabalhadora. A economia popular, por outro lado, nasceu no e do setor informal[14] e, como tal, está num processo incipiente de tornar-se uma "outra economia". A maioria das mulheres envolvidas nas cooperativas não teve uma

---

[14] Problemática desenvolvida por TIRIBA (2001) p. 95-150.

inclusão efetiva no setor formal da economia capitalista, e não terá. A idéia de ter um emprego ou sucesso em empreendimentos, como as cooperativas, é um desejo e, ao mesmo tempo, uma forma de libertar-se de diferentes tipos de dominação. A experiência nesses empreendimentos, porém, não lhes dá, no curto prazo, as garantias do emprego formal. Outro aspecto a ser analisado é a pouca participação delas no movimento sindical, o que poderia ter-lhes dado uma experiência de luta por democratização nas e das relações de trabalho; algo, a princípio, conhecido dos militantes desse movimento. Possivelmente isso também poderia influir no exercício de uma gestão mais democrática nas cooperativas.

O que discutimos aqui deve, no entanto, ser entendido no contexto de uma sociedade em que há uma hegemonia das relações sociais capitalistas com uma precária participação do Estado, especialmente do ponto de vista das políticas sociais. Sem uma alteração substantiva nessa realidade não há chance de sucesso de realização de uma "outra economia". Para tal, os grupos envolvidos necessitam analisar e atuar nesse campo de modo a contribuir para o empoderamento das mulheres e das classes populares.

Identificar e analisar saberes adquiridos ao longo da vida é extremamente significativo para entender as tensões, limites e possibilidades dos empreendimentos econômicos solidários, bem como contribuir na elaboração de propostas de formação voltadas para tal intento. Saberes político-organizativos; associados ao senso de solidariedade; saberes adquiridos na experiência de trabalho e relativos às relações de gênero, resultantes das experiências de trabalho, de envolvimento com movimentos sociais e da vida comunitária em geral, em que as relações de gênero estão intrinsecamente imbricadas, todos esses saberes necessitam ser compreendidos, analisados e considerados, para dar conta da dinâmica das cooperativas. E, é claro, trata-se de saberes que precisam ser integrados, de forma sistematizada, crítica e prática a propostas formativas voltadas a tais empreendimentos.

Referências bibliográficas

BRUSCHINI, Cristina. Mulher e trabalho: uma avaliação da década da mulher. In: CARVALHO, Nanci Valadares de. *A condição feminina*. São Paulo: Vértice Editora Revista dos Tribunais, 1988.

BRUSCHINI, Cristina & UNBEHAUM, Sandra G. (org.). *Gênero, democracia e sociedade brasileira*. São Paulo: Editora 34 Ltda. e Fundação Carlos Chagas, 2002.

CARREIRA, Denise; AJAMIL, Menchu; MOREIRA, Teresa (org.). *Mudando o mundo*: a liderança feminina no século 21. São Paulo: Cortez; Rede Mulher de Educação, 2001.

CATTANI, Antônio David (org). *A outra economia*. Porto Alegre: Veraz Editores, 2003.

DOIMO, Ana Maria. *A vez e a voz do popular*: movimentos sociais e participação política no Brasil pós-70. Rio de Janeiro: Relume-Dumara, 1995.

FISCHER, Maria Clara Bueno; HANNAH, Janet. 'Re-Constructing Citizenship: the Program Integrar of the Brazilian Metalworker's Union". *Compare*, Londres, v. 32, p. 95-105, 2002.

FISCHER, Maria Clara B. et al. Saberes em movimento. In: CORBELLINI, Darnis (org.) *As mudanças no mundo do trabalho*. São Leopoldo: IHU/UNISINOS, 2003.

FISCHER, Maria Clara B e ZIEBELL, Clair. Saberes em movimento. In: REUNIÃO ANUAL DA ANPED, 25, 2002, Caxambu. *ANAIS*. Rio de Janeiro: ANPED, 2002. CD ROM.

FÓRUM MULHERES DE SÃO LEOPOLDO. Regimento Interno 2003. Mimeo.

GAIGER, Luiz Inácio. Empreendimentos econômicos solidários. In: CATTANI, Antônio David (org.). *A outra economia*. Porto Alegre: Veraz Editores, 2003, p. 135-143.

SAFFIOTI, Heleieth. " Violência contra a mulher e violência doméstica" In: BRUSCHINI, Cristina & UNBEHAUM, Sandra G. (org.). *Gênero, democracia e sociedade brasileira*. São Paulo: Editora 34 Ltda. e Fundação Carlos Chagas, 2002, p. 321-338.

SOETHE, José Renato, et al."Vale dos Sinos: resgate histórico e visão popular de desenvolvimento." São Leopoldo: *Cadernos CEDOPE*, Ano 12, n ° 18, 2001.

TIGHT, Malcolm. *Key concepts in Adult Education and Training*. London: Routlege, 1996.

TIRIBA, Lia. *Economia popular e cultura do trabalho:* pedagogia da produção associada. Ijuí: Editora Unijuí, 2001.

WEIL, S e MACGILL, I (ed.) *Making sense of experiential learning: diversity in theory and practice*. Milton Keynes: Open University Press, 1989.

Ciência econômica e saber popular: reivindicar o "popular" na economia e na educação[*]

Lia Tiriba[**]

O regime de acumulação flexível está assentado, dentre outros, na desregulamentação e desestruturação da sociedade salarial, cujas manifestações são – além do desemprego – o trabalho temporário, os baixos salários, a terceirização e outras formas de flexibilização e precarização do trabalho que corroboram com a precarização da própria vida. Tendo em conta que a reprodução ampliada da vida (e não apenas biológica) requer dos setores populares a criação de múltiplas estratégias de trabalho e de sobrevivência, acreditamos que, além dos desempregados, participam do mundo da economia popular os trabalhadores e

---

[*] Texto elaborado como referencial teórico-metodológico da pesquisa *Economia popular, educação e reprodução ampliada da vida: de que vivem os trabalhadores metalúrgicos?*, por mim coordenada, contando com a participação das seguintes bolsistas de Iniciação científica: Anny Araújo (CNPq), Iris Lessa e Jorgina Tomacelli (FAPERJ).

[**] Professora da Faculdade de Educação da Universidade Federal Fluminense-UFF. Doutora em Sociologia Econômica e do Trabalho pela Universidade Complutense de Madrid. Pesquisadora do Núcleo de Estudos, Documentação e Dados sobre Trabalho e Educação, NEDDATE/ UFF. Autora do livro *Economia popular e cultura do trabalho: pedagogia(s) da produção associada* (Unijui, 2001) e de vários artigos sobre mundo do trabalho e formação humana. (tiriba@msm.com.br)

trabalhadoras que permanecem, de forma todavia mais precária, no mercado (assalariado) de trabalho. Assim, na primeira parte deste artigo, questionamos as estatísticas sobre emprego e desemprego que, ao totalizar a realidade humano-social, desconsideram a complexidade das relações econômicas, ofuscando outros mundos nos quais a força de trabalho não se configura como mercadoria. Sinalizamos que a economia global não se resume à economia capitalista e que, tampouco a economia popular se configura como "refúgio dos desempregados". Na segunda parte, ressaltamos que embora os setores populares não tenham acesso à "economia" enquanto uma *ciência*, existe um saber popular em matéria de economia – saber esse que, à luz da antropologia econômica, precisamos resgatar. Por último, tendo em conta os diferentes estilos de solidariedade e associatividade, reivindicamos o "popular" na economia e na educação, vislumbrando uma pedagogia da produção associada que contribua para fortalecer o movimento que, hoje, nacionalmente, denominamos "economia solidária" e, às vezes, "economia *popular* solidária".

Caminhando contra o vento: para além do "mercado de trabalho"

Tornou-se lugar-comum dizer que *a economia está em crise*, que *vivemos uma crise econômica sem precedentes na história* (leia-se, na história do capitalismo). Ficamos estarrecidos e indignados diante dos processos de exclusão social, do aumento crescente do desemprego e da pobreza. Às custas da exploração do ser humano e da natureza, o capitalismo nos conduziu à barbárie. Quando as Flores de Maio começam a nascer em pleno calor de fevereiro, já não sabemos qual a melhor época para semear, plantar e (merecidamente) colher os frutos da terra!!! A natureza desgovernada já não reconhece as estações do ano. Enquanto isso, a *Rocinha* vai tornando-se *cidade grande*[15], acolhendo os desenganados que perambulam em busca de um trocado (e, com muita sorte, conseguem um mísero salário). Os sinais de trânsito estão repletos de *crianças-malabaristas* que, tentando fugir do aliciamento do narcotráfico, compartilham – de forma *solidária* – seus espaços de trabalho com os *comedores-de-fogo* (em geral, argentinos foragidos da crise que eclodiu no final de 2001). Coisas da pós-modernidade!!! Coisas da globalização!!!

Caminhando contra o vento, sem lenço, sem documento.... sem carteira assinada, sem emprego ... Talvez pudesse ser essa a penúltima versão de Caetano Veloso para a música que marcou o movimento tropicalista no final da década de 60. Quando, de Norte a Sul [16], sopram forte os ventos da globalização neoliberal, a carteira de trabalho deixa de ser um documento de identificação do trabalhador. De acordo com Gorz (1997:238), na "sociedade do trabalho assalariado", além de obrigação e dever moral, o emprego representa(va) a via para a obtenção do êxito pessoal, o que seria garantido pelo Estado do Bem-Estar Social – considerado como "modo de gestão política do capitalismo de mercado" (Ibid). Não tendo desfrutado plenamente do modelo keynesiano, a possibilidade de conseguir um (bom) emprego continua, de certa maneira, povoando o imaginário dos povos do Sul. Com a ajuda da escola, interiorizamos que "o trabalho dignifica o homem", construímos o desejo de nos tornar um mercadoria; *estar empregado* ou *estar desempregado* passou a ser uma referência im-

---

[15] Alusão à música *Nomes de Favela*, de Paulo César Pinheiro.

[16] Utilizamos os termos Norte e Sul, sem esquecer que os setores sociais vinculados ao grande capital também estão fortemente presentes nos países que, por não se constituírem como centros de poder econômico, apresentam-se na condição de dependência econômica, política e cultural, dentre outras.

portante na constituição de nossa identidade. Como sabemos, "as formações nebulosas no cérebro dos homens são sublimações necessárias do seu processo de vida material" (Marx e Engels, 1987:37), contribuindo para que "os homens e suas relações apareçam invertidas como numa câmara escura" (Ibid). Nesse horizonte, as estatísticas sobre emprego e desemprego têm nos apresentado a realidade social como se ela fosse homogênea, estática e, portanto, de fácil totalização. Ao coisificar o *mercado de trabalho*, os dados ora incluem, ora excluem, de acordo com a conveniência, os trabalhadores que dele não participam: aqueles que *não* vivem da venda de sua força de trabalho.

Seguindo a orientação da Organização Internacional do Trabalho – OIT, a partir de 2002, o IBGE aumentou de sete para trinta dias o período de referência para considerar *desocupada* uma pessoa que procurou emprego e não encontrou. Tendo sido excluídos os "trabalhadores informais", ou seja, aqueles que trabalham "sem registro e por conta própria"[17], a taxa média de desemprego no Brasil que, de acordo com o antigo critério era de 7%, aumentou para 12%, mantendo-se neste patamar em 2003. Quanto à situação mundial, a OIT informa que, em 2003, no Oriente Médio e Norte da África o desemprego era de 18%; na América Latina, 19 milhões de pessoas estavam desempregadas, o que corresponde a 10,7% da população economicamente ativa. Ora, se o novo modelo de acumulação de capital pressupõe a *desestruturação* da sociedade salarial (Castel, 1999), seria bom perguntar porque os índices de desemprego parecem ser tão baixos. Afinal, o que significa dizer que a taxa média de desemprego

---

[17] De acordo com o estudo da Universidade Federal do Rio de Janeiro – UFRJ, no Brasil, 58% dos ocupados estão na atividade informal (ver "Informalidade atinge 38,1 milhões no país". Folha de São Paulo, 8 de fevereiro de 2004).

mundial corresponde a 6,2% da população economicamente ativa? Significa que apesar da crise estrutural do emprego, 93,8% da força de trabalho está trabalhando com contratos, formais ou informalmente estabelecidos?[18] Em síntese, não estão contemplados nas estatísticas os chamados "trabalhadores por conta própria". Embora tenham trabalho, tanto o trabalhador da economia informal[19] quanto o da economia popular não têm trabalho assalariado, ou seja, não têm emprego; assim, pelo fato de não estar procurando emprego, não são tidos como desempregados!!! Não é difícil imaginar que as pessoas que estão há mais de dez anos nas ruas da cidade estejam cansadas de procurar "trabalho decente e produtivo" (como quer a OIT). Talvez já tenham descoberto que crise do emprego é estrutural. Se acrescentássemos os malabaristas, os homens-estátua, engraxates, guardadores de carro e tantas outras pessoas que não vivem do trabalho assalariado, quanto seria o índice de desemprego no Brasil e no mundo?

Vale pontuar que no capitalismo, mesmo com a garantia de todos os direitos sociais, ao configurar-se como trabalho-mercadoria, o trabalho assalariado é trabalho alienado e, portanto, trabalho precário, vida precária. Não diferenciando "trabalho" e "emprego", os dados estatísticos mascaram o desemprego disfarçado pelo desalento ou pelo subemprego como também as atividades

---

[18] Dados extraídos, respectivamente de "19 milhões sem emprego". O dia, 08/01/2004 e "Tempos modernos". Revista Primeira Leitura, núm. 24, fevereiro/2003.

[19] A *desregulamentação* da sociedade salarial (Castel, 1999) vem contribuindo para legitimar a economia informal, coroando o trabalho informal como horizonte último dos processos de flexibilização das relações entre capital e trabalho, necessários ao modelo neoliberal de acumulação de capital. Como havíamos assinalado, "apesar do discurso das autoridades públicas quanto à necessidade de 'moralização do mercado' e 'ordenação do espaço público', *as atividades da economia informal servem como um instrumento mais para escoar as mercadorias produzidas nas empresas de capital, formal ou informalmente estabelecidas*" (Tiriba, 2003:42).

pertencentes ao mundo da economia popular, as quais não se configuram como "trabalho precário" e tampouco como "trabalho ainda mais precário" (entendido como resultado do conjunto de medidas que favorecem a flexibilização das relações capital-trabalho, entre elas a terceirização e o emprego temporário). Ao reduzir a categoria Trabalho a trabalho Assalariado, ao reduzir o conjunto de trabalhadores à condição de "empregados" e "desempregados", os economistas circunscrevem a produção social da vida às regras das relações capitalistas de produção, sugerindo que o trabalho é, necessariamente, uma mercadoria que deve ser posta à venda no mercado.

Por tratar-se de uma temática recente, que traz à superfície uma nova dimensão do vasto Campo Trabalho e Educação, começa a se tornar lugar-comum entre os educadores, dizer que a economia popular é o "refúgio dos desempregados". Como Malaguti (2000:152), acreditamos que os trabalhadores assalariados "obtêm seus rendimentos fora e dentro da empresa", construindo uma complexa rede de atividades/rendimentos salariais que garantem sua sobrevivência". Por ser "trabalhador assalariado" e, simultaneamente, um "trabalhador independente", seu *status* do trabalhador deriva-se "de um experiência de vida seguidamente complexa e multifacetada, cujas variantes ocasionais interpenetram-se, definindo e redefinindo o que agora se faz e, seguidamente, do que pretende fazer" (Ibid:166). Um bom exemplo são os professores das redes públicas e privadas de ensino que, concorrendo para o fundo comum da renda familiar, além de vender sua força de trabalho para o Estado ou para o empresário, aproveitam *o tempo livre do recreio* para vender biquínis, sutiens, brincos de prata e salgadinhos. Sobre esses trabalhadores *ambulantes* (considerados *privilegiados* por "ter emprego"), costuma-se dizer que *eles não querem nada* com o magistério e, muito menos, com a educação. No entanto, o estudo sobre as organiza-

80

ções populares e o significado da pobreza na Cidade de Deus (bairro do Rio de Janeiro), ajuda-nos a compreender que a identidade do trabalhador é parte de um caleidoscópio de inúmeros arranjos possíveis: quando está em jogo a reprodução da unidade doméstica e a manutenção do "padrão de vida que separa a miséria da pobreza e afasta o espectro da fome" (Zaluar, 2002:93), os trabalhadores podem ter, ao mesmo tempo, várias ocupações – que em nosso entender, situam-se ora no mundo da economia informal, ora no mundo da economia popular.

Temos denunciando as concepções utilitaristas de educação, cujas práticas buscam uma maior afinidade com os "interesses do mercado" (capitalista). Mas, na verdade, apesar da negação da força de trabalho como mercadoria, pouco temos avançado em projetos de formação de ultrapassem os muros do "mercado de trabalho". No atual momento, em que *vivemos uma crise econômica sem precedentes na história* (leia-se, mais uma vez, na história do capitalismo), caminhando contra o vento das políticas neoliberais, as pessoas se desdobram para tentar assegurar a reprodução ampliada da vida. Se além do "direito ao emprego", os seres humanos precisam assegurar o "direito ao trabalho não alienado", merecem atenção dos economistas (*e, também, dos educadores*) não apenas as variadas formas de "trabalho precário", como também as antigas relações econômico-sociais que, perdurando no tempo/espaço vêm sendo cotidianamente re-criadas pelos setores populares no interior do mercado global. Como diz Razeto, o mercado não é um ente abstrato e, tampouco, se resume ao mercado capitalista; sendo a relação econômica uma relação social, o mercado não se constitui só em "um imenso arsenal de mercadorias", como simplificam os teóricos do mercado, pois "os bens econômicos não se apresentam só como mercadorias, mas também como presentes, tributos, [ ] cotas, contribuições etc." (Razeto, 1994:32). Além do mercado formal ou informal de trabalho, existem outros mercados, nos quais a força de trabalho não se configura como uma mercadoria, entre eles o mercado da economia (popular) solidária. Estimular a *produção associada* e fortalecer *outros mercados* que se contraponham à lógica do mercado capitalista é um dos desafios da pedagogia da produção associada.

Por um inventário de saberes: de que *Oikonomia* nos falam os economistas?

Grosso modo, "os mercados são lugares onde se concentram, por um lado, vendedores que oferecem sua mercadoria a troca de dinheiro e, por outro, compradores que aportam seu dinheiro para conseguir essas mercadorias. Existe, portanto, uma *oferta* e uma *demanda*" (Sampedro, 2002:17). Com regimes de trocas diferenciados, com ou sem sistemas monetários, os mercados se fizeram presentes ao longo da história da humanidade, como um espaço onde as pessoas se encontram, com certa regularidade, para intercambiar os excedentes da produção e, além disso, trocar idéias, socializar a cultura etc. Como expressão da vida material e moral, encontramos nas "economias primitivas" os *Kulas* e *Potalchs* (na Polinésia, Melanésia e no noroeste americano do século 20), nas quais o *dar e receber* assumem um caráter voluntário (aparentemente livre, gratuito e desinteressado) e, ao mesmo tempo, obrigatório e interessado (Mauss, 2003: 185-314). Na Grécia antiga, constituindo a vida propriamente social, na *ágora* eram feitas as assembléias do povo e, ao mesmo tempo, realizava-se o comércio. Na Europa pré-industrial, além das tabernas e praças, as feiras e mercados compunham o cenário onde se manifestava a cultura popular. Sobre os "aspectos não-econômicos" desses espaços, Burke destaca que eram "locais onde os jovens se encontravam sem ficarem sob a supervisão da família, e onde todos podiam assistir aos artistas ambulantes, dançar ou ouvir as últimas novidades" (1989:135). Guardando a tradição, nossas feiras populares, ainda hoje, conservam várias características das feiras da Idade Moderna: "programada[s] de modo a coincidir com uma grande festa", vendem-se "canções e cebolas ao mesmo tempo" (Ibid). Sobre os diferentes significados das relações que os homens estabelecem no processo de produção da vida social, Polanyi explica que é só a partir do século 19 que o *econômico* deixa de ser dimensão acessória, passando a determinar a vida cotidiana, pois na Europa Ocidental, até o final do feudalismo, as motivações econômicas não correspondiam à posse de bens materiais. Estando o *econômico* imerso no *social*, os sistemas econômicos "estavam organizados seguindo os princípios da reciprocidade, da redistribuição, da administração doméstica, ou de uma combinação dos três" (Polanyi, 1989:100). Para ele, há dois mil anos, ao "denunciar o princípio da produção centrada no lucro 'como algo que não é natural ao ser humano'"(Ibid), Aristóteles anunciava na *crematística* o divórcio entre o *social* e o *econômico* (para nós, uma falsa dicotomia).

Em síntese, o que vai caracterizar o mercado capitalista é a lógica da "produção para o intercâmbio" (ou seja, para o lucro), em detrimento da "produção para o consumo" (ou seja, para provisão) e, além disso, a utilização e a generalização da força de trabalho como uma mercadoria que, como bem assinalou Marx (1980), tem a capacidade de criar mais valores que o valor investido pelo capitalista. No entanto, como ele mesmo dizia, no interior de todo o modo de produção sobrevivem outras formas de produzir, distribuir e consumir que correspondem ao modo de produção precedente ou que, num determinado momento histórico, pode vir a lhe substituir. Nesse horizonte, vale ressaltar que embora no capitalismo seja a relação de intercâmbio a forma dominante, existem outros tipos de relações econômicas no mercado global. São elas: a) *relações de comensalidade*: quando os bens fluem em função de disponibilidades e necessidades comuns a todas as pessoas do grupo social; b) *relações de doação*: quando um dos sujeitos (individual ou coletivo), situa-se como doador e o outro como beneficiário, o que não implica um correspondente fluxo no sentido inverso; c) *relações de reciprocidade*: quando os bens fluem bilateralmente, sem acordo de intercâmbio e d) *relações de cooperação*: quando as pessoas organizam coletivamente um empreendimento, dividindo os custos e a riqueza produzida, e acordo com os critérios previamente estabelecidos entre eles. (Razeto, 1994. 34-43). Em última instância, podemos dizer que, mesmo de forma subalterna e dependente da economia capitalista, a *economia popular* caracteriza-se, fundamentalmente, por esses quatro tipos de relações, acima descritas. Não pressupondo a utilização da força de trabalho como uma mercadoria, as relações econômicas de comensalidade, reciprocidade, doação e cooperação se constituem nos grupos de produção comunitárias, associações e cooperativas populares, configurando-se como *uma extensão da própria vida cotidiana dos setores populares*. No contexto de pauperização crescente, agudizada pelas políticas neoliberias, os atores da economia popular buscam assegurar:

> (...) alguns elementos que são fundamentais no processo de formação humana, como a socialização do saber e da cultura, saúde, moradia etc. Assim, além daquelas iniciativas econômicas cujo objetivo imediato é a geração de renda, as atividades da economia popular [*também*] se verificam nas ações espontâneas de solidariedade entre familiares, amigos e vizinhos e também nas ações coletivas organizadas no âmbito da comunidade, objetivando a melhoria da qualidade de vida. Citamos como exemplo os mutirões para a cons-

trução de casas populares, para a limpeza do valão ou a ajuda dos amigos para o conserto do telhado do vizinho; o revezamento para cuidar das crianças enquanto os pais estão trabalhando, a organização de creches comunitárias ou a promoção, pela associação de moradores, de cursos de formação profissional (Icaza e Tiriba, 2003:101).

Como Certau (2001:38), acreditamos que "o cotidiano se inventa de mil maneiras de *caça não autorizada*" e que essas diferentes "maneiras de fazer" resultam de uma infinidade de possíveis "combinatórias de operações"[20]. Guardadas as diferenças do tempo/espaço, poderíamos dizer que, de maneira similar às chamadas "economias primitivas", as atuais estratégias para garantir a reprodução da vida apresentam-se como "fatos sociais totais" (Mauss, 2003:309), exprimindo um conjunto de ações que são, ao mesmo tempo, de ordem familiar, econômica, ética e política. Sabemos que, historicamente, e agora mais que nunca, os setores populares têm buscado – para além do mercado de trabalho – os meios para satisfação de suas necessidades básicas, no entanto, ainda *sabemos muito pouco sobre o saber popular em matéria de economia*. Que energias é preciso mobilizar para manter o teto em pé? Ter um emprego é tudo o que se quer? Ademais de um posto no mercado (assalariado) de trabalho, o que mais é preciso para

---

[20] Diferentemente de Certau não utilizamos o termo *estratégia* como uma maneira de fazer o cotidiano que esconde "sob cálculo objetivo sua relação com o poder que o sustenta, guardado pelo próprio lugar ou pela instituição" (2001:47). A partir do pressuposto de que o poder é algo que, de alguma maneira, está internalizado no cotidiano dos setores populares, não distinguimos *tática* e *estratégia*. Como *estratégias de sobrevivência* compreendemos as práticas sociais de mobilização de energias e recursos (lícitos ou ilícitos) que objetivam ganhos materiais ou imateriais, não monetários, necessários para complementar os frutos do trabalho (propriamente ditos), até então insuficientes para garantir a reprodução ampliada da vida.

sobreviver? Além do invento de um *pára-quedas* para fugir do *rapa* (e ainda salvar as mercadorias que estão na calçada), o que sabemos sobre as *tecnologias de sobrevivência*, as quais tornam-se parte do repertório de saberes dos setores populares? Qual o segredo para conseguir transformar o restinho de carne moída num suculento Angu à Baiana? Qual a mulher que, na hora de fazer o bolo, não "roubou" da receita uma colher de farinha e, até mesmo, um ovo para poder fazer outro bolo no dia do aniversário do filho ou do companheiro? Se a economia doméstica[21], segundo o Aurélio é a "arte ou técnica de administrar ou executar as tarefas do lar", qual a "ciência popular" de viver com um ou dois míseros salários mínimos? Trata-se de *milagre dos pães?*

Por que resgatar o saber popular em matéria de economia? As mulheres, por exemplo, embora consideradas como *segundo sexo* são *experts* em economia popular. Aguçadas pelo instinto de raposa e, ao mesmo tempo, de leoa, e culturalmente educadas para serem responsáveis pela casa, fazem qualquer coisa para tornar o lar autosustentável [22]. Em seu estudo de cunho antropológico, Zaluar (2002: 100-5) evidencia que nas famílias oriundas dos setores populares, a mulher/dona de casa é quem gerencia o orçamento destinado ao consumo coletivo do grupo doméstico. Segundo elas, ao invés do "descontrole" é preciso "controlar-se", ou seja, ter a capacidade de garantir a comida, efetuar o paga-

---

[21] Sobre as relações econômicas mais amplas e suas repercussões na relações sociais no âmbito doméstico, ver *Brincando de casinha* (Tiriba, 2002).

[22] Em *La praxis del ecofeminismo*, Vandana Shiva (1998) diz que, à revelia da opressão patriarcal que, em nome do progresso e do lucro provoca a destruição da natureza, existe um saber próprio das mulheres para enfrentar e dar respostas ao problemas ambientais e econômicos. Trabalhando na agricultura, "na maioria das culturas (em especial no Terceiro Mundo), as mulheres têm sido guardiãs da biodiversidade", contribuindo para garantir o equilíbrio e a sustentabilidade da relação homem-natureza, incluindo a "relação entre os planetas e as espécies vegetais, entre a harmonia cósmica e a harmonia agrícola" (Ibid: 18).

mento dos itens básicos, não desperdiçar e não criar endividamento. A satisfação das necessidades básicas pressupõe a constituição de redes de solidariedade – primárias e/ou comunitárias –, tanto no âmbito da unidade de produção como fora dela. Os ganhos insuficientes e a falta de assistência estatal fazem com que os setores populares criem, "em termos de padrões culturais de relacionamento, uma solidariedade ao nível do grupo doméstico ou mesmo da família extensa que *talvez seja desconhecida em outras classes*, tanto no que se refere à intensidade, quanto às formas específicas de manifestação" (grifo nosso). Nesse horizonte, "o adjetivo individualista pouco caberia nesse padrão, quando sabemos que as necessidades de sobrevivência, inclusive a obtenção da moradia, obrigam à cooperação não só de todos os membros da família conjugal, mas também de outros parentes e agregados a ela incorporados" (Ibid: 99).

Na verdade, mesmo sendo protagonistas ou coadjuvantes da *Oikonomia* (tanto da *oikos*/casa como da *polis*), fomos levados a crer que não entendemos de Economia (com E maiúsculo) – como se ela fosse, por sua própria natureza, a ciência dos iluminados. Popularmente concebida como algo que se reduz ao ato de "economizar" (no sentido de poupar para acumular ou evitar a escassez), a economia fica restrita ao cálculo dos gastos monetários para garantir a reprodução da vida. Em seu estudo na favela Morro de São Carlos, Fantinato (2003) evidencia que, por uma questão de sobrevivência e preservação da identidade (individual e social), os jovens e adultos desenvolvem modos próprios de produção e sistematização do conhecimento matemático em contextos não escolares. Para evitar a situação constrangedora de faltar dinheiro e, por isso, *passar vergonha* no caixa, calculam *de cabeça*, de forma exagerada, arredondando os preços para cima. Sobre o que se aprende na vida e o que se aprende na escola, uma jovem explica:

Que na escola é a teoria que a gente tá aprendendo. E na prática a gente já tem a prática do dia-a-dia, né. Que se a gente não tivesse a prática, a gente não tinha condições de sobreviver! Sem saber nada, sem saber contar, sem saber calcular. Realmente....as coisas começam pela comida, pelo sabão pra botar na máquina de lavar roupa [...] (In Fantinato, 2003:137)

Mas, que saber é esse que *não serve* para arrumar emprego? Que saber é esse que não se aprende na escola? "Educação para a empregabilidade" (de quem?). Não é novidade dizer que tendo ou não acesso à educação básica (de qualidade social), o trabalho — como prática cotidiana para garantir a reprodução da vida — é fonte de saberes e, portanto, fonte de riquezas materiais e espirituais. Nesse horizonte, ao estudar o processo de trabalho dos artesãos no Maranhão, Manhães e Aranha (1981:190) assinalam que "o conhecimento e a tradição não são armazenados, congelados em escritos e arquivos", mas "são permanentemente revividos e realimentados através do 'fazer' (...) Os arquivos são vivos, constituídos pelos mestres de cada geração". Como esses autores, acreditamos que "todo homem que mexe com as mãos, que faz alguma coisa, acaba tendo, por causa de sua 'práxis', coisas a dizer, freqüentemente, mais duras e profundas do que a elaboração abstrata" (Ibid: 07). Esses trabalhadores percebem, por exemplo, que "algumas tradições podem diminuir em função de novos interesses determinados pelas mudanças sociais que, oferecendo alternativas de trabalho às vezes mais rendosas, desviam a atenção dos aprendizes" (Ibid:20). Reproduzindo a fala de Zé Lopes, maranhense que desenvolve artesanato com babaçu:

"Infelizmente a evolução do tempo desvia a atenção para outras coisas, como o futebol e outras coisas. O rapaz vê hoje fulano vendido prá aquele clube por não sei quantos bilhões, ele olha aqui e diz: 'Eu vou bater o pé na bola prá ver se consigo mais tarde ser vendido'. Ele tem tanto por cento disto... então fica logo rico" (apud Manhães e Aranha, 1981:20).

A escuta atenta de Manhães e Aranha às falas de pessoas que mesmo não tendo acesso ao conhecimento considerado científico, detêm um saber em matéria de economia, os faz acreditar que "o valor econômico do objeto artesanal expressa, de certa maneira, as diversas condições sociais dos artesãos" (Ibid: 08). Assim, sugerem a existência de "uma relação direta entre o processo criativo, isto é, a elaboração artística propriamente dita, o valor do objeto no mercado e as condições sociais concretas do artesão" (Ibid:30). Isso significa que a ação criadora libera-se ou é impedida de realizar-se completamente em função de diversos fatores, entre eles, a pressão para produzir mais. Mesmo para os trabalhadores que não possuem os instrumentos teórico-metodológicos para compreender as ciências que explicam os movimentos da vida, talvez não seja tão difícil compreender os fundamentos econômico-filosóficos da lógica excludente do mercado (capitalista). Não à toa, percebem que se deixam levar pela *onda* desse grande mercado, cuja mão Adam Smith dizia ser *invisível*.

Da mesma maneira, do outro lado do Brasil, um artesão que, desde o ano 2002 vive num povoado, há 160 km do Rio de Janeiro, enfatizou: *Se eu tivesse de ter um emprego fixo, eu seria Gari. Sabe por quê? Porque tem muita coisa interessante no lixo de São Pedro da Serra!* Tendo ou não *ciência* da "economia da escassez", Marcelo vislumbra uma "economia da abundância", retirando do lixo tudo aquilo que para ele é escasso e, ao mesmo tempo, abundante para alguns turistas que podem se dar ao luxo do consumismo e do desperdício. Assim como os caçadores e coletores, para ele é possível encontrar no lixo urbano-rural de um vilarejo as coisas que, para os setores populares podem facilitar os processos de reprodução ampliada da vida. Não vivendo numa "sociedade primitiva" e tampouco num sistema econômico calcado no "paradigma da abundância", o artesão reivindica a opulência da *Economia da Idade da Pedra* (Sahlins, 1983). Talvez desconheça que "o termo 'escassez' não significa sempre 'pobreza'. Pode faltar pão, mas também pode haver escassez de violinistas" (Garvie, 2002:7), fato esse que se justifica e que pode ser "corrigido" pela *mão invisível do mercado* capitalista. (Daí o sistema capitalista criar as condições objetivo-subjetivas para que o conjunto dos membros da unidade doméstica, por exemplo, passe a gastar mais em telefonia celular do que em compras de alimentos.)

Embora nem todos nós estejamos habilitados a *ministrar* Economia (nem mesmo "economia doméstica"), fazemos economia e, à nossa maneira, entendemos de economia. Como *ciência*, a Economia (com E maiúsculo) vem utilizando a estatística e a matemática aplicada (econometria) como instrumento para formalizar e expressar o saber sistematizado sobre as múltiplas variáveis existentes entre as formas de produção, distribuição e consumo – conhecimento esse que, além de ser negado aos setores populares, expressa e difunde uma visão de mundo e de sociedade, tornando-se um dogma. Na verdade, independentemente do grau de escolaridade e dos limites geográficos (temporais e espaciais) do *locus do apprehendere* (que, em latim significa *apoderar-se*) o trabalho é princípio educativo (Gramsci, 1982). A cidade, a rua e a própria vida tornam-se escola(s) do trabalho. Não por casualidade, valorizamos tanto o conhecimento tácito dos que *pegam pesado* na labuta; como comentou Carmem Amaral, com sua sabedoria de mulher trabalhadora, "afinal, o que é a força de trabalho, senão a materialização do saber sobre o trabalho?" Assim, quando se trata de resgatar e sistematizar o saber popular em matéria de economia, mais que nunca, é preciso ultrapassar os muros da escola (Milet, 1991) para ver o que acontece em outros mundos, os quais não se resumem ao mundo do trabalho assalariado. Talvez estes mundos tornem-se mais nítidos durante as cíclicas crises econômicas, características do modo de produção capitalista.[23] E quem sabe, nessas mesmas crises, possam se tornar ainda mais nítidos os saberes sobre a *ciência e arte de viver* de tantos homens e mulheres que se constituem "líderes da cotidianidade" (Cariola, 1992).

Economia (popular) solidária e pedagogias da produção associada

Parafraseando Burke (1989:50), se todas as pessoas numa determinada sociedade partilhassem de uma mesma economia, não haveria a mínima necessidade de usar a expressão "economia popular". Em seu estudo sobre o sistema de significados, atitudes e valores dos artesãos e camponeses na Idade Moderna, esse autor analisa que "a descoberta do povo" pelos intelectuais europeus só se deu no final do século 18 e início do século 19 – justamente quando a cultura popular tradicional estava começando a desaparecer (Ibid:31). Tendo em conta a multiculturalidade decorrente do longo processo de globalização dos bens

---

[23] Com a crise do final de 2001, na Argentina, merece nossa atenção o Movimento dos Trabalhadores Desocupados — MTD, bem como as demais experiências dos trabalhadores que passaram a ocupar e recuperar as fábricas que faliram ou foram abandonadas pelos empresários. Ver Carpintero e Hernández (comp), 2002.

simbólicos, seria *demodé* falar em saber popular em pleno século 21? Seria um *retrocesso* reivindicar "o popular" na economia e na educação? Também poderia parecer um contra-senso falar em pedagogias da produção associada quando uma quantidade cada vez maior de *desfiliados* (Castel, 1999) passa a engrossar as fileiras da "superpopulação relativamente excedente". Ora, mesmo como "categoria estagnada" ou "peso morto do exército industrial de reserva" os setores populares se constituem como "reservatório inesgotável de força de trabalho" (Marx, 1980) não apenas para o Capital, mas também para o Trabalho, em especial para o trabalho associativo, o qual vem se apresentando como uma alternativa ao desemprego e à pobreza.

Quando o horizonte é a construção de uma *sociedade dos produtores livres associados* nada melhor que confrontar a utopia e o mundo real, lembrando que *a reprodução da vida requer dos setores populares uma "produção associada"*, no sentido de que pressupõe um conjunto de ações de caráter associativo e solidário. Embora seja comum dizer que para *ganhar a vida* as pessoas apresentam-se individual ou coletivamente no mercado, *todo trabalho é trabalho social;* assim, nem mesmo o chamado *trabalhador individual* exerce sozinho sua atividade. Para comprar a farinha, ajudar a carregar o tabuleiro da baiana ou, até mesmo para fugir do *rapa*, é preciso estabelecer algum tipo de associatividade. Nessa perspectiva, os atores-coadjuvantes da economia popular são os que denominamos *Oikotrabalhadores*, ou seja, "pessoas que, unidas por laços sociais de amizade ou de parentesco, promovem e estimulam redes de solidariedade, em diferentes níveis e estilos (...) no sentido de garantir não apenas a manutenção da unidade doméstica, mas também viabilidade do empreendimento econômico" (Tiriba, 2003:46-7). As ações desses *trabalhadores indiretos* ou *invisíveis* não se reduzem ao trabalho doméstico, geralmente atribuído à mãe/mulher/dona de casa, estendendo-se a outras atividades de apoio que possibilitam que os membros do grupo doméstico ou da família extensa possam se apresentar, inclusive, no mercado (assalariado) de trabalho.[24]

Um dos pressupostos da pedagogia da produção associada é que a reprodução ampliada da vida requer dos setores populares a *coordenação do esforço coletivo* do conjunto de pessoas que compõem a unidade de produção (seja ela unidade doméstica, da cooperativa ou de qualquer outro empreendimento econômico). Nesse horizonte, se toda relação envolve pelo menos dois sujeitos individuais ou coletivos, a questão é saber com quem nos associamos (se com o vizinho ou com o FMI) e, com que critérios se estabelecem as regras do jogo (com relações de dominação ou igualdade). A esse respeito também é preciso investigar em que medida os setores populares interiorizam o paradigma da dádiva (*eu dou, eu recebo, eu retribuo*) como referência em suas relações econômico-sociais – questão essa que, mais uma vez, nos remete à antropologia econômica, em especial a Marcel Mauss (2003)[25].

Tentando ir além da velha polêmica entre "solidariedade de classe" ou "solidariedade humana", uma pedagogia dos trabalhadores livremente associados parte do princípio de que na luta pela sobrevivência, convivem nas redes associativas diferentes concepções e práticas de solidariedade, as quais, grosso modo,

---

[24] Na pesquisa *Educação e mundos do trabalho: de que vivem os trabalhadores metalúrgicos* (Tiriba, 2003), por mim coordenada, pretendemos focalizar os atores da economia popular que estão "atrás dos bastidores" (batizados de *Oikotrabalhadores*). Para isso nosso desafio é penetrar na unidade doméstica e em outros espaços para além do trabalho assalariado.

[25] No âmbito da sociologia econômica e da economia política, uma das conclusões de Marcel Mauss sobre as sociedades com *potlatch* é que "aceitar sem retribuir, ou sem retribuir mais, é subordinar-se, tornar-se cliente ou servidor, ficar mais abaixo (*minister*)" (Mauss, 2003; 305).

poderíamos denominar, dentre outras de "solidariedade próxima e distante" (ao povo afegão e na hora de lavar a louça do jantar), "solidariedade unilateral e em mão dupla" (em caráter assistencial-caritativo ou com relações de igualdade); "solidariedade utilitarista e desinteressada" (visando ou não obtenção de vantagens e privilégios) e "solidariedade ocasional e insistente" (momentânea ou duradoura).[26] Dito de outra maneira, assim como a *educação popular*, a pedagogia da produção associada é tecida tendo como um de seus fios a diversidade de práticas solidárias dos setores populares, as quais repercutem algum estilo de associatividade, seja ele qual for: pedir e dar cola na hora prova, participar do mutirão para o conserto do telhado do vizinho, participar da organização sindical, do partido político ou da frente internacional para enfrentar o FMI. Nesse sentido, *os processos educativos inspirados na pedagogia da produção associada contemplam, além dos atores da economia solidária, os sujeitos da economia popular*: aqueles que se situam não apenas nos espaços da cooperativa e outros empreedimentos solidários, mas todos aqueles que, com a utilização de sua própria força de trabalho participam do processo de reprodução ampliada da vida (e não do capital).

Por que reivindicar o "popular" na economia e na educação? Em *Economia descalça*, Max-Neff (1986) denuncia que assim como na História, os setores populares têm se mantido invisíveis

---

[26] Se, conforme Durkheim (1981:78), a solidariedade social "é decorrente de um determinado número de estados da consciência comuns a todos os membros da mesma sociedade", vale lembrar que o espírito caritativo-solidário que, hoje, vem embalando a ideologia neoliberal, transfere para a sociedade civil a responsabilidade do Estado quanto ao bem-estar social. Sobre criação de um "Terceiro Setor" que supostamente se contrapõe ao Estado e ao Mercado, ver o excelente trabalho de Montaño (2002). Ver também em Mariane (2001) uma análise do atual discurso da mídia impressa sobre a noção de solidariedade, a qual é veiculada como ação social, que por visar a ajuda, a caridade e a filantropia, "nenhum cidadão pode escapar".

ante os olhos dos economistas. Dado que o sistema econômico (capitalista) só valoriza as atividades produtivas em nível doméstico ou de subsistência *contanto que* as mesmas sejam produtivas para o Deus Mercado, o saber popular em matéria de economia não é um saber que mereça o *status* de "científico". Tendo em conta que embora hegemônicas, as relações econômico-sociais não se circunscrevem à lógica do mercado capitalista, Max-Neff (1993:89) sinaliza que os setores populares não podem ser considerados "absolutos portadores de uma transformação estrutural da sociedade, e tampouco redentores da história contemporânea". Para ele, mesmo sendo a expressão extrema da crise, é possível identificar em suas microorganizações "o embrião de formas diferentes de organização social da produção e do trabalho que poderiam ser resgatados para novos estilos de desenvolvimento" (ibid: 99). Para nós, reivindicar o "popular" na economia e na educação dos trabalhadores associados significa reconhecer que é preciso buscar na economia popular a essência de relações sociais calcadas na reciprocidade e na cooperação solidária – para o que se torna fundamental um mergulho na antropologia econômica. Num momento em que, culminando com a criação de uma Secretaria Nacional de Economia Solidária – SENAES/Mtb, também os setores *não populares* estão engrossando as fileiras da *economia solidária*, reivindicar o "popular" significa que, por uma questão de classe, não abrimos mão de uma economia que favoreça a maioria da população planetária, que sem dúvida pertence aos setores populares.

Por ter sido pouco descrito e, portanto, pouco conhecido pelos economistas, cientistas sociais e também pelos educadores, outro motivo para inventariar o saber popular em matéria de economia é que "uma realidade não existe como 'fato científico' até que tenha sido reconstruída no marco de uma teoria científica e de uma prática a ela correspondente" (Godelier, 1976:289).

Nessa perspectiva, se "um modo de produção é uma realidade que é necessário reconstruir, reproduzindo no pensamento o processo mesmo do conhecimento científico", esses saberes só ganham sentido se, à luz dos fundamentos da antropologia econômica, neles descobrimos "para além de sua lógica aparente e visível, uma lógica subjacente, invisível" (Ibid). Mas, como já havia dito Marx (1987:14), mais que interpretar o mundo de diferentes maneiras, o que importa é transformá-lo, assim, embora possa ser considerado um *ato nobre,* pensamos não ser suficiente, e não necessariamente transformador, *elevar* o saber popular à categoria de *ciência.* Além de *ter ciência* do seu saber em matéria de economia e perceber como os setores populares decodificam, sintetizam e multiprocessam a lógica excludente do mercado capitalista, precisamos criar as condições objetivo-subjetivas para que os trabalhadores possam *apreenher,* ou seja, apoderar-se de sua cultura, de seu próprio saber: o que se constitui como o *humus* da pedagogia da produção associada; o que pode se constituir como *espinha dorsal* do movimento por uma economia (popular) solidária

A economia popular é um mundo que está muito próximo e, ao mesmo tempo, muito distante de nós, educadores. Se o papel da escola, como diria Miguel Arroyo, é devolver aos trabalhadores o conhecimento que eles mesmos produziram, ao contrário dos processos educativos escolares (e/ou formais) que, numa perspectiva etnocêntrica têm se preocupado com "o que eu sei e, portanto, os demais devem saber", a pedagogia da produção associada se debruça sobre o fazer e o saber dos setores populares. Ao sistematizá-los, confrontando-os com os saberes técnico-políticos até então reconhecidos pela ciência econômica, os processos educativos contribuem para desmistificar o que é crise cambial, ajuste do balanço de pagamento, relação custo benefício, renda *per capta,* contração da demanda agregada, *comodities* e tantos outros termos que não fazem parte do repertório popular. Sem totalizar os setores populares, desconsiderando as diferenças de gênero, raça e etnia; sem romantizar e idealizar "o popular", vale a pena enveredar pela antropologia econômica, descobrindo que, para além do capital, existem outros mundos do trabalho, outras maneira de fazer economia. Para isso, teríamos de revisitar todos aqueles autores que, certamente, beberam na antropologia e que, durante tanto tempo fizeram parte de nosso repertório acadêmico e de vida: Paulo Freire, Oscar Jará, Aníbal Quijano, Francisco Gutiérrez e tantos outros que, como Fals Borda e Michel Thiollent, nos desafiavam a entrar no mundo da pesquisa militante e da pesquisa-ação. Sem esquecer do *método da economia política* (Marx) e da *filosofia da práxis* (Gramsci): referências fundamentais para quem ainda se atreve a conhecer a realidade e, ao mesmo tempo transformá-la. Também teríamos de retirar da gaveta os "velhos" *Cadernos de Educação Popular*, como por exemplo o número 15, intitulado *Produção associada: pensares diversos"*, organizado por Beatriz Costa. Em outras palavras, a pedagogia da produção associada pressupõe a articulação entre economia popular e educação popular (Tiriba, 2001:211-224). Associada a processos educativos escolares e à luta pela educação básica de qualidade, ela requer o ir e vir na teoria e na prática, na vida real dos trabalhadores, resignificando os sentidos ético-políticos de suas estratégias de trabalho e de sobrevivência.

Finalizamos este artigo com uma reflexão acerca das perspectivas de educação frente à crise do emprego: Com a globalização da ideologia neoliberal, e com ela a tentativa de internacionalização do "fetiche da mercadoria" (Marx, 1980), tornou-se senso comum (e quase universal) dizer que o problema do desemprego será resolvido com "investimento em educação" (a mais nova mercadoria do século 21). De acordo com o Programa Primeiro Emprego/MTb, *por exemplo*, todos o jovens de 16 a 24 anos, com renda familiar *per capta* de até meio salário, e que tenham concluído o Ensino Médio têm o direito (com D maiúsculo?) de concorrer a uma *vaga*, generosamente *concedida* por um empresário, em troca de incentivos fiscais e de um rótulo de "empresa cidadã".[27] Longe de questionar a importância de ações associadas à escolarização, que visem a inserção imediata dos jovens e adultos trabalhadores ou sua qualificação ou requalificação para que possam aproveitar as oportunidades que surgem no mercado (assalariado) de trabalho, será que, num momento em que vivemos a reestruturação produtiva e a reestruturação do próprio modelo de acumulação capitalista, podemos nos iludir com a *mão invisível do mercado* e com as promessas de emprego e subemprego (sejam elas oriundas da escola, dos empresários ou do Estado)? Além disso, se como falou um trabalhador associado, "ser um empregado é estar como um animal preso", nos perguntamos: educação para quê trabalho? Educação para empregabilidade ou educação para empreendedorismo? Para a gestão do próprio negócio ou para a construção de uma sociedade de produtores livremente associados? Além do trabalho assalariado, que outros trabalhos inspiram nossas práticas educativas?

Referências bibliográficas

BURKE, Peter: *Cultura popular na Idade Moderna*. São Paulo: Companhia das Letras,1989.

CARIOLA, Cecília (coord): *Sobrevivir em la pobreza*. Caracas: Cendes / Nueva Sociedad, 1992.

---

[27] Sobre o conceito de "empresa cidadã", ver Lisboa (2003).

CARPINTERO, Enrique y HERNÁNDEZ, Mário (coord): *Produciendo realidad:* las empresas comunitárias. Buenos Aires: Topía Editorial, 2002.

CASTEL, Robert.: As metamorfoses da questão social. Petrópolis: Vozes, 1999.

CERTAU, Michel.: *A invenção do cotidiano:* 1. artes de fazer. Petrópolis, RJ: Vozes, 2001.

DURKHEIM, Emile: "Método para determinar a divisão do trabalho". In RODRIGUES, J. A. (Org.): *Emile Durkheim: sociologia.* São Paulo: Ática, 1981.

FANTINATO, Ma.Cecília: "Calculando *exagerado* para não *passar vergonha* no caixa: representações quantitativas e espaciais entre jovens e adultos no Morro de São Carlos. In *Revista Movimento,* núm.8, Niterói: EduUFF, 2003: 131-140.

GARVIE, Alejandro: *Economia para principiantes.* Buenos Aires: Era Naciente, 2002.

GODELIER, Maurice (comp): *Antropologia y economía.* Barcelona: Anagrama, 1976.

GORZ, Andre: *Metamorfosis del trabajo.* Madrid: Editorial Sistema, 1997.

GRAMSCI, Antonio: *Os intelectuais e a organização da cultura.* Rio de Janeiro: Civilização Brasileira, 1980.

ICAZA, Ana M. e TIRIBA, Lia: "Economia popular". In CATTANI, A.D. (Org).: *A outra economia.* Porto Alegre: Voraz, 2003: 101-109.

LISBOA, Armando: "Empresas cidadãs". In CATTANI, A.D.: *A outra economia.* Porto alegra, 2003:143-148.

MANHÃES, Luiz C. e ARANHA, Florilena: "*Modefazê*": São Luiz: Fundação Cultural do Maranhão, 1981.

MALAGUTI, M. L. *Crítica à razão informal*. São Paulo: Boitempo; Vitória: EDUFES, 2000.

MARIANI, Bethania: "Questões sobre solidariedade". In ORLANDI, Eni (Org): *Cidade atravessada: os sentidos públicos no espaço urbano*. Campinas: Pontes, 2001.43-50.

MARX, Karl: *O capital*. Crítica da economia política. Rio de Janeiro: Civ.Brasileira, 1980.

MARX, K. e ENGELS, F.: *A ideologia alemã* (Feuerback). São Paulo: Hucitec, 1987.

MAX-NEEF, M.: *Economia descalza*. Estocolmo/Buenos Aires, Editora Nordan, 1986.

MAX-NEFF, M. *Desarrollo a escala humana*. Montevideo: Nordan/ REDES, 1993.

MAUSS, Marcel: *Sociologia e antropologia*. São Paulo: Cosac & Naify, 2003.

MILET, Rosa M. L. "Uma orientação educacional que ultrapassa os muros da escola". In Garcia, R.L. (org.): *O fazer e o pensar dos supervisores e orientadores educacionais*. São Paulo: Loyola, 1991: 45-55.

MONTAÑO, Carlos: *Terceiro setor e questão social*. São Paulo: Cortez, 2002.

POLANYI, K. *La gran transformación. Crítica del liberalismo económico*. Madrid: La Piqueta, 1989.

RAZETO, Luis: *Las donaciones y la economia de solidaridad*. Santiago: Ediciones PET, 1994.

SAHLINS, Marshall: *Economia de la edad de piedra*. Madrid: Akal, 1983.

SAMPEDRO, José Luis: El mercado y la globalización. Barcelona: Ediciones Destino, 2002.

SHIVA, Vandana: "El saber próprio de las mujeres y la conservación de la biodiversidad". In MIES e SHIVA: *La praxis del ecofeminismo*. Barcelona: Icaria & Antrazyt, 1998: 13-26.

TIRIBA, Lia: "O trabalho no olho da rua: fronteiras da economia popular e da economia informal". In *Revista* Proposta, num. 97, junho/agosto de 2003: 38-49.

TIRIBA, Lia: "Brincando de casinha: fragmentos de economia, cultura e educação". In CIAVATTA e FRIGOTTO (Orgs.) *A educação básica e experiência do trabalho*. Rio de Janeiro: DP&A, 2002: 69:86.

TIRIBA, Lia: *Economia popular e cultura do trabalho: pedagogia(s) da produção associada*. Ijuí: Unijui, 2001.

ZALUAR, Alba: *A revolta e a máquina*. Rio de janeiro: Brasiliense, 2000.

O caráter educativo da produção associada: o aprendizado da autogestão

José Eustáquio de Brito[28]

No decorrer da década de 1990, observamos no Brasil e na América Latina uma crescente precarização do mercado de trabalho. Os indicadores freqüentemente arrolados para confirmar esse quadro são o aumento das taxas de desemprego em regiões metropolitanas e a incidência crescente de relações de trabalho pautadas pela informalidade. No bojo da reestruturação capitalista em curso, identificamos a emergência de respostas criativas formuladas pelos trabalhadores à crise que se manifesta no mercado de trabalho. A alternativa de constituição de cooperativas de produção, tendo por base empresas aparentemente descartadas pelo processo de racionalização produtiva, vem despertando a atenção de pesquisadores de várias áreas e apresenta questões instigantes para o movimento sindical brasileiro. Este artigo, inspirado em minha dissertação de mestrado, tem o objetivo de apresentar, num primeiro momento, a estratégia implementada pela

---

[28] Mestre em Educação pela Faculdade de Educação da Universidade Federal de Minas Gerais; Coordenador de Formação da Escola Sindical 7 de Outubro da CUT; Membro do Núcleo de Estudos sobre Trabalho e Educação – NETE / FaE / UFMG. E-mail: jeustbrito@uol.com.br.

Escola Sindical 7 de Outubro nas atividades de formação com trabalhadores vinculados a empreendimentos autogestionários na abordagem dos desafios da gestão. Num segundo momento, com base nos resultados dessa pesquisa, buscamos refletir sobre o aprendizado da autogestão a partir da experiência de organização dos trabalhadores de uma cooperativa de produção do ramo metalúrgico, situada na região metropolitana de Belo Horizonte.

A Escola Sindical 7 de Outubro

Durante o biênio 2001/2002, a rede de formação da Central Única dos Trabalhadores – CUT, em nível nacional, desenvolveu um programa de formação centrado na temática da Economia Solidária, voltado a dirigentes sindicais e trabalhadores reunidos em torno de empreendimentos associativos que têm no ideário da autogestão sua inspiração maior. Tal iniciativa, situada num contexto de ampliação das inseguranças dos trabalhadores quanto ao acesso ao emprego e à renda, foi parte da estratégia de sensibilização do público para a implantação de escritórios da Agência de Desenvolvimento Solidário da CUT em diversas cidades brasileiras, bem como para a formação de *complexos cooperativos*[29] a serem fomentados pela Agência.

---

[29] Para a ADS, complexos cooperativos são "concentrações locais de empreendimentos econômicos solidários com afinidade setorial (metalurgia, por exemplo), que atuam na cooperação entre si, seguindo princípios da economia solidária e articulada ao desenvolvimento local. No caso da região metropolitana de Belo Horizonte, os empreendimentos que estamos acompanhando são a COOPERAÇO (Distrito Industrial), a COOPEREXATA (Bairro Industrial) e a COOPERMAMBRNI (Vespasiano) e a nossa intenção é favorecer os processos de cooperação entre eles." Informativo ADS-Minas, Ano 1, n.º. 1, setembro, 2002.

104

A Escola Sindical 7 de Outubro, integrante da rede de formação da CUT, desenvolveu esse programa nos estados de Minas Gerais, Rio de Janeiro e Espírito Santo, tendo por base sua experiência histórica no campo da gestão sindical.[30] Intuímos que, de forma análoga ao desafio enfrentado pelas novas direções sindicais identificadas com a proposta do sindicalismo da CUT diante de uma estrutura sindical fundada nos princípios do corporativismo, as iniciativas de constituição de cooperativas autogestionárias, a partir de empresas em processo de falência, exibe, em primeiro plano, o desafio da gestão. Portanto, o desenvolvimento de um programa de formação visando à sensibilização para a Economia Solidária não poderia prescindir da abordagem de temas relacionados à gestão dos empreendimentos.

Numa cooperativa de produção originada, por exemplo, da falência de uma empresa familiar, a invenção de novas relações sociais de produção se torna um grande desafio para os trabalhadores. A herança da divisão técnica do trabalho desenvolvida pelo sistema capitalista, combinada com um estilo de administração derivado das relações de poder exercidas no interior da família, tendem a perpetuar uma forma de subordinação que a construção de uma experiência autogestionária necessita cotidianamente ultrapassar.

Assim, no desenvolvimento desse trabalho de formação, partimos do princípio de que a problemática do controle se apresenta como um elemento fundamental para que possamos compreender e fortalecer as experiências no campo da autogestão. Ao refletirmos sobre o significado das experiências de autogestão,

---

[30] Durante a década de 1990, a Escola Sindical 7 de Outubro foi responsável pela formulação e execução do Programa de Administração Sindical Cutista no âmbito da Política Nacional de Formação da CUT. Para maiores informações sobre essa prática formativa, veja MANFREDI (1996).

105

discutimos as possibilidades que se abrem para que os trabalhadores possam pavimentar um caminho alternativo em relação a essa herança; alternativa essa capaz de restaurar o controle sobre a organização do trabalho a partir da re-invenção de novas relações sociais de produção, fundadas na autonomia e na solidariedade, em novos critérios de eficiência econômica e novas relações de poder.

Essa construção, entretanto, pressupõe a mobilização dos sujeitos de modo que sejam capazes de compartilhar a responsabilidade pela gestão dos empreendimentos o que, historicamente, se conformara como um campo de saber de acesso limitado aos trabalhadores situados no chão-de-fábrica. Numa forma de organização construída sobre os princípios autogestionários, as prerrogativas da gestão, em tese, deveriam ser compartilhadas pelo coletivo de trabalhadores associados.

Nesse sentido, o trabalho de formação desenvolvido pela equipe da Escola Sindical 7 de Outubro, centrado na problemática da gestão, nos convidou a realizar a pesquisa sobre as relações que os trabalhadores estabelecem com o saber e com a atividade de gestão numa cooperativa do ramo metalúrgico situada na região metropolitana de Belo Horizonte. Nesse trabalho, buscamos identificar as formas de implicação dos trabalhadores para o fortalecimento e consolidação da cooperativa em questão.

Heranças hetero-gestinárias e utopias autogestionária: o movimento de construção do objeto da pesquisa

Manuais dos cursos de Administração apresentam as várias dimensões do conceito de gestão empresarial, via de regra, recorrendo às correntes de pensamento que vão se sucedendo no tempo a partir da própria dinâmica de expansão do sistema capitalista. Dessa forma, tomam como ponto de partida as primeiras elaborações sistematizadas nesse campo, no contexto da segunda revolução industrial, pelos representantes da chamada Escola de Administração Científica, de modo a vincular a emergência de uma nova corrente de pensamento às insuficiências percebidas nas correntes anteriores.

Ao considerarmos que o sentido das palavras não se apresenta como um dado *a priori*, mas deve ser buscado por meio da confluência das múltiplas ações humanas no tempo e no espaço, expressamos concordância com o Geógrafo Milton Santos que, ao analisar os vários sentidos adquiridos pelo termo *pobreza* ao longo do século XX, conclui sua reflexão reconhecendo que

> (...) as palavras, como as coisas, permanecem ao longo do tempo, mudando, porém, seu significado. O segredo da produção do conhecimento – e da produção do conhecimento como base de produção de uma política – está no encontro do significado das palavras segundo os tempos. Em outros termos, tal segredo está na compreensão do que é, em cada fase da História, o mundo que nos envolve (Santos, 2000: 72).

A dialética entre *significante* e *significado*, explicitada acima, aponta-nos a História como a mediação necessária capaz de conferir sentido a uma aparente sucessão de correntes de pensamento. Sem a pretensão de querer simplificar um conjunto de elaborações propostas por distintas abordagens teóricas no campo da gestão, sustentamos que o cerne dessa atividade consiste em conceber e gerenciar formas de controle social subordinadas à lógica da acumulação do capital, que vão se refinando à medida que se deparam com as lutas de resistências dos trabalhadores a essas formas de controle.

Dessa forma, nos apoiamos nas análises de MARGLIN sobre o significado da divisão do trabalho no contexto da Revolução Industrial inglesa:

a divisão do trabalho – caracterizada pelo célebre exemplo da manufatura de alfinetes, analisada por Adam Smith – foi adotada não pela sua superioridade tecnológica mas porque garantia aos empresários um papel essencial no processo de produção: o de coordenador que, combinando os esforços separados de seus operários, obtém um produto mercante (Marglin, 1989: 41).

A cultura do trabalho, que se manifesta a partir da persistência da divisão técnica do trabalho, reserva aos operários espaços periféricos em relação à gestão empresarial, apesar de o novo discurso gerencial afirmar que as organizações devem criar condições para que todos os empregados se sintam co-responsáveis pela atividade de gestão. Esse fato torna-se ainda mais complexo quando consideramos algumas características da cultura empresarial vigente entre nós, que herdou da formação sócio-política brasileira os traços do patrimonialismo, do autoritarismo e do formalismo.[31]

As dificuldades ainda hoje enfrentadas pelos trabalhadores para que seja reconhecida sua forma de organização em Comissões de Fábrica autônomas, ou outras formas de organização por local de trabalho, diante do poder patronal, manifesta o caráter pouco democrático da cultura empresarial brasileira. A empresa capitalista se apresenta como o reduto da ditadura do capital que, conforme análise de Bernardo, realiza na prática a função de um aparelho de poder:

---

[31] No clássico *Os donos do poder: formação do patronato político brasileiro*, o historiador e jurista Raymundo FAORO (1991) apresenta uma interpretação da formação social e política brasileira em que procura reformular esses conceitos herdados da sociologia de Max Weber.

Ao escolherem um modelo de administração que determina o quadro de vida dos trabalhadores, os patrões estão exercendo, e com enorme latitude, um tipo de poder que constitui a réplica do poder legislativo do Estado Restrito[32]. Ao superintenderem o sistema de organização do trabalho e ao imporem-no, através de um leque de medidas que vão desde a persuasão até à coação, os patrões estão exercendo uma réplica do poder executivo. Ao avaliarem o desempenho dos empregados, remunerando-os ou punindo-os de acordo com critérios específicos, os patrões estão exercendo uma réplica do poder judiciário (Bernardo, 1998: 42).

Portanto, a relação que os trabalhadores associados em cooperativas de produção buscam estabelecer com o saber e com a atividade da gestão deve ser analisada considerando esses elementos. A divisão técnica do trabalho presente no modelo de organização taylorista-fordista e sua atualização pelas correntes do pensamento administrativo demarcam, para os trabalhadores situados no chão-de-fábrica, os limites de sua ação no mundo do trabalho. Os traços da cultura empresarial brasileira tendem a ficar ainda mais evidenciados quando nos referimos à dinâmica das empresas familiares, cujo patrimônio se apresenta nitidamente como fonte de poder de seu proprietário. As formas de expressão do poder no interior da empresa capitalista, como vimos acima,

---

[32] "Chamo de Estado Restrito ao conjunto das instituições que compõem o governo, o parlamento e os tribunais, ou seja, aos poderes executivo, legislativo e judiciário." (BERNARDO, 2000: 11). Como complemento ao *Estado Restrito* no exercício do poder, o autor formula o conceito de Estado Amplo que *"inclui todas as formas organizadas do poder das classes dominantes. As empresas são o principal lugar de exercício do poder dos capitalistas sobre os trabalhadores, e o principal lugar de contestação desse poder. (...) Defino, assim, as empresas como os elementos constitutivos do Estado Amplo"* (BERNARDO, 1998: 41-42).

109

torna o desafio da construção de uma experiência autogestionária ainda mais dramático, visto que implica em um processo de permanente democratização das relações de trabalho.

Diante do exposto e com base na experiência de capacitação de trabalhadores no tema da *Economia Solidária*, a compreensão que formulamos sobre o termo "gestão" pode ser expressa através de um triângulo cujos vértices, em permanente interação, manifestam as dimensões da *economia, da política e das relações sociais*. O pólo da *economia* visa a alcançar a viabilidade do empreendimento num ambiente marcado pela acirrada concorrência em torno das fatias do mercado em que os empreendimentos cooperativos atuam. O pólo das *relações sociais* expressa a construção de uma forma de sociabilidade coerente com os princípios históricos da autogestão, capazes de dar sustentação às novas relações sociais de produção. Por fim, o pólo da *política* representa a construção de relações de intercâmbio, cooperação e negociação com outros atores com os quais esses empreendimentos interagem em seu cotidiano.

Com base nesse entendimento sobre a gestão, na realização de nosso estudo de caso, perguntamo-nos: Que mecanismos são desenvolvidos pelos trabalhadores visando à constituição de novos saberes sobre a gestão de um empreendimento cooperativo? Como esse conhecimento é produzido e coletivizado? Como o coletivo de trabalhadores associados consegue realizar a gestão da produção sem nenhum, ou quase nenhum acesso à escolarização básica? Em que medida os trabalhadores conseguem vincular o conhecimento prático, produzido no cotidiano do processo de trabalho, com os conhecimentos científicos necessários para a viabilidade do empreendimento? Em que medida a organização dos trabalhadores, sob a forma da autogestão, contribui para a construção de sujeitos mais livres e autônomos? Como se manifestam as relações de poder no interior do empreendimento autogestionário? Como os trabalhadores, ao organizar os proces-

110

sos produtivos, enfrentam o desafio de superar a fragmentação do processo de trabalho, de modo a possibilitar uma visão de totalidade acerca da produção?

As questões acima situam-nos diante de um desafio que vem sendo proposto para as pesquisas identificadas com o campo *trabalho e educação*. Das muitas histórias que ouvimos e registramos pudemos perceber que a autogestão, antes de ser um modelo de organização econômica, social e política localizado historicamente e tematizado conceitualmente, requer de seus protagonistas atitudes que a cultura empresarial preponderante busca silenciar. Por isso, nossa estratégia foi a de tentar fazer emergir as concepções que os trabalhadores vêm formulando em relação à gestão da cooperativa, com base no entendimento de que as estratégias de constituição de empreendimentos autogestionários manifestam elementos de uma pedagogia alternativa em relação às que são propostas pelo capital, como nos faz perceber Tiriba:

> Assim como na fábrica capitalista, também nestas unidades econômicas, o processo de trabalho se desenvolve como um ambiente de educação, ao mesmo tempo técnica e política. À medida que seus integrantes aprendem os conhecimentos específicos para produzir os bens materiais para sua sobrevivência, aprendem, também, os valores, os comportamentos necessários para o estabelecimento de determinadas relações de produção (Tiriba, 2001: 212).[33]

---

[33] A autora, no entanto, nos adverte que nem todo processo educativo vivenciado no interior dessas unidades econômicas é orientado para a viabilização econômica dessas unidades tendo como princípio o estabelecimento de relações democráticas de trabalho, fundadas na autogestão, na cooperação e na solidariedade entre os trabalhadores associados. "Sendo a realidade contraditória, do ´educativo` também fazem parte as práticas que, na nossa concepção, são `deseducativas` — ou seja, fortalecem os processos em que os segredos da gestão ficam em mãos de poucos, estimulam o egoísmo individual ou o egoísmo coletivo" (TIRIBA, 2001: 213).

Em nossa pesquisa assumimos, como ponto de partida, o caráter deformador da organização do trabalho fundada no parcelamento das funções, que veio a se generalizar com a constituição do sistema de fábrica. Seus critérios de produtividade pressupõem a submissão real dos trabalhadores ao poder exercido pelos proprietários do capital ou gestores por eles designados.

Entretanto, o desconforto de formular conclusões partindo dessa premissa nos leva a negar o alcance universal desse raciocínio à medida que afirmamos o princípio educativo do trabalho, que se faz presente no cotidiano das relações sociais de produção e não apenas na resistência ao trabalho. A demarcação de nosso objeto de pesquisa nos faz intuir que a organização dos trabalhadores em cooperativas autogestionárias se dá no interior de práticas aparentemente alienadas, não se constituindo, portanto, uma prática exterior à organização do trabalho parcelada e hierarquizada.[34]

As questões que formulamos sobre a experiência de organização e produção dos trabalhadores da cooperativa pesquisada nos convidam a refletir sobre a manifestação de uma cultura do trabalho com base em critérios de sociabilidade alternativos às pedagogias do capital. O desenvolvimento dessa linha de raciocí-

---

[34] Esse debate encontra-se presente nas reflexões formuladas pelo Professor Miguel ARROYO (1991) que tematiza as relações entre trabalho e teoria pedagógica a partir de várias concepções sobre o significado do trabalho. Refletindo sobre o significado das contribuições fornecidas por esse autor, TIRIBA reconhece que ele, "ao fazer um balanço das investigações sobre trabalho-educação, adverte que os diagnósticos referentes ao mundo moderno e ao caráter deformador da produção capitalista levaram a um pensamento pessimista sobre o mundo do trabalho. Em tal sentido, para os educadores que concebiam o 'trabalho como princípio educativo', na prática, esse princípio foi transformado em 'resistência ao trabalho', resistência aos processos de desqualificação e deformação do trabalhador" (TIRIBA, 2001: 226).

nio nos instiga a indagar acerca do significado atribuído à expressão *cultura do trabalho* e, como expressão dessa cultura, a relação que os trabalhadores estabelecem com o saber sobre a gestão e com a atividade de gestão da cooperativa.

Essa perspectiva veio a se apresentar como um desafio quando, a partir da re-leitura da *Pedagogia do Oprimido*, de Paulo Freire, pudemos perceber que a problemática da relação com o saber diz respeito a uma forma de relação dos homens com o mundo, num determinado momento da história:

> Mais uma vez os homens, desafiados pela dramaticidade da hora atual, se propõem a si mesmos como problema. Descobrem que pouco sabem de si, de seu posto no cosmos, e se inquietam por saber mais. Estará, aliás, no reconhecimento do seu pouco saber de si uma das razões dessa procura. Ao instalar-se na quase, senão trágica, descoberta do seu pouco saber de si, se fazem problema a eles mesmos. Indagam. Respondem, e suas respostas os levam a novas perguntas (Freire, 1983: 29).

A necessidade de atualizar o sentido da expressão *dramaticidade da hora atual* nos faz perceber que a perspectiva de fechamento de uma fábrica, a ameaça iminente do desemprego, as incertezas quanto à capacidade de reprodução da existência de si mesmos e dos membros da família, revela que os trabalhadores, enfrentando situações de constantes instabilidades, também se mobilizam para saber mais sobre si mesmos e sobre o mundo que nos envolve, estabelecendo, assim, uma permanente *relação com o saber*.

O desenvolvimento da noção de *relação com o saber* tem suas origens situadas nas pesquisas que a Equipe ESCOL – Educação, Socialização e Coletividades Locais vem desenvolvendo a propósito da questão do "fracasso escolar".[35] No Brasil, essa referência teórico-conceitural orienta equipes de pesquisas, como, por exemplo, o CENPEC – Centro de Estudos e Pesquisas em Educação, Cultura e Ação Comunitária, que vem realizando investigações acerca da relação que jovens de periferias brasileiras mantêm com a escola e o saber.[36]

Ao inserir-se no quadro mais amplo das pesquisas sobre o *fracasso escolar*, os trabalhos que têm por eixo a noção de *relação com o saber* procuram desconstruir a objetividade de situações descritas como fracasso escolar para analisar a mobilização dos sujeitos para entrarem em certas formas de relação com o saber que, de acordo com Charlot, "não são as mesmas quando a questão é aprender matemática, história, o ofício de policial ou a solidariedade", ao que poderíamos acrescentar a esse rol de aprendizagens, a cultura da autogestão.

Para Charlot,

> A questão é sempre compreender como se opera a conexão entre um sujeito e um saber ou, mais genericamente, como se desencadeia um processo de aprendizagem, uma entrada no aprender. Se o sujeito já está em atividade, a questão é compreender o que sustenta sua mobilização. De certa forma, pode-se dizer que toda problemática da relação com o saber, assim como todo estudo empírico inserido no quadro desta problemática, tem como objetivo elucidar as condições e as formas dessa mobilização (Charlot, 2001: 19).

---

[35] A Equipe ESCOL está vinculada ao Departamento das Ciências da Educação da Universidade Paris VIII, Saint-Denis, França, e tem como um de seus pesquisadores o Professor Bernard Charlot, que vem contribuindo para que a noção de "relação com o saber" seja discutida por pesquisadores em diversas universidades brasileiras, inclusive no Núcleo de Estudos sobre Trabalho e Educação da Faculdade de Educação da UFMG.

[36] Cf. CENPEC & LITTERIS. "O jovem, a escola e o saber: uma preocupação social no Brasil". In: CHARLOT, Bernard (org.). *Os jovens e o saber: perspectivas mundiais*. Porto Alegre: Artmed Editora, 2001, pp. 33 – 50.

A opção que fazemos de adotar a perspectiva teórica se justifica à medida que percebemos que ela nos possibilita analisar as diversas estratégias de implicação dos trabalhadores da cooperativa com a gestão do empreendimento. Não se trata, como nos alerta Charlot, de propor uma categorização que explicite o grau de implicação dos sujeitos com a construção do projeto de autogestão, de modo a elaborar uma escala: "o interesse da noção de relação com o saber é colocar o problema em termos de relações, e não de traços, de características individuais".

A passagem de um regime de propriedade privada — sob a forma de empresa familiar – para a propriedade coletiva dos meios de produção, nas condições em que os trabalhadores da cooperativa assumiram esse desafio, colocam-nos diante da questão de compreender a autogestão como um aprendizado cotidiano em torno de um saber historicamente acumulado, que diz respeito aos fundamentos da gestão num regime de propriedade coletiva. Da mesma forma, diante das inevitáveis dificuldades advindas das condições em que essa luta se desenvolve, para nós se tornou importante investigar o que estaria mantendo os trabalhadores mobilizados em torno do objetivo de tornar viável o empreendimento cooperativo.

Assim, fomos a campo para ouvir os trabalhadores acerca das questões acima pontuadas adaptando, de acordo com nosso propósito, o instrumento de coleta de dados utilizado nas pesquisas desenvolvidas pela equipe ESCOL, denominado *balanço de saber*.[37]

---

[37] Em francês, *"bilan de savoir"*: "O balanço de saber consiste em uma produção de texto na qual o aluno avalia os processos e os produtos de sua aprendizagem. Essa produção de texto parte do seguinte enunciado: *Desde que nasci, aprendi muitas coisas; em casa, no bairro, na escola, em muitos lugares. O que me ficou de mais importante? E agora, o que eu espero?"* (CENPEC & LITTERIS, 2001: 37).

Diferentemente da forma como a equipe ESCOL obtém as informações, solicitando aos alunos que escrevam textos a partir da formulação proposta, realizamos entrevistas com trabalhadores da cooperativa. Tomamos essa iniciativa porque, como a maioria dos trabalhadores têm trajetórias de escolarização interrompidas há vários anos e pouca familiaridade com a produção de textos escritos, poderiam sentir-se inibidos diante de tal desafio. Assim, num primeiro momento de abordagem junto aos trabalhadores, entreguei-lhes uma carta, convidando-os a participar da pesquisa, em cujo conteúdo explicitava a questão que iria abordar numa entrevista com quem se dispusesse a falar sobre o assunto. Foram ouvidos o presidente e o vice-presidente da cooperativa em exercício, além de mais três trabalhadores situados no chão-de-fábrica.

Ao adaptar a formulação do *balanço de saber* para atender aos objetivos de nossa pesquisa, tivemos de propor um mecanismo lingüístico-identitário que, ao manter a pergunta na primeira pessoa do singular (a explicitação do eu), pudesse fazer emergir a voz do sujeito entrevistado. Assim, com o consentimento de nossos interlocutores, iniciava a frase colocando-me no lugar de fala dos sujeitos ouvidos, de modo que a seqüência do raciocínio desencadeado pela pergunta era assumida por cada um dos entrevistados como movimento de sua reflexão. Propusemos a seguinte questão: *Desde que nasci, aprendi muitas coisas: em casa, no bairro, na escola, no trabalho, no sindicato, na igreja, em muitos lugares. Das coisas que aprendi, o que eu considero de maior importância para me orientar no trabalho que realizo na cooperativa? E agora, o que eu espero?*

No próximo tópico, apresentaremos as principais conclusões a que chegamos ao desenvolver essa pesquisa.

Considerações finais

A partir da confluência de fatores de ordem econômica, política e sócio-cultural, situamos a emergência de experiências associativas que, atualmente, vêm definindo um campo de múltiplas relações denominado de *Economia Solidária*. Um traço comum pode ser destacado do conjunto dessas experiências: o perfil de seus protagonistas, identificados como pertencentes a setores pauperizados, marginalmente incluídos à lógica excludente de reprodução do capital, que buscam construir relações de solidariedade humana e de classe, de modo a assegurar a reprodução da vida de forma mais digna. A insegurança individual quanto às possibilidades de sobrevivência diante de uma situação de crise, que ameaça a inserção produtiva dos sujeitos, criou as condições subjetivas para a associação dos trabalhadores em uma cooperativa de produção, sendo que a falência da empresa familiar apresentaria as condições objetivas para que se iniciasse a construção de uma alternativa de produção associada em meio à economia competitiva.

Procuramos apresentar a trajetória da cooperativa num quadro mais amplo, que evidencia a luta empreendida pela classe operária diante das transformações provocadas pela I Revolução Industrial. Assim, pudemos destacar que, diante desse processo, os trabalhadores buscaram construir alternativas ao sistema de exploração do capital que ultrapassava as fronteiras nacionais. Esse esforço que empreendemos, certamente de características bastante limitadas, nos mostrou que a experiência de luta e organização dos trabalhadores da cooperativa adquire relevância ainda maior quando em diálogo com processos históricos de mobilização dos trabalhadores em prol da construção de uma nova ordem econômica, política e social. Estamos seguros que essa referência atualiza a convicção de que é preciso continuar a construção de um novo projeto civilizatório capaz de superar os constrangimentos impostos pelo sistema do capital. Uma experiência como a dos trabalhadores da cooperativa contribui para acalentar esse imperativo histórico.

À medida que abordamos a trajetória dos trabalhadores da cooperativa vis-à-vis da resistência operária à ordem capitalista nascente, nos deparamos com o problema da gestão econômica reduzida não apenas aos espaços microeconômicos das unidades produtivas, mas que se faz presente quando se trata de impulsionar projetos de organização política da sociedade. Entretanto, dado nosso interesse em discutir o desafio da gestão sob o ponto de vista do espaço microeconômico, buscamos encaminhar nossa pesquisa de modo que pudessem ser evidenciadas as mais diversas estratégias de relação dos sujeitos com os saberes implicados na atividade de gestão da cooperativa. Tal perspectiva adquiriu relevância ainda maior à medida em que constatávamos que, dada a prevalência dos princípios da *Organização Científica do Trabalho* na experiência de socialização produtiva dos trabalhadores de chão-de-fábrica da cooperativa, a construção de um projeto autogestionário deveria, necessariamente, subverter a ordem prevalecente e ser capaz de construir algo novo em seu lugar.

Pudemos constatar que as restrições colocadas ao projeto de autogestão da cooperativa frustraram as expectativas de, no período inicial, organizar o trabalho coletivo tendo por base os princípios e valores que orientam a organização do trabalho fundada na autogestão. Logo após, quando as condições objetivas eram já claramente desfavoráveis, os trabalhadores situados no chão-de-fábrica ousam assumir, de fato, os desafios inerentes à construção de um projeto alternativo de governo da cooperativa. No entanto, esse despertar tardio encontra o grupo bastante descrente quanto às possibilidades de reversão do quadro de crise que se abate sobre a cooperativa, sendo que nossa pesquisa se desenvolveu nesse contexto de crise.

Com base em nossa experiência de capacitação de trabalhadores nas questões que dizem respeito à *Economia Solidária*, foinos possível desenvolver uma concepção que revela que a gestão desses empreendimentos pode ser entendida como uma permanente articulação entre as dimensões da *economia*, da *política* e das *relações sociais* comprometidas com os valores da autogestão. Assim, em nosso trabalho de campo, procuramos identificar os mecanismos de constituição e socialização de saberes relacionados a cada uma das dimensões acima descritas, partindo do princípio de que os trabalhadores mobilizam, em sua experiência de trabalho e em outras relações sociais com o mundo, um conjunto de saberes que vão ser convocados no cotidiano para enfrentar os desafios postos pela gestão da cooperativa. Ou seja, quisemos mostrar que os trabalhadores, quando ousam assumir os desafios de construir um projeto de autogestão, não o fazem desconhecendo algumas prerrogativas de organização e funcionamento dos empreendimentos, nem tampouco, deixam de reproduzir em suas atitudes, valores que são expressão da economia de mercado. Isso pode ser revelado à proporção que nos dispomos a conhecer melhor as formas como se procedem as relações dos sujeitos com os saberes implicados na atividade de gestão.

Atualmente no Brasil, podemos perceber várias iniciativas que visam ao fortalecimento do campo da *Economia Solidária*: Governos em diversas esferas de poder, Centrais Sindicais de diferentes matizes ideológicos, Universidades, Organizações Não-Governamentais, Igrejas, Entidades Empresariais, enfim, um conjunto de agentes buscam contribuir para que esses empreendimentos possam proporcionar trabalho e renda para um conjunto expressivo de trabalhadores e trabalhadoras preteridos pelo sistema.

O governo Lula, por exemplo, numa iniciativa inédita no campo das políticas públicas federais, criou a Secretaria da Economia Solidária, vinculada ao Ministério do Trabalho e Emprego.[38] Esse ministério, por sua vez, em sua proposta de trabalho para o Plano Plurianual 2004-2007, definiu como sendo um de seus objetivos estratégicos, "apoiar e estimular atividades econômicas orientadas pelos princípios da autogestão, cooperação e solidariedade, com vistas à promoção da Economia Solidária" (Brasil, 2003: 27).

No entanto, os esforços em curso correm o risco de não alcançar os resultados pretendidos se esses agentes não considerarem em suas estratégias a dimensão da formação dos trabalhadores tendo como horizonte a conformação de uma cultura autogestionária para que esses estejam em condições de dominar a atividade de gestão em suas múltiplas determinações. Ao fazermos referência a essa dimensão não nos limitamos a preconizar que seja dada oportunidade para que os trabalhadores vinculados a esses empreendimentos tenham acesso aos saberes sistematizados no campo da gestão empresarial, como se tratasse de capacitá-los para o exercício de uma atividade eximindo-se de colocar em xeque os fundamentos mesmos dos conhecimentos sobre a gestão. Trata-se de empreender uma luta permanente de desconstrução de princípios tidos como universais para que sejam construídas novas referências, compatíveis com os ideais de um projeto autogestionário.

---

[38] O estímulo à Economia Solidária encontra-se formulado no programa de governo do então candidato Luiz Inácio Lula da Silva como uma de suas propostas para a geração de trabalho e renda, sendo que o anúncio da criação dessa secretaria decorre de um compromisso assumido durante a campanha eleitoral. Para coordenar as ações dessa secretaria, foi nomeado o economista e professor Paul Singer que tem apresentado importantes contribuições para o debate sobre o campo da *Economia Solidária*.

Outro ponto que queremos destacar diz respeito à dimensão de *empoderamento*[39] que os projetos de formação de trabalhadores desses empreendimentos deveriam levar em consideração. A distância entre escritório e chão-de-fábrica não deve ser reduzida à dimensão espacial. Historicamente, esses espaços foram sendo moldados de forma a manifestar os clássicos princípios da *Organização Científica do Trabalho*, separando atividades de concepção das de execução e conferindo a essas últimas um prestígio bem menor. Para um trabalhador, com trajetória de escolarização interrompida, a transição do chão-de-fábrica para o escritório deve ser vista como um ato de grande ousadia que questiona as mais diversas expectativas quanto à posição que os sujeitos devem ocupar na sociedade. A dimensão política dos projetos de formação de trabalhadores com esse perfil de inserção produtiva deve valorizar as experiências de mobilização e luta que os trabalhadores vão empreendendo ao longo de suas vidas como elemento estratégico para a conformação de uma gestão democrática do trabalho.

Por isso, torna-se imperativo o reconhecimento dos saberes dos trabalhadores de modo que não seja promovida uma cisão entre a capacidade de mobilização, luta e organização de um

---

[39] A noção de *empoderamento* deriva do enfoque dado ao termo em pesquisas que abordam as relações de gênero. De acordo com RODRIGUES, o *empoderamento* diz respeito a um duplo movimento: "o da apropriação, por parte das mulheres, dos rumos e destinos de sua própria vida, o que abre para a formulação / realização de projetos pessoais, demonstrando a ruptura com as relações de dominação no âmbito do privado e a construção de relações de diálogo e negociação" e "o sentido de ocupação de posições de poder, por parte das mulheres, no âmbito dos poderes do Estado (...) e dos poderes da sociedade civil organizada e dos partidos, visando à (...) transformação social rumo à superação das desigualdades de gênero e à construção da cidadania das mulheres" (RODRIGUES, 2000: 12). Acreditamos que a noção de *empoderamento* expressa o sentido da formação de trabalhadores em empreendimentos autogestionários, sobretudo em sua segunda acepção, que poderia ser traduzida pela sua orientação para que os trabalhadores ocupem espaços de poder na gestão dos empreendimentos cooperativos.

empreendimento cooperativo — entendida como manifestação da vontade coletiva dos trabalhadores associados — e a capacidade de fazer a gestão cotidiana do empreendimento que, muitas vezes, é tida como atribuição de gestores que ocupam e se legitimam nesse espaço de poder, com tendência a perpetuar as relações sociais de produção fundadas na exploração do capital sobre a força de trabalho. A oportunidade que tivemos de interpelar os sujeitos da experiência com vistas a identificar um conjunto de saberes por eles mobilizados, que estariam implicados na gestão da cooperativa, fez-nos perceber a existência de um conhecimento tácito sobre a gestão que reúne conteúdos que ao mesmo tempo reproduzem e buscam superar normas e atitudes sistematizadas no terreno da gestão empresarial.

A necessidade de mobilizar os trabalhadores para desenvolverem esforços visando ao enfrentamento da situação desfavorável, que em princípio esses empreendimentos se encontram diante do mercado, pode justificar o distanciamento dos trabalhadores do chão-de-fábrica das atividades de gestão, reservando-se aos gestores que emergem as condições necessárias para participarem de processos formativos que, em princípio, tenderiam a fortalecer a perspectiva da autogestão. No entanto, como vimos a partir da situação do empreendimento estudado, os processos de formação devem ser capazes de incorporar o conjunto dos trabalhadores associados, de modo que seja minimizado o risco da legitimação das ações de novos gestores que normalmente tendem a trabalhar contra os projetos de autogestão.

Nesse sentido, nossa pesquisa sinaliza que um projeto de formação de trabalhadores vinculados a empreendimentos no campo da *Economia Solidária* deve ser capaz de identificar as formas como os trabalhadores associados se relacionam com os saberes implicados em suas atividades cotidianas. Chegamos ao final da pesquisa reafirmando a importância de nosso ponto de partida que, parafraseando Bernard CHARLOT, poderia ser expresso da seguinte forma: não há saber sobre a autogestão sem que haja uma relação dos sujeitos com o saber e com a própria atividade de gestão dos empreendimentos solidários.

Referências bibliográficas

ARROYO, Miguel. Revendo os vínculos entre trabalho e educação: elementos materiais da formação humana. In. TADEU DA SILVA, T. (org.) *Trabalho, educação e prática social.* Porto Alegre: Artes Médicas, 1991.

BERNARDO, João. *Estado: a silenciosa multiplicação do poder.* São Paulo: Escrituras Editora, 1998.

BERNARDO, João. *Transnacionalização do capital e fragmentação dos trabalhadores: há lugar para os sindicatos?* São Paulo: Boitempo, 2000.

BRASIL. Ministério do Trabalho e Emprego. *Orientação estratégica e programas: plano plurianual 2004/2007,* jul. 2003. Disponível na internet: <http://www.mte.gov.br>

CENPEC e LITTERIS. O jovem, a escola e o saber: uma preocupação social no Brasil. In: CHARLOT, B. (org.). *Os jovens e o saber: perspectivas mundiais.* Porto Alegre: Artmed, 2001, p. 33 – 50.

CHARLOT, Bernard. *Da relação com o saber: elementos para uma teoria.* Porto Alegre: Artmed, 2000.

FAORO, Raymundo. *Os donos do poder: formação do patronato político brasileiro.* São Paulo: Globo, 1991.

FREIRE, Paulo. *Pedagogia do oprimido.* Rio de Janeiro: Paz e Terra, 1983.

MANFREDI, Silvia Maria. Formação sindical no Brasil: história de uma prática cultural. São Paulo: Escrituras, 1996.

MARGLIN, Stephen. Origem e funções do parcelamento das funções: para que servem os patrões? In: GORZ, André (org.). *Crítica da divisão do trabalho*. São Paulo: Martins Fontes, 1989, p. 37 — 77.

RODRIGUES, Almira. *Mulheres: movimentos sociais e partidos políticos*. Brasília: CFEMEA, 2000. Disponível na internet: <http://www.cfemea.org.br>.

SANTOS, Milton. *Por uma outra globalização*. Rio de Janeiro: Record, 2000.

TIRIBA, Lia Vargas. Economia popular e cultura do trabalho: pedagogia (s) da produção associada. Ijuí: UNIJUÍ, 2001.

Oficinas de Autogestão como produtoras de novas identidades laborais no contexto da Economia Solidária

Ricardo Augusto Alves de Carvalho[40]

Ana Rita Castro Trajano[41]

Este artigo procura apresentar a proposta conceitual e metodológica do que nomeamos OFICINAS DE AUTOGESTÃO (OAG's), como 'locus' produtor de novas identidades laborais que estão sendo construídas no atual contexto da Economia Solidária. O objetivo é configurar processos coletivos grupalizados, onde, numa abordagem interdisciplinar, são articuladas perspectivas teórico-metodológicas de campos diferenciados, porém dentro

---

[40] Professor adjunto do Departamento de Psicologia/UFMG. Doutor em Sociologia pela Universidade Paris VII; Mestre em Psicologia pelo Conservatoire National des Arts et Métiers (CNAN – Paris). Coordenador Regional da Pesquisa "Significados e Tendências da Economia Solidária no Brasil" – UNITRABALHO. Coordenador do Núcleo de Estudos sobre o Trabalho Humano – NESTH – UFMG.

[41] Pesquisadora do NESTH/UFMG. Professora em Cursos de Pós-graduação da Fundação João Pinheiro-MG; do Instituto Félix Guattari-BH; Fundação Pedro Leopoldo-MG. Atuou como Professora em Cursos de Graduação de Psicologia e Administração (FUMEC-BH; Newton de Paiva-BH; PUC Minas) e Licenciatura (Psicologia/Faculdade de Educação/UFMG). Mestre em Psicologia Social pela UFMG; Especialização em Psicologia Comunitária pela UFPb.

de uma mesma concepção de sujeito humano. Ou seja, a do 'sujeito emancipador' e o trabalhar humano como liga-solda (solidariedade) do laço social e do movimento de busca da autogestão coletiva. Nesse sentido este artigo se articula em três partes:

I) Construindo um referencial teórico-metodológico: o laço social incitado em processos de construção identitária.
II) Descrição e explicação do processo de formação das OAG's.
III) Compreensão praxiológica: o coletivo autogestionário em ação.

I) Construindo um referencial teórico-metodológico: O laço social incitado em processos de construção identitária

As Oficinas de Autogestão (OAG's) assim se denominaram a partir da construção de um coletivo de trabalhadores com o objetivo de criar um 'lócus autogestionário' para a discussão e reflexão em torno dos principais problemas enfrentados na *práxis* dos empreendimentos do que temos chamado de Sócio-Economia Solidária. Dessa forma, as OAG's surgiram em plena Pesquisa-Ação ou Ação-Investigativa, origens da 'implicação' do pesquisador no processo investigativo e a consideração dos trabalhadores como pesquisadores de sua situação de trabalho.[42] Desenvolveremos mais tarde as referências teóricas que suportam

---

[42] Refere-se aqui ao Grupo de Pesquisa em Economia Solidária e Autogestão do Núcleo de Estudos Sobre o Trabalho Humano – NESTH – UNITRABALHO — UFMG, coordenado por Ricardo Augusto Alves de Carvalho, com a participação de alunos de graduação e pós, envolvendo organizações/agentes da sociedade civil e governo, formado desde o 1º semestre de 2000. O campo de pesquisa tem se ampliado ao longo da experiência, sendo inicialmente constituído por empreendimentos de autogestão, do ramo metalúrgico.

essa assertiva. Para o momento, gostaríamos de entrar o mais diretamente possível na 'práxis', ou seja, na reconfiguração do processo investigativo/educativo em si. Em outros termos, deixar que o processo possa falar de 'si mesmo'.

Nas OAG's 'emergiram' temas que foram 'gerados' *no* decorrer dos vários encontros com o coletivo dos trabalhadores, assim como em conversas ao 'pé da máquina'. A recorrência discursiva não poderia ser outra que apontasse como o que para os sujeitos era a 'a dificuldade de implementação da autogestão'. Pois, como sabemos, a autogestão é um dos princípios fundantes para um empreendimento da economia solidária que se quer autogestionário. Assim se configuram as OAG's: um processo de elaboração (no sentido de laborar a ação) de propostas de ação pelos próprios sujeitos/participantes na tentativa de solução dos problemas encontrados.

Essas OAG's giraram não só em torno da discussão das categorias de análise levantadas na primeira fase da pesquisa, como também de temas conjunturais, ligados ao momento político-social em que nos inseríamos, como a Greve dos professores das IES (Instituições de Ensino Superior)/2001, dentre as quais se inclui a UFMG; o 11 de setembro/ 2001, quando foram atingidas as "Torres Gêmeas" do World Trade Center, *meca* do capitalismo virtual/financeiro, na região sul de Manhattan, trazendo à discussão temas como o terrorismo, o islamismo, a demoracia. A discussão e reflexão nos grupos eram freqüentemente recortadas por temas/ valores como — **solidariedade, autonomia, cooperação, trabalho em conjunto,** marcando a retomada de um eixo axiológico contra-referente de origem latina e de cunho humanista — tão imprescindíveis ao emergente movimento da sócio-economia solidária.

Explicitaremos a seguir os referenciais teóricos, dos quais partimos para elaboração da proposta de Oficinas de Autogestão, numa tentativa de articulação de diferentes autores, todos orientados para a compreensão dos processos que os sujeitos-trabalhadores constroem na busca de sua autonomização.

I) Construindo um referencial teórico-metodológico

Para construção dessa proposta de trabalho com Grupos/ OAG's, partiu-se de uma concepção de grupo que procura articular diferentes contribuições teóricas, como a Psicossociologia (Enriquez, 1994/ 1997/ 1999/ 2000; Carvalho, 1995/ 2001/ 2003), a Psicopatologia/Psicodinâmica do Trabalho (Dejours, 1992/ 1994/ 1999), o Grupo Operativo (Pichon-Rivière e Bleger, 1980), os Círculos de Cultura (Paulo Freire, 1985/1987/ 1994/ 1998), o Institucionalismo (Guttari & Baremblitt, 1982/ 1992/ 1998).

De qualquer forma, interessa-nos abordar o grupo como possibilidade de transformação de uma situação de heteronomia em processos de construção da autonomia, transformação de uma lógica da competição e do individualismo em uma outra *lógica societal (Antunes, 2000)* — da solidariedade e da cooperação. O grupo, enfim, como possibilidade de criação de uma "*nova forma de sociabilidade*" (Souza Santos, 2002).

E aqui é importante lembrarmos o que nos aponta Enriquez (1997), ao analisar o nascimento da Psicossociologia e o estudo dos " *grupos elementares*". Contrapondo as críticas aos trabalhos de Elton Mayo na Western Electric, que os consideravam como uma perspectiva de "*humanização do sistema taylorista*", de harmonização das relações conflituosas entre capital e trabalho; propõe uma leitura desses a partir de Castoriadis, para quem o grande "achado" de Mayo é que os chamados grupos elementares

128

possibilitam o desenvolvimento de sentimentos fraternais, de elementos de solidariedade, constituindo-se em *"reagrupamentos de produção e de luta"*. Sendo assim, para Castoriadis,[43]

> *"o grupo informal não é nem um lugar onde se desenrolam unicamente relações de simpatia, nem um local da atividade humana onde se executam as tendências à realização de si mesmo (acabamento) desligadas do trabalho cotidiano e do lugar na divisão do trabalho. É, pelo contrário, o lugar onde se expressam os sentimentos de solidariedade ligada à luta e à resistência operárias em relação às injunções da direção da empresa (...) também têm por sentido mostrar: que a batalha é cotidiana; que ela apela à inventividade, à espontaneidade e ao dinamismo dos operários; que não é apanágio único das direções sindicais; que se insere nos comportamentos vivenciados nos grupos onde as pessoas assumem seus riscos uns em face dos outros"*... (Enriquez, 1997)

Podemos, pois, considerar com Enriquez (1997) o caráter ambíguo da *instância grupal*[44], que tanto pode servir a ações de conservação/manutenção de uma dada organização/instituição;

---

[43] A leitura de C. CASTORIADIS sobre os grupos elementares aparece, segundo ENRIQUEZ (1997) no texto "La lutte de ouvriers contre l'entreprise capitaliste", em Socialisme et Barbarie, n. 23, 1958. Reproduzido em L'expérience du mouvement ouvrier, vol. 2, 1974, p. 43.

[44] Enfatiza-se neste momento a instância grupal, não deixando de lembrar e considerar as demais instâncias da análise das organizações, conforme proposta de ENRIQUEZ (1997). Assim, partindo de uma definição da organização como um sistema cultural, simbólico e imaginário, apresenta as sete instâncias (ou níveis): a instância mítica, a social-histórica, a institucional, a organizacional (ou estrutural), a grupal, a individual, e a instância pulsional. Importante sublinhar a complexidade desta abordagem, tomando as diferentes dimensões do fenômeno em análise, sendo consideradas as relações entre instâncias abordadas.

como pode estar ao lado da mudança/ transformação. De qualquer forma, pensamos como o autor que *"o grupo constitui um lugar privilegiado para a compreensão dos fenômenos coletivos"*.

A adoção dos grupos como instrumento em pesquisas psicossociais sobre o mundo do trabalho não é uma novidade, o que podemos constatar em pesquisas conduzidas pela psicopatologia/psicodinâmica e psicossociologia do trabalho (Dejours, 1992, 1994; Carvalho, 1995). Nessas investigações o grupo é tomado como espaço de reflexão sobre a organização do trabalho e suas relações com a produção de subjetividade, identidade e saúde mental.

Seguindo, então, esses caminhos para compreensão dos grupos no mundo do trabalho, procuramos articular as diferentes elaborações sobre a temática, buscando aqueles elementos que nos possibilitem construir uma proposta de atuação com grupos que favoreça processos de emancipação e construção da autonomia e da solidariedade entre os sujeitos envolvidos.

Nesse sentido é importante a articulação entre a prática dos Círculos de Cultura desenvolvida por Paulo Freire e dos Grupos Operativos de Pichon-Rivière, conforme discussão realizada em Seminário *"O processo educativo segundo Paulo Freire e Pichon-Rivière"* (1991), buscando pontos de contato entre as duas teorias.

Enfatiza-se, aqui, a potencialidade de contribuição em processos de mudança através do trabalho com grupos, numa perspectiva dialética de compreensão da realidade. Como bem expressa Gayotto (1991), ao fazer a abertura do Seminário:

"A transformação da realidade e a libertação do sujeito baseiam-se na dialética constante entre os homens. (...) Os grupos operativos e os círculos de cultura parecem ser instrumentos eficazes para os desafios da transformação".

A articulação entre esses dois autores nos permitirá melhor compreender as Oficinas de Autogestão, como uma proposta de

130

pesquisa/intervenção psicossocial que favoreça processos de transformação social.

Tanto os Círculos de Cultura, como os Grupos Operativos foram criados a partir de experiências em que se buscava construir práticas contrárias à opressão e domesticação, favoráveis à libertação do sujeito, ao diálogo e à reflexão.

"Ambos, partindo de práticas diferentes, chegam em sua elaboração a muitos pontos de encontro, propondo, cada um, um processo de transformação e de conquista de uma consciência crítica" (Quiroga, 1991).

Pichon-Rivière, com uma proposta de Psicologia Social e uma abordagem dos grupos, enfatizando a dimensão operativa dos mesmos, *"nos permite compreender o processo de elaboração do conhecimento no intercâmbio dialético entre o sujeito e seu contexto. A dialética pichoniana é uma estratégia destinada não só a transmitir conhecimento, mas a desenvolver e modificar atitudes"* (Gayotto, 1991).

Paulo Freire, com uma proposta de Pedagogia do Oprimido (1987)/ da Esperança (1994)/ da Pergunta (1985)/ da Autonomia (1998)[45] enfatiza a questão da relação educador e educando, esse tomado como *sujeito* da educação, *em oposição à noção de objeto*, conforme definição do *Glossário*, organizado por Gadotti (1996):

"Sujeito. Termo que designa o indivíduo consciente e capaz de agir autonomamente. Opõe-se à palavra objeto, que remete àquilo que não tem consciência, não age e é manipulável".

E ainda, lembrando outros autores ao definir sujeito:

"Sujeito? São todos aqueles que se recusam a ser objeto. Nada mais" (Sousa Santos, 2002, Fórum Social Mundial).

---

[45] Importante lembrarmos nesse momento a *Pedagogia da Terra ou ECOPEDAGOGIA,* desenvolvida por GADOTTI (2000), que a apresenta como parte da *Pedagogia do Oprimido,* como uma reorientação/reinvenção da proposta freireana, em tempos de globalização neliberal.

"*Sujeito é aquele que insiste em ser ... sujeito*" (Carvalho, 1995).
"*O sujeito humano é aquele que tenta sair tanto da clausura social quanto da clausura psíquica*"...(Enriquez, 1994).

Aqui também se articulam conhecimento e subjetividade, o educando concebido como sujeito, capaz de autonomia e *práxis*, um ser de relações. Nesse sentido, aborda-se tanto a *dimensão pedagógica*, como a *dimensão terapêutica* dos grupos constituídos como Círculos de Cultura ou Grupos Operativos. Embora esses não sejam diretamente terapêuticos, na medida em que se abre espaço para expressão da subjetividade, do pensamento, das dúvidas e inquietações dos sujeitos envolvidos, cria-se também um espaço terapêutico, provocando mudanças nas diferentes dimensões do ser em construção.

O conhecimento, dessa forma, é algo que se produz na dialética das relações entre os sujeitos participantes do processo educativo: educandos e educadores. O educador como coordenador de grupo, não como "transmissor de conhecimentos"; a ênfase é colocada na relação dialógica, no encontro/confronto de saberes (os dos educandos e o do educador). A questão do significado na aprendizagem, da experiência vivencial dos educandos — os chamados *temas geradores/ palavras geradoras* — a partir dos quais se constrói a prática educativa libertadora e não domesticadora/opressora.

Para nós, essa aproximação entre Freire e Pichon-Rivière, começou a se constituir a partir da experiência com Educação/ Alfabetização de Adultos, quando assim definíamos nossa atuação:

> "*Como técnicas e supervisoras temos perseguido, persistentemente, favorecer a criação de espaços de escuta daqueles que, oprimidos em sua fala, vão perdendo a coragem de dizer a sua palavra (...) Como psicóloga e pesquisadora, apesar das 'crises de identidade' vividas no cotidiano da ins-*

tituição que não favorece o trabalho desse tipo de profissional, tenho me colocado no papel de coordenadora e
facilitadora do diálogo entre os participantes de diferentes
grupos de estudo e reflexão" (Trajano, 1988).

Uma outra articulação aqui é possível e necessária, tomando as noções de *grupo-sujeito* e *grupo-submetido* em Guattari (1981/
1986), quando também fará distinção entre um grupo que produz suas normas e significações, um grupo que é sujeito, *"agente*
coletivo de enunciação"/ "instituinte", usando a linguagem da teoria; e um grupo submetido ao instituído, às normas de cuja produção não participou. Segundo Baremblitt (1992),

> *"se um grupo se constitui com uma Utopia Ativa*[46]*, é ca-*
> *paz de dar-se suas próprias leis para realizá-la e cons-*
> *truir-se a si mesmo durante o processo, tendo sempre pre-*
> *sente sua finitude e a perspectiva de sua própria morte,*
> *então é um Grupo Sujeito (protagônico). Pelo contrário,*
> *um grupo alienado em objetivos, procedimentos, estrutu-*
> *ras e leis que se lhe impõem desde outros segmentos ou*
> *desde a totalidade social, que se empenha em subsistir como*
> *um fim em si quando não cumpre com sua finalidade, é*
> *um Grupo Sujeitado".*

Dessa forma, a construção da autonomia e da solidariedade
passa pela possibilidade de organização de Grupos Sujeitos, ca-

---

[46] Conforme BAREMBLITT (1992), em Glossário elaborado pelo autor e Cibele Ruas
de Melo, denominam-se Utopia Ativa *"as metas e objetivos mais altos e nobres (...), que*
orientam os processos produtivo-desejante-revolucionários dos movimentos e agenciamentos
sociais em seus aspectos instituintes — organizantes. Essas metas não estão colocadas em um
futuro remoto nem terminal, do tipo dos que são enunciados como escatologias ("Fim da
História" ou "Fim dos Tempos"). Na Utopia Ativa há uma imanência entre fins e meios; o
Processo Produtivo-Desejante-Revolucionário é seu próprio fim e meio em cada aqui e agora".

pazes de elaborar as próprias leis, de analisar os próprios projetos, enfim, como diz Enriquez (1997) *"grupos desejosos de terem uma influência social, lutar pela aplicabilidade de suas idéias"* . E aqui se entrecruzam as várias abordagens que enfatizam a questão do sujeito, em oposição à noção de objeto.

Importante enfatizar o grupo, e assim as Oficinas de Autogestão, como *motor da mudança,* como instrumento de luta e organização dos trabalhadores em processo de criação de novas relações de trabalho, novas sociabilidades emancipadoras — como produtoras, enfim, de novas identidades laborais no contexto da Economia Solidária.[47]

Busca-se, assim, com essa proposta de ação — investigativa/ pesquisa-ação, construir uma prática transdisciplinar de trabalho com pequenos grupos. Nesse sentido, ainda, adotamos técnicas do Teatro do Oprimido de Boal (1991), o que nos possibilita ir além da linguagem verbal, abrindo espaço para as linguagens não-verbais, para manifestações do corpo que se expressa com gestos, olhares, posturas, aproximações ou distâncias de outros corpos. Aqui cabe uma referência à Pesquisa Sociopoética, método criado por Jacques Gauthier, em que se procura utilizar a linguagem não-verbal na construção do conhecimento:

"Para além da imaginação, da intuição e da razão — processos de conhecimento largamente utilizados em nossa cultura — explora o potencial cognitivo das sensações, da emoção e da gestualidade. Porque promove a criatividade artística no aprender, no conhecer e no pesquisar. E porque enfatiza a dimensão espiritual, humana e política da construção dos saberes"(Gauthier, 2001).

---

[47] Cf. TRAJANO, Ana Rita & CARVALHO, Ricardo. (2003) *Identidade e trabalho autogestionário.* In A OUTRA ECONOMIA. Antônio David Cattani (Org.), Ed. Veraz, Porto Alegre.

Tivemos contato recentemente com essa metodologia, durante o III SEMINÁRIO INTERNACIONAL UNIVERSIDADE, TRABALHO E TRABALHADORES, 10 a 14 de junho/2002, em BH (NESTH/UNITRABALHO/UFMG). É uma proposta que converge com nossos propósitos de construção da Autogestão, contribuindo para nossa reflexão sobre novas práticas de pesquisa, em especial, as Oficinas de Autogestão.

II) Descrição e explicação do processo de formação das OAG's [48]

* Apresentação da proposta de formação das OAG's aos trabalhadores, esclarecendo sobre objetivos e metodologia das mesmas.

* Após realizarmos as entrevistas individuais e conversas (muitas ao 'pé da máquina'), demos início à análise do material coletado, iniciando o processo de levantamento das categorias de análise, que nos apontaram também temas geradores/ emergentes para as OAG's.

* Definição do local para realização dos encontros (refeitório); conhecimento do local e definição de infra-estrutura necessária (recursos audiovisuais —TV, vídeo; cadeiras etc.).

* Mobilização dos trabalhadores para a primeira reunião com apoio da diretoria e outros trabalhadores interessados.

* 1ª Reunião Geral: Vídeo sobre experiências de Autogestão e Cooperativismo, reflexão e debate; proposta de formação de

---

[48] Neste momento, toma-se como referência a realização de OAG's *junto com* trabalhadores metalúrgicos, em processo de construção de empreedimento de autogestão/cooperativa. Para detalhamento das informações sobre o desenvolvimento das OAG's, consultar TRAJANO, Ana Rita C. (2002) *Trabalho e Identidade em novas configurações socioprodutivas: autogestão, autonomia e solidariedade em construção.* UFMG/ FAFICH/Departamento de Psicologia-Mestrado, BH. (Dissertação).

dois Grupos (cada um com cerca de 12/13 trabalhadores), heterogêneos (trabalhadores do "chão de fábrica", da administração, da diretoria). Encontros, em forma de plenária, dos dois grupos, quando se fizer necessário.

• Formação dos Grupos pelas pesquisadoras, conforme proposto pelos trabalhadores na reunião geral; acerto do horário, com consulta aos trabalhadores. Decidiu-se, assim, por encontros quinzenais de cada grupo. No decorrer da prática, esta periodicidade não ocorreu de forma regular.

• **Temas abordados:** "Contrato do Grupo" (o contrato refere-se às condições necessárias para que o grupo funcione, tais como: horário, local, sigilo, palavra livre). Experiências de Autogestão e Cooperativismo no Brasil/ Economia Solidária. Histórico e Princípios do Cooperativismo. Globalização, Trabalho e Desemprego/ Cenário Mundial e Nacional Contemporâneo (enfatizando os ataques terroristas aos EUA, em 11/09/2001, e o movimento grevista nas universidades federais brasileiras). Abordou-se, nesse momento, a temática das relações entre Cooperativismo e Sindicatos, debatendo-se sobre as diferentes concepções sindicais. "Chão de Fábrica" X Administração – a problemática entre a produção e a gestão. Cooperativismo e União. Trabalho Cooperativo, Liberdade e Responsabilidade. Dinheiro e Lucro. Cooperativa e Mercado. Autonomia e Heteronomia. Avaliação e fechamento do trabalho feito no ano 2001 (com vistas à continuidade em 2002)/ Proposição de novos objetivos para o grupo na continuação das OAG's. Reunião geral (plenária) para conclusão/devolução do processo de investigação – ação.[49] Inserção da Cooperativa no

---

[49] Vale lembrar FREIRE (1987): *"A tarefa do educador dialógico é, trabalhando em equipe interdisciplinar esse universo temático recolhido na investigação, devolvê-lo, como problema, não como dissertação, aos homens de quem recebeu"*. Citação extraída de: PAULO FREIRE: vida e obra (2001). Ana Inês Souza (Org.). Expressão Popular, São Paulo.

movimento de socioeconomia solidária (Núcleo Sindical dos Metalúrgicos; Fórum de Apoio à Economia Solidária e Autogestão etc.). Reflexão *junto com* os trabalhadores sobre o processo de pesquisa, aprofundando o debate sobre a inserção da Cooperativa no movimento mais amplo de sócioeconomia solidária e autogestão. Informações sobre a realização do III SEMINÁRIO INTERNACIONAL UNIVERSIDADE TRABALHO E TRABALHADORES (junho/2002), convidando os cooperados para participarem da organização do mesmo. Os trabalhadores demandaram a continuidade das OAG's, sendo as mesmas consideradas muito positivas para o processo de construção da Cooperativa.

* **Dinâmicas Grupais:** Exibição de vídeos, seguida de reflexão e debate sobre Cooperativismo/Autogestão/Economia Solidária. Confecção de Painéis sobre os acontecimentos conjunturais abordados, seguida de análise e interpretação pelos participantes. Dinâmica da apresentação em duplas; Dinâmica do "Cego e do Guia"[50]; Dinâmica do Balão (Vivenciar e refletir

---

[50] Essa técnica tem por finalidade desenvolver a confiança grupal/ reflexão sobre o poder, a confiança, a autonomia-dependência, outros temas. Descrição: experimentar a sensação de locomover-se de olhos fechados, dentro de um espaço delimitado. Formam-se duplas, onde um é o cego e o outro o guia, depois invertem-se os papéis. Cria-se um código de comunicação: ombro esquerdo/ virar à esquerda etc. (de acordo com o local onde se realizará a dinâmica. Nesse caso, caminhamos pela fábrica, tocando as máquinas, com cuidado para não tropeçar...). Dessa forma, o cego se apoiará no acompanhante que o guiará no caminho a ser percorrido. Terminada a dinâmica, o grupo se reúne em círculo, quando cada participante expressa o que sentiu, percebeu, pensou no decorrer da vivência. O coordenador deixa que o grupo dialogue entre si, intervindo, se necessário, para favorecer o diálogo, como para acrescentar alguma informação, ou mesmo, interpretar alguma situação ou discurso. Para nós, essa dinâmica possibilitou a reflexão em torno do tema da união e confiança na construção da Cooperativa. Para consulta sobre técnicas de dinâmicas de grupo a serem vivenciadas com trabalhadores, sugerimos: JOGOS DE CINTURA, Escola Sindical 7 de Outubro, 1995; BOAL, Augusto. (1991) 200 exercícios e jogos para o ator e não ator com vontade de dizer algo através do teatro. Ed. Civilização Brasileira, RJ. Ressalta-se aqui a técnica do "Teatro-Imagem", recriada por GAUTHIER (2001), em trabalhos de Pesquisa Sociopoética.

sobre o trabalho de grupo e a implicação individual de cada cooperado no cotidiano da cooperativa); Reflexão *junto com* os trabalhadores sobre o processo de pesquisa, aprofundando o debate sobre a inserção da cooperativa no movimento mais amplo de sócio-economia solidária e autogestão. Informações sobre a realização do III SEMINÁRIO INTERNACIONAL UNIVERSIDADE TRABALHO E TRABALHADORES (junho/ 2002), convidando os cooperados para participarem da organização do mesmo. Reunião com administradora e diretor-administrativo da Cooperativa, para detalhamento da exposição de produto durante o III SEMINÁRIO INTERNACIONAL. Importante registrar que esse encontro se realizou no campus da UFMG, com participação da Equipe de Organização do III SEMINÁRIO, quando os trabalhadores fizeram também o reconhecimento do local para a exposição e, decididamente, se ingressaram na organização do Seminário. A partir daí, a Cooperativa iniciou o movimento de inserção em espaços mais amplos de articulação da sócio-economia solidária e autogestão, incluindo-se no Projeto da Agência de Desenvolvimento Solidário (ADS) / Central Única dos Trabalhadores (CUT)/Minas Gerais.

III) Compreensão praxiológica: o coletivo autogestionário em ação

Tomando como referência essa vivência de OAG's, realiza-da *junto com* trabalhadores metalúrgicos, novas possibilidades de *práxis* vão se abrindo. Está em andamento a criação da Incubadora Tecnológica da Socioeconomia Solidária da UFMG (Incudadora ECOSOL/UFMG). Nesta "incubação universitária", busca-se articular diferentes saberes/disciplinas – psicologia, sociologia, ciências políticas, economia, administração, direito, medicina, engenharia da produção, comunicação, por exemplo. A proposta de OAG's sendo considerada como método privilegiado de ação-pesquisa (ação investigativa), fazendo-se presente em todas as etapas do processo de incubação. Tomando método no sentido amplo de construção de caminho, e como nos lembra Gauthier (2001), numa linguagem institucionalista/sociopoética, significando *"dispositivo, metodologia aberta ao inesperado"*, poderíamos dizer que as OAG's vão se formando como processos instituintes/emancipadores de coletivos/sujeitos participantes da criação de uma OUTRA ECONOMIA.[51]

Segue abaixo uma plêiade de categorias emergentes em nossa experiência de investigação-construção de empreendimentos da sócio-economia solidária. Essas categorias estão sempre em processo de construção, tendo, portanto, um caráter teórico-dinâmico, também considerado como co-produção coletiva do grupo de investigadores/grupo de trabalhadores-investigadores, no sentido de comunidades ampliadas de pesquisa.

1. Angústia de inserção – trata-se do sentimento de inquietude e ansiedade frente ao futuro laboral do empreendimento e portanto do futuro de si como trabalhador. Esse estado de tensão tem se apresentado constante na quase totalidade dos grupos estudados em nossas investigações (NESTH –

---

[51] Cf. CATTANI, Antônio David (2003). *A outra economia*. Ed. Veraz, Porto Alegre; SINGER, Paul (2000). *A Economia Solidária no Brasil: a autogestão como resposta ao desemprego*. Contexto, SP; SOUZA SANTOS, Boaventura (2002). *Produzir para viver: os caminhos da produção não-capitalista*. Civilização Brasileiira, RJ; TIRIBA, Lia (2001). *Economia Popular e Cultura do Trabalho: pedagogia(s) da produção associada*. Ed. Unijuí, RJ.

UNITRABALHO/UFMG). Tal fenômeno pode estar estritamente associado à própria situação dos sujeitos implicados na formação de organizações cooperativas e autogestionárias, considerando que os mesmos constituem-se num subconjunto da parcela da sociedade historicamente apartada dos circuitos formais da produção. O trabalho (no sentido também de uma elaboração) sobre *a angústia de inserção* visaria a constituição e valorização de uma instância de mediação a longo prazo, concebida como instância de regulação distinta da imediaticidade esperada nos resultados a curto prazo.

2. Gestão de Crise e Risco – A situação acima descrita articula-se com a manifestação, ao nível do grupo, de situações de crise e risco. Essas convocam dispositivos de auto-regulação indispensáveis para a atualização da organização, permitindo o deslizamento para além de posições repetitivas e estagnadoras (pulsão de morte).

Criatividade e solução de problemas — Também convocadas no contexto de impasses surgidos no cotidiano do trabalho no empreendimento – autogestionário — da economia solidária. Busca-se aqui uma espécie de mapeamento do repertório de saberes/ estratégias de sobrevivência/resistência dos trabalhadores (On the job, informais, tácitos, estratégicos). Estratégias que implicam um razoável trabalho de inventividade. Busca-se potencializar as pulsões criativas de vida, posto que as mesmas também testemunham o atravessamento do subjetivo nesses empreendimentos, com impactos sobre os resultados previstos ao nível político, administrativo, econômico, jurídico e psicossocial. Enfatiza-se, assim, uma abordagem multidimensional — para além da perspectiva econômica, como já desenvolvido por Carvalho (2001/2003), ao propor, para análise das experiências de autogestão, as três dimensões, enfatizando sempre a interdependência e complementaridade entre elas: *jurídico-econômica; político – administrativa; psicossocial.*[52]

3. Poder, processos decisórios, cooperação, autogestão – A perspectiva autogestionária aponta para a horizontalização de poder e esvaziamento das posições hierarquizadas que reproduzem heteronomia. A dimensão relacional (intersubjetiva) é diretamente trabalhada, buscando-se vivenciar os princípios autogestionários, criando-se possibilidades de diálogo/confronto entre saberes/poderes, entre e através de todos os sujeitos-participantes do processo.

4. Desejo, Implicação e Afeto – Tomando o sentido de "análise da implicação" do institucionalismo – *"análise do compromisso sócio-econômico-político-libidinal que a equipe analítica interventora, consciente ou não, tem com sua tarefa"* (Baremblitti,...), é importante que no decorrer de todo o processo de OAG's se realize a análise da implicação por todos os sujeitos participantes, que o coletivo pense/reflita sobre a mobilização subjetiva em torno do projeto.

No decorrer da *práxis* de construção da autonomia e da solidariedade, através de diferentes vivências de OAG's, novos temas vão sendo identificados e abordados, novos diálogos vão se estabelecendo nesse processo de "miscigenação", de mistura entre diferentes saberes/poderes/sujeitos/coletivos. Estamos apenas no início de um caminho, aberto a novas possibilidades e invenções... No entanto, se existe uma direção — e a educação nos impõe como tarefa essa questão — essa

---

[52] Para aprofundamento sobre essa temática: CARVALHO, Ricardo (2003). *Sustentabilidade: princípios.* In A OUTRA ECONOMIA. (op. cit.) ; CARVALHO, Ricardo & PIRES, Sanyo. *Em busca de novas solidariedades: os empreendimentos da economia social em questão.* In Sociedade e Estado, UNB, Brasília, v.16, n. 1/ 2.

seria talvez da busca da direção enquanto *sentido*. Ou seja, como dispositivo produtor de possibilidades de criação de *sentido* para os sujeitos-trabalhadores.

Referências bibliográficas

ANTUNES, Ricardo (2000) *Os Sentidos do Trabalho: Ensaio sobre a afirmação e a negação do trabalho.* Boitempo Editorial, São Paulo.

BAREMBLITT, Gregório (org.). (1982) *GRUPOS: Teoria e Técnica.* Edições Graal, RJ.

_____. (1992) *Compêndio de Análise Institucional e outras correntes.* Editora Rosa dos Tempos, RJ.

_____. (1998) *Introdução à Esquizoanálise.* Biblioteca do Instituto Félix Guattari, BH, Coleção Esquizoanálise e Esquizodrama, vol. I.

BLEGER, José. (1980) *Temas de Psicologia: entrevista e grupos.* Martins Fontes, SP.

BOAL, Augusto. (1991) *200 exercícios e jogos para o ator e o não-ator com vontade de dizer algo através do teatro.* Civilização Brasileira, Rio de Janeiro.

CARVALHO, Ricardo Augusto Alves de. (1995) *Saúde mental e Trabalho: um novo (velho) campo para a questão da subjetividade.* In Sofrimento Psíquico nas organizações: saúde mental e trabalho. Wanderley Codo & José Jackson Coelho Sampaio (Orgs.). Vozes, Petrópolis/ RJ.

_____. (2001) *Considerações teórico-metodológicas sobre as novas configurações autogestivas no mundo do trabalho neste início de milênio.* NESTH/UFMG, BH.

_____. & Pires, S. Drummond . (2001) Em busca de novas solidariedades: os empreendimentos da economia social em questão. In Sociedade e Estado. UNB, Brasília, v.16, n.1/2.

_____. (2001) Reconfiguração de perfis entre os processos de inserção, "desinserção" e reinserção dos (novos) sujeitos trabalhadores. In *Globalização, Trabalho e Desemprego — um enfoque internacional*. Carlos Roberto Horta & Ricardo Augusto Alves de Carvalho (Orgs). C/ Arte, NESTH/UNITRABALHO-UFMG, Belo Horizonte.

_____. (2003) Sustentabilidade: princípios. In *A outra Economia*. Antônio David Cattani (Org.). Ed. Veraz, Porto Alegre.

CASTORIADIS, Cornelius. (1975) *L'institution imaginaire de la société*. Seuil, Paris (citado por Enriquez, 1994).

DEJOURS, Christophe. (1992) *A loucura do Trabalho: estudo de Psicopatologia do Trabalho* — 5ª ed.— Cortez/Oboré, São Paulo.

_____. (1994) *Psicodinâmica do Trabalho: contribuições da Escola Dejouriana à análise da relação prazer, sofrimento e trabalho*. Atlas, São Paulo.

_____. (1999) *Conferências Brasileiras: Identidade, reconhecimento e transgressão no trabalho*. Edições Fundap: EAESP/FGV, São Paulo.

ENRIQUEZ, Eugène.(1994) *A interioridade está acabando?* In PSICOSSOCIOLOGIA. Marília Novais Mata Machado et al. (Orgs.), Vozes, Petrópolis, Rio de Janeiro.

_____. (1994) *O vínculo Grupal*. In PSICOSSOCIOLOGIA, op. cit.

_____. (1994) *O papel do sujeito humano na dinâmica social*. In PSICOSSOCIOLOGIA, op. cit.

_____. (1997) *A Organização em Análise*. Vozes, Petrópolis, RJ.

_____. (1999) *Perda do Trabalho, Perda da Identidade*. In Relações de Trabalho Contemporâneas. Maria Regina Nabuco & Antônio Carvalho Neto (Orgs.). PUC-Minas/ IRT, Belo Horizonte.

_____. (2000) *Vida Psíquica e Organização*. In Vida psíquica e Organização. Fernando C. Prestes Motta & Maria Ester de Freitas (Orgs). Editora FGV, Rio de Janeiro.

ESCOLA SINDICAL 7 DE OUTUBRO. (1995) *Jogos de Cintura*. Escola sindical 7 de outubro/SEF — CUT, Belo Horizonte.

FREIRE, PAULO. (1985) *Por uma Pedagogia da pergunta*. Paz e Terra, RJ.

_____. (1987) *Pedagogia do Oprimido.*— 17 ed.— Paz e Terra, RJ.

_____. (1994) *Pedagogia da Esperança.*— 3 ed.— Paz e Terra, RJ.

_____. (1998) *Pedagogia da Autonomia.* — 9 ed.— Paz e Terra, SP.

GADOTTI, Moacir. (2000) *Pedagogia da Terra*. Peirópolis, São Paulo.

_____. (1996). PAULO FREIRE, uma Biobibliografia. *Glossário*. Cortez, Instituto Paulo Freire, São Paulo; UNESCO, Brasília/DF.

GAYOTTO, Maria Leonor Cunha. (1991) Abertura do Seminário. In *O processo educativo segundo Paulo Freire e Pichon-Rivière — Seminário promovido e coordenado pelo Instituto Pichon-Rivière de São Paulo*. Vozes, SP.

GAUTHIER, Jacques. (2001) Uma pesquisa sociopoética: o índio, o negro e o branco no imaginário de pesquisadores da área de educação. Jacques Gauthier, Reinaldo Fleuri, Beleni Saléte Grando (Orgs). UFSC/NUP/CED, Florianópolis, Coleção Cadernos CED.

GUATTARI, Félix. (1981) *Revolução Molecular: Pulsações políticas do desejo*. Brasiliense, São Paulo.

_____. at. all. (1986) *Micropolítica: cartografias do desejo*. Vozes, Petrópolis-RJ.

144

QUIROGA, Ana. (1991) Revisão Histórica: A trajetória de seus autores e de suas obras. In *O processo educativo segundo Paulo Freire e Pichon-Rivière — Seminário promovido e coordenado pelo Instituto Pichon-Rivière de São Paulo*. Vozes, SP.

III SEMINÁRIO INTERNACIONAL UNIVERSIDADE, TRABALHO E TRABALHADORES: Transformações, Desafios e Perspectivas no Mundo do Trabalho – Autonomia e Autogestão (10 a 14 de junho/2002). FAFICH/NESTH/UFMG; UNITRABALHO/MG, Belo Horizonte (folder/anotações pessoais).

SINGER, Paul.(2000) *A Economia Solidária no Brasil: a autogestão como resposta ao desemprego*. Contexto, São Paulo.

SOUZA SANTOS, Boaventura. (Org.) (2002) *Produzir para viver: os caminhos da produção não capitalista*. Civilização Brasileira, Rio de Janeiro.

_____. (2002) Democracia Participativa. In FÓRUM SOCIAL MUNDIAL, 2002, Porto Alegre. (Notas de Palestra).

TIRIBA, Lia. (2001) *Economia Popular e Cultura do Trabalho: pedagogia(s) da produção associada*. Ed. Unijuí, RJ.

TRAJANO, Ana Rita C. (1988) Reflexões sobre Educação Popular. *Psicologia e Sociedade*, Revista da ABRAPSO, Ano III, n. 5, 180-188, set/1988.

_____. (2002) Trabalho e Identidade em novas configurações socioprodutivas: autogestão, autonomia e solidariedade. UFMG/ FAFICH/ Departamento de Psicologia – Mestrado, BH. (Dissertação).

_____. (2003) Identidade e Trabalho Autogestionário. In A Outra Economia, op. cit

Educação autogestionária: entre a experiência e o mito da administração científica o projeto de educação da Anteag[53] –

Marilena Nakano[54]
Marli Pinto Ancassuerd[55]
Maria Elena Villar e Villar[56]

O fenômeno do desemprego sempre chamou a atenção de todos. Entretanto, no período recente (1980-2000) ele vem assumindo determinadas características que permitem afirmar que a essa onda não se sucederá uma outra, em que novos postos de trabalho serão criados, em substituição aos que foram fechados. No Brasil, foram tomadas decisões que conduziram o país a transformações no campo econômico, com graves implicações sobre o mercado de trabalho.

---

[53] Este artigo é de inteira responsabilidade das autoras. Ele foi produzido a partir das experiências vividas por elas no interior da Anteag, no período 1996-2000, e a partir de reflexões que puderam realizar no interior da universidade.

[54] Professora de Didática do Centro Universitário Fundação Santo André, doutoranda em educação pela Faculdade de Educação da USP.

[55] Professora de Metodologia de Ensino do Centro Universitário Fundação Santo André, mestre em educação pela PUC-SP.

[56] Professora de Iniciação Científica do Centro Universitário Fundação Santo André, doutoranda pela Faculdade de Educação da USP.

A década de 1980 representa ... a primeira fase da desregulação[57] do trabalho no Brasil, fase essa marcada ainda por um movimento contraditório, em que se tem, de um lado, o início do processo de desestruturação do mercado de trabalho, mas, de outro, a tentativa de se ampliar o raio de abrangência da regulamentação do mercado laboral. Esses dois vetores põem-se em antagonismo explícito ao final da década, de forma que o aprofundamento da desregulação do trabalho nos anos 90 surge como uma solução não definitiva posta em marcha pelos governos de orientação liberalizante. Atualmente em pleno andamento, a desregulação do trabalho nos anos 90 se dá no bojo do aprofundamento também da crise econômica mais geral. A especificidade da trajetória de desregulação do trabalho pela década de 90 é que, agora, os dois vetores de sua determinação caminham na mesma direção (Cardoso Jr., 2001: 34-35).

É nesse quadro que deve ser analisado o desemprego em nosso país. Em função desta evolução tem sido comum denominar a década de 80 como a "década perdida" e a de 90 como a "década mais que perdida". Mas, as portas de passagem da situação de empregado para a de desempregado têm sido múltiplas, o que também possibilitou ao trabalhador viver a nova situação de maneiras diversas. Alguns foram demitidos isoladamente e se viram sozinhos na busca de saídas; outros se desligaram das empresas em que trabalhavam, através de programas de demissão

---

[57] O autor entende regulação do trabalho como a síntese de dois vetores: a estruturação do mercado laboral e a regulamentação do mercado de trabalho. O primeiro vetor diz respeito à emergência, consolidação e avanço do mercado laboral, como parte das relações capitalistas e, o segundo, regulamentação desse mesmo mercado de trabalho, a partir de uma interferência pública (Cardoso Jr., 2001).

voluntária e nessa medida puderam refletir sobre a nova situação a ser vivida, antes mesmo de estarem desempregados; outros, ainda, se viram diante da possibilidade da demissão em massa, em função do fechamento de fábricas que viviam processo falimentar, seja por problema de gestão e/ou de condicionantes externos.

Muitos dos trabalhadores que passaram por essa última situação, apesar de terem conhecimento da crise vivida pela empresa, acreditaram na possibilidade de manter a fábrica funcionando. Dado esse quadro, constituíram-se nas décadas de 80 e 90, no Brasil, uma série de atores coletivos que se moveram no sentido de produzir as "fábricas sem patrão".

Essas empresas necessitaram de um novo estatuto jurídico-legal pois não mais se enquadravam nas modalidades sociedade anônima[58] e sociedade limitada[59], dada a adoção de alguns princípios, dentre eles: 1) a maximização do lucro não se constituía no motor da empresa; 2) o poder devia ser compartilhado por todos os trabalhadores; 3) os processos de decisão deviam ser democráticos; 4) a posse dos meios de produção devia ser do coletivo de trabalhadores.

Diante desses princípios, a opção encontrada e realizada foi a de se enquadrarem na modalidade formal de cooperativa.

---

[58] Para Sandroni (1994) *"sociedade anônima é a sociedade comercial formada por, no mínimo, sete sócios, sendo o capital de cada um representado pelo número proporcional de ações e sua responsabilidade limitada ao capital investido. Podem exercer qualquer tipo de atividade comercial, industrial, agrícola ou de prestação de serviços. Apenas as sociedades anônimas constituídas para atividades bancárias, seguradoras, montepios e afins devem receber autorização especial para funcionamento"* (p. 332).

[59] Para Sandroni (1994) sociedade limitada é uma *"sociedade comercial por cotas de responsabilidade limitada: cada sócio responde apenas na medida de sua cota. Deve adotar uma razão social que explique, o quanto possível, o objetivo da sociedade e seja sempre seguida pela palavra 'limitada'"* (p. 334).

Mas essa opção conduziu os trabalhadores para um campo marcado, de um lado, pela exploração dos próprios trabalhadores realizada pelo patronato, através das chamadas "coopergatos" e das cooperativas montadas para a terceirização do trabalho; de outro, pelo movimento cooperativista histórico, marcado pelas idéias de socialistas utópicos, nascido no final do século XIX na Europa e que chegou até o Brasil, como alternativa ao capitalismo.

É no interior desse campo marcado por oposições que se configura no Brasil a chamada economia solidária na década de 90, combinando dois elementos: o da retomada dos princípios cooperativistas; e o da autogestão (Vieitez, 1997; Singer, 2002; Singer e Souza, 2000; Mance, 1999; ANTEAG, 1998; Wainwright, 1998; Coco, 2000). Entretanto, uma nova identidade marcada por esses princípios não surge por um ato de vontade, pois os trabalhadores que fizeram essa opção viveram a experiência fordista-taylorista do trabalho fragmentado e hierarquizado, no interior de relações de assalariamento, de compra e venda da mão-de-obra como mercadoria.

É nesse quadro que se estrutura a ANTEAG — Associação Nacional de Trabalhadores de Empresas Autogestionárias e Participação Acionária, no ano de 1994, a partir de uma iniciativa de trabalhadores de empresas autogeridas, para dar suporte àqueles que desejavam enfrentar o desafio de assumir uma empresa em situação falimentar e pré-falimentar. Essa entidade surge porque o movimento sindical não tinha na época, e parcela importante dele ainda não tem, posição clara sobre iniciativas dessa natureza. Para inúmeros sindicatos, ou frações deles, essas iniciativas continham nelas um duplo sentido: de um lado, a capacidade de luta dos trabalhadores; mas, de outro, o risco de que trabalhadores assumissem o papel do patrão. Essa dubiedade não é e não foi simples de ser enfrentada. Só mais tarde, a CUT— Central Única

150

dos Trabalhadores, assume a posição de defesa e incentivo de empreendimentos autogeridos.

É a partir da motivação autogestionária que a ANTEAG estrutura seu projeto de educação como um de seus elementos fundamentais. Mas, não o faz a partir da percepção, amplamente aceita, de que é preciso educar para preparar o trabalhador para a situação de desemprego. No caso da ANTEAG a educação é importante para que o trabalhador possa gerir a empresa segundo novos valores e padrões. Nesse sentido, pode-se dizer que a ANTEAG coloca a discussão sobre educação no patamar em que ela deve estar, ou seja, a de que ela é fundamental para aqueles que, de maneira autônoma, ousam tocar seu próprio negócio, valorizando o fator trabalho e as relações de solidariedade e de cooperação, e reproduzindo novas relações de poder. Por isso, no decorrer de dez anos de sua existência, a importância atribuída à educação dos trabalhadores esteve sempre cristalina (Nakano, 2000: 75).

Aqui se pretende analisar dois de seus programas de educação, postos em prática no período de 1996 a 2000, denominados MBA em Autogestão e Bolsas Autogestionárias, buscando explicitar as lógicas de sua concepção e pontos de encontros e desencontros entre as duas propostas. A análise estará assentada em três categorias analíticas: experiência, solidariedade e autogestão, bem como na discussão sobre conflito, por que se acredita que dificilmente poderá surgir uma empresa com uma nova configuração, envolvendo novos valores e princípios, sem que haja o enfrentamento de conflitos entre posições divergentes.

1. Experiência, campo de conflito e autogestão: categorias analíticas

A concretização dos empreendimentos autogeridos implicava que os trabalhadores vivenciassem uma prática portadora de elementos absolutamente desconhecidos, uma vez que não se encontrava na história recente do país algo em que eles pudessem se espelhar para produzir o novo modelo de empresa. Decorrente disso, a experiência foi e tem sido elemento constitutivo de sua produção e ao produzirem experiências, os atores evidenciam a existência de elementos contraditórios em suas próprias identidades em movimento, como também se deparam com elementos próprios da relação, tais como distanciamentos, rupturas e aproximações, campos de conflito e de solidariedade que permitem vislumbrar uma dada produção do presente, como parte de um mosaico complexo e heterogêneo (Melucci, 2001). Portanto, consideramos que:

a) a **experiência** como conceito precisa ser explicitada e incorporada definitivamente ao debate teórico-metodológico das questões relativas ao mundo do trabalho, não de maneira secundária, mas como um de seus elementos centrais, pois só assim os sujeitos, homens e mulheres, jovens e adultos, serão definitivamente ouvidos e incorporados a essas discussões;

b) a noção de **campo de conflitos** também precisa ser incorporada ao debate porque o mundo do trabalho, tal como se configura na economia solidária, comporta diferentes e opostos modelos culturais em disputa, indicando que o mundo se move e que novas possibilidades podem estar sendo gestadas ainda como potência, sem que haja explicitação clara sobre elas;

c) finalmente, a **autogestão**, enquanto categoria, não como concretude, precisa ser explicitada sob pena de se deixar fora do debate aquilo que é central nessas novas experiências.

No caso do mercado de trabalho, ele se complexificou, não apenas sob os desígnios do capital, mas também a partir de ações dos trabalhadores capazes de iniciativas econômicas, como as cooperativas populares, as empresas de autogestão ou solidárias, os grupos de produção comunitária. Através das experiências vividas no âmbito dessas iniciativas os sujeitos não se limitam à produção de coisas, pois além da produção econômica, há a produção de relações sociais, de símbolos, de valores.

Sobre **experiência** serão tomadas três abordagens distintas, porém complementares porque todas com uma preocupação básica e central, a de fazer recuperar o lugar do sujeito, homens e mulheres, jovens, adultos e velhos, não só determinados por sua situação de classe, mas também como donos de sua vontade, capazes de definir e imprimir sentidos a situações determinadas de maneira autônoma.

Das três proposições tomadas como referência, a primeira delas introduz o termo experiência humana através da discussão de:

> como pessoas que experimentam suas situações e relações produtivas determinadas como necessidades e interesses e como antagonismos, e em seguida 'tratam' essa experiência em sua consciência e sua cultura das mais complexas maneiras (sim, 'relativamente autônomas') e em seguida (muitas vezes, mas, nem sempre, através das estruturas de classe resultantes) agem, por sua vez, sobre sua situação determinada" (Thompson, 1981).

A lógica dessa primeira proposição contém três elementos, mas o que interessa no âmbito deste trabalho diz respeito à cultura. Assim, como valor de uso, valor de troca, valor monetário e mais valia aparecem na Economia Política de Marx, Thompson pretende incluir o termo cultura para tratar do valor normativo.

> Não há, nem pode haver nunca esse sistema finito... Nas margens do mapa, encontraremos sempre as fronteiras do desconhecido. O que resta fazer é interrogar os silêncios reais, através do diálogo com o conhecimento. E, à medida que esses silêncios são penetrados, não cosemos apenas um conceito novo ao pano velho, mas vemos ser necessário reordenar todo o conjunto de conceitos. ... é nisso que está a diferença entre marxismo e tradição marxista. É possível ter uma prática marxista, mas considerar os marxismos como obscurantismos. (Thompson, 1981).

Uma segunda proposição sobre experiência é a trazida por Cerutti (1998), que toma Thompson como referência, procurando incorporar ao seu pensamento uma reflexão sobre as categorias profissionais, não necessariamente coladas a representações referidas, única e exclusivamente, ao ofício e às profissões. A autora chama atenção para a importância das trajetórias de vida, estudos biográficos, para através das representações dos sujeitos chegar a lógicas mais gerais. Abandona a idéia de *coincidência total e imediata entre a esfera técnica e produtiva e a dos comportamentos e das relações sociais* (Cerutti 1998).

Uma terceira e última proposição sobre experiência é trazida por Dubet (1994). O que interessa do pensamento desse sociólogo, no âmbito deste trabalho, é a noção de experiência social associada a:

diversas lógicas de ação que reenviam às diversas lógicas do sistema social, que não é mais, então, 'um' sistema, mas a copresença de sistemas estruturados por princípios autônomos, pois as combinações das lógicas de ação que organizam a experiência não têm 'centro', elas não repousam sobre nenhuma lógica única ou fundamental. Na medida em que sua unidade não é dada, a experiência social provoca, necessariamente, uma atividade dos indivíduos, uma capacidade crítica e uma distância deles mesmos. Mas a distância de si, aquela que faz do ator um sujeito, é, ela mesma, social, ela é socialmente construída na heterogeneidade das lógicas e das racionalidades da ação" (Dubet, 1994).

Para Dubet, a experiência, além de atividade emocional, porque revestida da subjetividade, é também

uma atividade cognitiva, é uma maneira de construir o real e sobretudo de 'verificá-lo', de experimentá-lo. A experiência constrói os fenômenos a partir das categorias do entendimento e da razão. ... um modo de construir o mundo. É uma atividade que estrutura o caráter fluido da 'vida'. ... [Enquanto atividade, ela] repousa menos sobre um postulado ontológico, relativo à condição humana, do que sobre uma necessidade de método, pois a subjetividade dos atores, a consciência que eles têm do mundo e deles mesmos, é o material essencial do qual dispõe a sociologia da ação. (Dubet, 1994).

Por isso tudo, tomar *a experiência* como categoria analítica permite melhor compreender e analisar as relações no mundo do trabalho nesse momento em que novas iniciativas têm se configurado, pois permite olhar *o ator em processo*.

A categoria *campo de conflitos* permite analisar as experiências dos trabalhadores nas empresas autogeridas também como algo em movimento, em processo de produção.

As formas contemporâneas de ação coletiva são múltiplas, variáveis e investem em níveis diversos do sistema social. É necessário antes de tudo distinguir o campo de conflitos e os atores que os tornam visíveis. No passado, ocupar-se dos conflitos significava analisar a condição social de um grupo e deduzir desta as causas da ação. Hoje é necessário identificar os campos de conflitos em nível de sistema e explicar como certos grupos sociais intervêm em tal campo. Uma vez que não existem atores conflituais "por excelência", a ação tem caráter temporário, podem conviver atores diversos, podem mover-se em áreas diversas do sistema (Mellucci, 1991).

A partir dessas reflexões pode-se indagar: existiria nas empresas autogeridas um campo de conflitos? O que seus atores evidenciam? No processo de reflexão sobre essa questão, as análises das ações dos sujeitos devem se situar no eixo sincrônico, ou seja, a partir das negociações ou rupturas que façam num determinado momento, no caso deste trabalho, num momento em que tudo se move. Portanto, o eixo diacrônico, no qual classe social de base operária e assalariada, tal como definida por Marx e tomada por Althusser como motor da história, não se mostra adequado para a realização das análises no âmbito deste projeto. Isso não quer dizer que a classe social tenha desaparecido, mas não há mais como negar, pois os dados da realidade não o permitem, que o emprego industrial vem diminuindo a cada dia, as relações assalariadas tradicionais, entre o operário e o patrão também estão se desfazendo. Não se trata também de propugnar o fim do trabalho, tal como defendem Habermas, Offe e Gorz. Trata-se, sim, de rediscutir o lugar do trabalho na vida dos sujeitos.

Se antes, as profissões e o pertencimento à classe eram definidores das ações, hoje já não são mais, particularmente com o desaparecimento de inúmeros postos de trabalho do setor industrial, provocando a diminuição do número de trabalhadores envolvidos em relações de assalariamento.

Por isso, para que as discussões não se tornem estéreis, é fundamental ouvir a palavra e captar o processo vivido por diferentes atores na experiência/não experiência do mercado de trabalho, de como esses mesmos atores se cruzam nesse universo e em que campo de conflitos eles se movem. Finalmente, no caso das empresas autogeridas, a categoria *autogestão* precisa se explicitada. Aqui, ela é entendida conforme Bobbio, Matteucci e Pasquino (1997):

> Por autogestão, em seu sentido lato, se deve entender um sistema de organização das atividades sociais, desenvolvidas mediante a cooperação de várias pessoas (atividades produtivas, serviços, atividades administrativas), onde as decisões relativas à gerência são diretamente tomadas por quanto aí participam, com base na atribuição do poder decisório às coletividades definidas por cada uma das estruturas específicas de atividade (empresa, escola, bairro etc.). A primeira é a superação da distinção entre quem toma as decisões e quem as executa, no que respeita ao destino dos papéis em cada atividade coletiva organizada com base na divisão do trabalho. A segunda é a autonomia decisória de cada unidade de atividade, ou seja, a superação da interferência de vontades alheias às coletividades concretas na definição do processo decisório.

Explicitadas essas categorias é possível tomar as propostas de educação da ANTEAG para análise.

2. Bolsas autogestionárias e MBA em autogestão: duas propostas distintas

A Anteag estruturou dois programas de educação: as "bolsas autogestionárias" e o MBA (Management Business Administration) em autogestão, posteriormente denominado Peag — Planejamento Estratégico Autogestionário. Esses dois programas foram estruturados em torno de três eixos:

a) a denominação do eixo *a fábrica sem patrão* trazia dentro dela uma referência à negação das relações de dominação e exploração entre patrão e empregado e uma negação das relações de assalariamento, ou seja de compra e venda da mão-de-obra. Além disso, a ANTEAG se propunha a ir além da mera questão da modernização ou da inserção dos trabalhadores no paradigma da automação flexível, pois mais do que a descentralização da atividade produtiva, apoiada na flexibilidade da produção, na realização de tarefas variadas e multiqualificadas (polivalência), era necessário trabalhar com um programa educativo que contribuísse para a concretização da Autogestão;

b) a *viabilidade econômico-financeira* da empresa tratava-se do segundo eixo dos programas de educação da ANTEAG, por haver uma compreensão de que o primeiro eixo só se realizaria por meio da auto-sustentação dos trabalhadores;

c) finalmente, o terceiro eixo consistia na não separação entre *fazer e pensar*, pois era necessário garantir que não se repetisse a fragmentação dessas duas atividades sob pena de não se instituir relações igualitárias, solidárias e cooperativas entre os trabalhadores.

Os programas podem ser descritos como seguem.

a) Peag – Planejamento Estratégico Autogestionário

Conforme dito anteriormente, a primeira versão desse programa recebeu a denominação "MBA em autogestão". Esse programa estava desenhado para capacitar os dirigentes das empresas de autogestão. Ele ocorria de maneira centralizada, de forma que trabalhadores das empresas, de diferentes pontos do país, de diferentes setores de produção (têxtil, cristal, extração mineral, confecção, forjaria, móvel, metal-peças, agroindústria, metal-mecânico, plástico) pudessem se encontrar e debater coletivamente sobre diferentes questões relacionadas à gestão. À época, participavam trabalhadores vindos de empresas de vários estados brasileiros: Pernambuco (Catende), Espírito Santo (Vitória), Santa Catarina (Brusque, Blumenau, Criciúma), Minas Gerais (Vespasiano), Rio de Janeiro (Rio de Janeiro), São Paulo (Diadema, São José dos Campos, São Paulo, Ferraz de Vasconcelos, Sorocaba), Rio Grande do Norte (Vale do Açú).

A primeira experiência organizada pela ANTEAG partia do pressuposto que nas universidades existia um conjunto de conhecimentos já sistematizados sobre a gestão da empresa e que os trabalhadores tinham o direito de ter acesso a ele. Um grupo envolvendo um técnico da ANTEAG, um representante da Universidade de São Paulo e outro da Universidade Federal de São Carlos, sob a coordenação da Fundação Unitrabalho, estruturou o curso. Foram selecionados professores da Universidade de São Paulo, da Fundação Getúlio Vargas e da Universidade Federal de São Carlos para organizarem e trabalharem os conteúdos. A escolha dos professores foi feita segundo dois critérios: competência numa determinada temática e compromisso com a questão da democracia nas empresas. Ainda que a posição dos professores fosse a de um compromisso com o mundo do trabalho, a metodologia utilizada, com raras exceções, limitava-se à exposição dos conteúdos e o conteúdo em nada se diferenciava daquilo que era trabalhado em empresas capitalistas tradicionais. Enfim, o programa em nada se diferenciava dos cursos tradicionais, à exceção da discussão travada no coletivo, ao final de cada exposição, uma vez que por meio dela os trabalhadores traziam suas questões nascidas da prática e do cotidiano da empresa. Eram questões novas para todos, inclusive para os professores. Tratava-se do momento mais rico do curso. Enfim, aprendia-se com a experiência.

A avaliação dessa primeira experiência levou à elaboração de um novo desenho para o curso, organizado em módulos, buscando estabelecer uma conexão com o que ocorria nas fábricas, mas ainda os encontros eram centralizados em São Paulo. O conteúdo de cada módulo deveria ser democratizado na fábrica e o resultado trazido para o curso. Dessa forma se esperava que os dirigentes das empresas estabelecessem com os companheiros, no interior da fábrica, uma relação de formação permanente. Nessa proposta, o eixo estruturador de todo o curso era o planejamento estratégico, que ao final do curso deveria ter sido elaborado com a participação do coletivo da fábrica, daí o nome Peag. Os professores encarregados de ministrarem esse novo curso vieram de diferentes instituições: Fundação Santo André, Universidade Federal do Rio de Janeiro, Universidade Estadual Paulista, Universidade Federal de São Carlos, Fundação Getúlio Vargas, Unicamp, Fundação para o Desenvolvimento da Administração Pública. As escolhas foram feitas a partir de um desenho do programa e uma preocupação com a metodologia.

Esses cursos evidenciaram dois problemas: de um lado, alguns dirigentes tinham muita dificuldade de assumir o papel de educador. Eles, em inúmeras situações, reproduziam as relações hierarquizadas que haviam vivido na empresa tradicional. Revela-se, assim, o oposto daquilo que a Anteag desejava que acontecesse: o dirigente da empresa autogestionária, em princípio alguém imbuído dos princípios da autogestão, revelava-se quase que "um patrão" e esta relação se mantinha porque também os trabalhadores assim o desejavam. A prática evidenciava que um curso, nos moldes do realizado, não era capaz de operar grandes mudanças no interior da fábrica.

É importante ressaltar que houve exceções. Alguns dirigentes fizeram grande esforço no sentido de planejar as atividades da fábrica com o coletivo dos trabalhadores. Nesse caso, o curso dava resultado em função de algo que o antecedia: uma postura permanente de construção coletiva da fábrica.

Mas, o que mais chamou atenção ao longo de todo o período de implantação desse programa é que ele se deparava com um grande adversário: a realidade cotidiana da fábrica absorvendo os trabalhadores para conseguirem sobreviver. A difícil realidade de conduzir uma empresa autogerida parecia ser incompatível com cursos dessa natureza. A chamada administração científica estava a anos-luz do dia-a-dia do trabalhador. Apesar disso, a fábrica continuava em pé, se desenvolvia, e "questionava" a importância dos conhecimentos ali trabalhados.

Portanto, esse tipo de curso não abriu espaço para que fossem abordados os conflitos que estavam nas fábricas, nos seus espaços específicos, em tempos específicos e com conteúdos também específicos. Esses cursos pouco contribuíram para a realização da autogestão e da "fábrica sem patrão".

b) Bolsas autogestionárias

A concepção do programa de "bolsas autogestionárias" nasce do conhecimento da experiência de "bolsa de trabalho", de concepção anarquista.

No anarquismo a educação era entendida em sua tríplice dimensão de educação formal, não formal e informal, e a todas elas se dava importância. Onde mais claramente se notava a tentativa de modelação prática desses princípios foi no anarco-sindicalismo que surgiu em fins do século passado e adquiriu força no ano seguinte. Uma vez mais, o modelo das Bolsas de Trabalho na França, assim como o da Confederação Nacional do Trabalho, lembra-nos a importância que se dava a que o sindicato fosse em seu próprio funcionamento interno autogestionário, que não se reduzisse a um organismo de reivindicações economicas, que mantivesse vivas as aspirações de mudança social radical e, o que é mais importante ainda, que praticasse o apoio mútuo (Luizetto, 1989).

A despeito de inúmeras críticas às "bolsas de trabalho", por meio delas os sindicatos e associações produziram experiências nos mais diferentes campos: biblioteca, museu, agência de informações, imprensa cooperativa, ensino, dando conta de uma agilidade e de uma diversidade que a educação formal não garantia. Foi esse o encantamento que fez nascer as "bolsas autogestionárias" da Anteag.

Elas nascem permeadas pelas seguintes preocupações:

> ... o ponto de partida é a experiência vivida pelo ator; dessa, iluminar a história para analisar, aprofundar e modificar o vivido; finalmente, a experiência que constrói a passagem da empresa tradicional para a autogestionária é tomada para análise para que os trabalhadores possam perceber a necessidade de consolidar novas práticas marcadas pela ética, solidariedade e ajuda mútua (Anteag, 1998).

Os conteúdos das "bolsas autogestionárias" foram definidos após uma imersão dos técnicos da Anteag no interior das fábricas associadas. Essa imersão permitiu perceber a existência de campos conflitos que surgiam no interior dessas fábricas; permitiu também verificar que o sujeito idealizado pelas Anteag não existia, pois se evidenciou a descontinuidade *entre o grande discurso histórico, o discurso político dos militantes, referido às transformações sociais profundas, e o pequeno discurso vivencial dos que lutam* nas fábricas (Martins, 2003).

A partir da percepção dos campos de conflito foram definidas inúmeras temáticas: faturamento e salário; o produto, os trabalhadores e a empresa; os trabalhadores e a organização da empresa: produção e administração; a empresa de autogestão e o mundo externo; o produto como conhecimento; a empresa autogestionária e seus pontos de equilíbrio; empresa autogestionária: novas questões dos trabalhadores; o trabalho e seu sentido. Alguns exemplos concretos podem ilustrar o que foi dito até aqui.

Tema 1 — Faturamento e salário

Como os trabalhadores das empresas tiveram uma única relação, empregado-empregador, agora, na empresa de autogestão, eles tendem a cobrar o salário do companheiro que elegeram, como se esse fosse o atual patrão. Assim, através desse material se pretende discutir que a questão do salário (agora retirada ou pro-labore), na empresa de autogestão, depende do faturamento e que esse é responsabilidade de todos. Poder receber mais, implica ter um controle sobre receitas e despesas da empresa por parte de todos os trabalhadores, não só para pensar na retirada mensal, bem como os seus projetos futuros.

Para introduzir essa questão discute-se que salário é criação humana, que nem sempre existiu, para que percebam que, dentro de alguns limites, os trabalhadores podem decidir sobre essa questão (Anteag, 1998a).

Tema 2 — A empresa de autogestão e o mundo externo

Através dessa bolsa queremos que os trabalhadores ultrapassem os muros de sua empresa, para discutir aquilo que, em alguma medida, os determina. Portanto, não podem se esquivar de questões postas por diferentes atores e instituições. Dentre eles e, principalmente, o mercado. Quase sempre é só o pessoal de vendas e os que têm contato direto com o público externo (entregadores, presidente da empresa, pessoa que contata bancos, vendedores...) que dá conta dessas relações. É preciso que todos percebam o mundo externo (Anteag, 1998a).

A metodologia adotada foi estruturada *para e com* os trabalhadores das empresas autogestionárias.

Na Metodologia do Ator – META, não se separam conteúdo, forma e método, assim como nas empresas procura-se acabar com a separação hoje existente entre os que fazem e produzem, de um lado, e os que pensam e se responsabilizam pela gestão, de outro. A articulação de conteúdo, forma e método ocorreu em torno de três grandes preocupações: a) o trabalhador tem uma cultura marcadamente individualista que deverá ser superada, dando lugar a uma cultura solidária. A reflexão sobre a experiência vivida é fundamental; b) refletir sobre a experiência vivida, olhando para a história, significa remeter para o futuro; c) no cenário da empresa autogestionária, o centro é o ator coletivo, sem perder de vista as questões individuais (Anteag, 1998a).

A grande inovação foi ter captado os campos de conflito que ganhavam visibilidade por meio da experiência vivida e tornado suas temáticas os conteúdos das bolsas autogestionárias. Não se tratava mais de levar o grande discurso da transformação das relações sociais para o interior da fábrica e, sim, de ouvir os trabalhadores e com eles dialogar. Nesse sentido a pedagogia paulofreiriana se realizou no seu propósito mais pleno.

> "Não se liberta os homens, alienando-os", doutrinando-os ou manipulando-os, mas a "libertação autêntica é a humanização em processo", a ser desenvolvida, por educador e educando, por se tratar da sua preocupação comum em libertar os homens de relações e dependências opressivas – da prática comum "de homens na luta para construir o futuro, correndo o risco desta própria construção ... homens lutando e aprendendo, uns com os outros, a edificar esse futuro". (Freire, 1982, apud, Schmied-Kowarzik, 1983).

Considerações finais

A experiência da ANTEAG revela que uma proposta de educação para os trabalhadores de empresas autogestionária é algo em construção, que exige dos profissionais, pesquisadores e educadores, que se comprometam com o registro das experiências em andamento, tentando captar nelas aquilo que trazem de novo e aquilo que nelas há de repetitivo, de forma que uma nova teoria e novas metodologias sobre educação autogestionária possam ser produzidas.

Referências bibliográficas

ANTEAG. 1998. *Empresa social e globalização. Administração autogestionária: uma possibilidade de trabalho permanente*. São Paulo: ANTEAG. 146p.

_____. 1998a. *A ação do agente educativo – para e com os trabalhadores*. São Paulo: ANTEAG. Mimeo. 59p.

BOBBIO, Norberto; MATTEUCI, Nicola e PASQUINO, Gianfranco. *Dicionário de política*. Volume 1. Brasília: editora da Universidade de Brasília. 9ª. edição. 674p.

CARDOSO JR., José Celso. 2001. Crise e desregulação do trabalho no Brasil. *Tempo Social*; Revista de Sociologia da USP, São Paulo, 13(2): 31-59, novembro de 2001.

CERUTTI, Simona. 1998. Processo e experiência: indivíduos, grupos e identidades em Turim no século XVII. In REVEL, Jacques (organizador). *Jogos de escalas: a experiência da microanálise*. Rio de Janeiro: Editora da Fundação Carlos Chagas. pp. 173-201.

DUBET, François. 1994. *Sociologie de l'experience*. Paris, França: Édition du Seuil.

FARIA, Aparecido e NAKANO, Marilena. 1997. Empresas autogestionárias— uma alternativa diante do desemprego. In *São Paulo em Perspectiva*, volume 11/ no. 4/ out-dez. São Paulo: Fundação SEADE. pp. 41-46.

MARTINS, José de Souza. 1990. *O sujeito oculto: ordem e transgressão na reforma agrária*. Porto alegre: Editora da UFRGS. 238p.

MELUCCI, Alberto. 2001. *A invenção do presente: movimentos sociais nas sociedades complexas*. Tradução de Maria do Carmo Alves do Bonfim. Petrópolis, RJ: Vozes. 199 p.

NAKANO, Marilena. 2000. ANTEAG: autogestão como marca. SINGER, Paul e SOUZA, André Ricardo de (organizadores). *A economia solidária no Brasil. A autogestão como resposta ao desemprego*. São Paulo: Contexto. pp. 65-80.

SCHMIED-KOWARZIK, Wolfdietrich. 1983. *Pedagogia dialética — de Aristóteles a Paulo Freire*. São Paulo: Editora Brasiliense. 142p.

THOMPSON, E. P. 1981. *A miséria da teoria*. Rio de Janeiro: Zahar Editores.

Análise sobre processos de formação de incubadoras universitárias da Unitrabalho e metodologias de incubação de empreendimentos de economia solidária

Farid Eid[60]

O texto é dividido em duas partes. A primeira trata da concepção de incubadora universitária de empreendimentos de economia solidária da Unitrabalho, enquanto a segunda, aborda a questão da metodologia de incubação para esses empreendimentos. Servir como ferramenta pedagógica nos processos de criação de incubadoras universitárias para formação e assessoria aos empreendimentos econômicos solidários é seu objetivo.

---

[60] Professor adjunto do Departamento de Engenharia de Produção da Universidade Federal de São Carlos. Doutor em Economia e Gestão pela *Université de Picardie Jules Verne*, França. Fundador e ex-coordenador da Incubadora Regional de Cooperativas Populares da UFSCar. Integrou o grupo de docentes dos Cursos de Especialização e de Técnico em Administração de Cooperativas organizados pela Confederação das Cooperativas de Reforma Agrária do Brasil. Pesquisador do CNPq, coordenando a pesquisa *Dinâmica Organizacional e Produtiva em Cooperativas de Reforma Agrária: diagnóstico, implementação de estratégias para o desenvolvimento e perspectivas*, em parceria entre a UFSCar/CONCRAB/MST (2002/2004). Integrou durante o ano de 2002 a Equipe Curricular Nacional do Programa Integrar da Confederação Nacional dos Metalúrgicos da Central Única dos Trabalhadores, na área de Economia Solidária. Desde o início de 2002, integra a Coordenação do Programa Nacional de Economia Solidária da Rede Interuniversitária de Estudos e Pesquisas sobre o Trabalho.

Introdução

A metodologia de incubação deve ter a clareza da necessidade de educação unitária, que busque superar a fragmentação do conhecimento por via de um processo interativo entre os agentes – educadores e educandos. Entende-se que os métodos são caminhos, sugestões, possibilidades, portanto, não há fórmulas prontas. O conceito de interdisciplinaridade, que perpassa toda a economia solidária, quando pensado em sua complexidade exige que se supere os limites entre as disciplinas e que seja formulado como transdisciplinaridade. No entanto, incubação é trabalho recente como extensão universitária e como experiência transdisciplinar. Exige preocupação com a responsabilidade diante das expectativas geradas (UNITRABALHO, 2002; França et al., 2003).

A metodologia tem os seguintes componentes, aqui apenas apontados, que precisam continuar sendo aprofundados em seus conteúdos: a) Implantação e avaliação do trabalho das incubadoras; b) Incubação nas suas etapas (pré-incubação, incubação e desincubação) e a avaliação participativa dos empreendimentos incubados (fatores de desenvolvimento, crise, sucesso, insucesso, redefinição de estratégias); c) Intercâmbio entre incubadoras para implantação de novas incubadoras; d) Intercâmbio entre EES no sentido da construção de Redes de Economia Solidária (Eid e Gallo, 2001; Culti, 2002; Eid, 2002; Melo Neto, 2002).

Importante frisar que aqui, nesse livro, não se tem a pretensão de incorporar todas as propostas dado que estamos num estágio experimental para construção metodológica. Reconhecemos ainda que há diferentes métodos de incubação os quais são adequados para os diferentes tipos de empreendimentos de economia solidária (Eid, 2002).

1. Concepção e organização inicial de uma incubadora universitária

Uma incubadora universitária[61] de empreendimentos de economia solidária – associações e cooperativas populares urbanas e rurais, além de empresas autogestionárias — pode constituir-se em um espaço importante onde se desenvolvam pesquisas teóricas e empíricas sobre a Economia Solidária, cuja ação política pode voltar-se para atender uma classe social desprovida dos meios de produção. O empreendimento permanece vinculado à incubadora, pretendendo-se que em um determinado tempo, que varia a cada caso, conquiste sua autonomia para atuar no mercado. Ao mesmo tempo, demandas sobre assessoria pontual surgem e podem ser atendidas pelo coletivo da incubadora.

Em qualquer situação, é fundamental o apoio da Reitoria da universidade que pode fornecer, entre outros, conforme cada situação, o espaço físico para a sede e para oficinas de trabalho, salas de aula, funcionário à disposição o que poderia substituir o técnico externo, material de consumo e equipamentos de informática, veículo para reuniões e visitas, divulgação oficial e estabelecer algumas prioridades na aquisição de serviços e pro-

---

[61] Como procedimento inicial, recomenda-se que haja um ou mais seminários com docentes interessados na temática: transformações no mundo do trabalho e alternativas para geração de trabalho e renda. Identificar docentes e pesquisadores (as) interessados (as) em continuar aprofundando o debate. Da parte da incubadora, há forte demanda por docentes das várias áreas de conhecimento, que trabalhem com a transdisciplinaridade e com a extensão universitária, articulando-se, se possível, com a pesquisa e com o ensino na graduação e na pós-graduação. A participação de estudantes de graduação e da pós-graduação, sempre que possível, com bolsas de pesquisa, de projeto e de extensão deve ser sempre incentivada. Importante que se analise se, para os trabalhos cotidianos da incubadora, será importante a contratação de, pelo menos, um (a) técnico (a) com perfil de educador popular e que já tenha atuado no acompanhamento de movimentos sociais.

dutos oriundos desses empreendimentos formados ou apoiados pela incubadora.[62]

Em pouco tempo de funcionamento, a incubadora estará recebendo uma série de demandas por assessoria e formação de empreendimentos. Ela será obrigada a fixar prioridades para atendimento de demandas através de critérios, ou seja, o rápido crescimento da demanda por assessorias e por formação, normalmente, é muito maior do que a capacidade que a incubadora possui para atender bem todas as demandas. Isso se coloca principalmente nos primeiros anos de funcionamento quando os formadores devem passar primeiramente pela formação. Ao contrário disso, observa-se uma sobrecarga de responsabilidades e competências não adquiridas pela equipe de docentes e, principalmente, pela equipe técnica. A equipe pode correr o risco de pensar que está desenvolvendo procedimentos corretos de incubação quando, na realidade, a prática voluntarista ou assistencialista cria sérios vieses que poderão dificultar ou impedir o processo de conquista da autonomia pelo grupo social.

Alguns critérios iniciais são fundamentais para seleção de demandas e definição de procedimentos de trabalho:

a) A iniciativa de buscar a incubação ser do próprio grupo social beneficiário. A adesão é entendida como livre e voluntária e não induzida por atores sociais externos ao grupo. Esse princípio não implica na inexistência de apoios, intercâmbios, parcerias e convênios com outros movimentos sociais, instituições públicas, eclesiais e privadas interessados na proposta de formação e desenvolvimento de Redes de Cooperação;

---

[62] Deve-se tomar cuidado com esse procedimento para que o EES não se acomode e pare de buscar novos contratos, com novos clientes.

b) Atender uma demanda de um grupo social, com a intermediação de uma ou mais instituições de apoio, sindicatos de trabalhadores, prefeituras e outras, através de convênio com a incubadora. Observar se a proposta apresentada preocupa-se com a construção da autonomia do grupo beneficiário;

c) O grupo social beneficiário ser constituído, prioritariamente por pessoas pobres, desempregados (as) há vários meses, trabalho precário, intermitente, itinerante e com dificuldes de inserção no mercado formal de trabalho e quando evidencia potencial para o desenvolvimento de empreendimentos de economia solidária, na perspectiva da autogestão;

d) Procedimentos iniciais que não podem ser demorados e nem burocratizados: d1) sempre que possível, receber por escrito a proposta de assessoria ou de incubação; d2) a demanda deve ser discutida no coletivo da incubadora; d3) em seguida, a demanda deve ser discutida com representante(s) do grupo social interessado; d4) uma visita do coletivo da incubadora no local de trabalho ou de moradia para primeiro contato com o grupo e aplicação de um questionário; d5) avaliação se será aceita a demanda, em reunião e pelo coletivo da incubadora;

e) A incubadora estabelece um processo de construção dialógica com os trabalhadores diretamente envolvidos no processo de criação e desenvolvimento de cada empreendimento solidário. Esse procedimento significa que a incubadora tem de se colocar no lugar do grupo ao mesmo tempo em que se tornam compreensíveis para os trabalhadores os princípios da economia solidária.

De fato, pode-se perceber que quando discutimos metodologia de incubação, estamos tratando de um tema cujo processo é complexo e que envolve relações interpessoais cuja interação é fundamental em quatro níveis: a) relações interpessoais entre os membros da equipe da incubadora formada por docentes, técnicos, estudantes de diversas áreas de conhecimento atuando de forma transdisciplinar; b) relações interpessoais entre os trabalhadores do grupo que pretende organizar um EES; c) relações interpessoais entre os grupos de trabalhadores com empreendimentos já formados; d) relações interpessoais entre a equipe da incubadora e os grupos atendidos.

Para esse quarto nível, talvez o mais complexo, é preciso interação entre o conhecimento da universidade com o conhecimento que trazem os trabalhadores individualmente no interior de cada grupo, para a ação em cooperação. Seria ingênuo imaginarmos que a equipe da incubadora não dispõe de um poder enorme para influenciar o grupo a ser incubado, porém é da maior importância buscar construir a união entre o saber acadêmico com o saber popular, numa tentativa de transformação da prática cotidiana, inter-relacionando as atividades de ensino, pesquisa e extensão universitária.

Não obstante todos os esforços e a abertura de diversas frentes de apoio e de formação, não se pode deixar de reconhecer que, ainda hoje, o ritmo de crescimento da exclusão social segue acelerado e tem sido bem maior que o ritmo de inclusão social, sobretudo através da formação de EES.

A economia solidária parte de valores distintos aos valores predominantes na economia capitalista, destacam-se: autonomia, democracia, fraternidade, igualdade e solidariedade. Aqui, a racionalidade técnica deve estar a serviço da racionalidade social, fundamentada na cooperação. O trabalho é o elemento central. A manutenção de cada posto de trabalho tem prioridade maior do que a lucratividade. A acumulação deve estar subordinada ao atendimento das necessidades definidas pelo coletivo de trabalhadores.

Um traço marcante no processo de incubação de um EES é o mapeamento sobre o conjunto dos conhecimentos de cada indivíduo – os formais, os adquiridos pelas práticas do trabalho e suas potencialidades profissionais — e a cultura do grupo social, buscando-se, com isso, contribuir no desenvolvimento da coesão social através da responsabilização de cada um dos indivíduos para o sucesso do projeto coletivo. Para isso é fundamental, desde o início, a identificação e análise da trajetória social e profissional de cada uma das pessoas do grupo interessado. Esse procedimento pode ser um elemento estratégico para a continuidade dessas iniciativas solidárias que trabalham na perspectiva da autogestão.

A autogestão envolve formação sobre questões técnicas, administrativas e comerciais específicas do ramo de atividade do empreendimento. Pressupõe também a existência de novas formas participativas e de tomada coletiva de decisões. Alguns desafios referem-se à formação sobre a cultura de autogestão do trabalhador e à cultura e história específica do grupo e passam pelo envolvimento total com o trabalho. O envolvimento diz respeito a questões técnicas no sentido da execução de uma tarefa, na gestão da organização e na busca pela superação de uma formação autoritária, burocrática e preconceituosa.

Recomenda-se que a busca da autogestão seja entendida como um processo longo e complexo que articula sobrevivência no mercado com a necessidade de aprendizagem e desenvolvimento permanente. Aprendizagem para melhoria de eficiência organizacional e desenvolvimento pessoal para cidadania.

É nesse sentido que a formação deve ser continuada e integrada nas dimensões administrativa, técnica e política. Essa formação assume um papel fundamental para o sucesso dessa estratégia. E essa formação deve ocorrer fundamentalmente através de oficinas com aprendizagem teórica e prática, articulando-se conhecimentos técnicos sobre a atividade fim do empreendimento. Com certeza, sabemos que se trata de um grande desafio para o desenvolvimento da economia solidária. Esse ponto precisa de maior aprofundamento, dada a importância de se trabalhar com a perspectiva da politecnia, ainda que se considere a necessidade de respeito às especificidades e recursos de cada incubadora.

Parece-nos de grande importância a necessidade de se (re) construir o conceito de politecnia, distinto do conceito de polivalência, onde esteja implícita a idéia de multifuncionalidade, que o trabalhador possa ter compreensão do conjunto do funcionamento do empreendimento, uma visão integrada de totalidade. Algumas pistas já se têm para a (re) construção desse conceito. Saber fazer com competência técnica e aprender, ou ter pelo menos noção, sobre os diversos processos de trabalho relacionados com conteúdos e métodos de trabalho, na produção e na atividade administrativa, relacionando-os com os princípios e os valores da economia solidária são fundamentais para a formação da politecnia dos sócios-trabalhadores.

Em resumo, desenvolver a igualdade de oportunidades, através da perspectiva de implementação do rodízio nos cargos do empreendimento, de forma gradual, não impositiva, onde cada um possa passar por certo período em cada função, posto de trabalho ou na direção, deve ser tratado com seriedade. Porém, isso não se coloca para um novo empreendimento. Exige-se primeiro a formação de uma cultura organizacional. Pode-se começar com o rodízio nos postos de trabalho da produção de um determinado produto. Em seguida, introduzir o rodízio também na produção, agora, de um outro produto. Enquanto isso, na administração e no comércio, pode também ocorrer um rodízio entre os ocupantes de cargos. Importante que haja tolerância no processo de aprendizagem e que os sócios-trabalhadores mais experientes desenvolvam a capacidade de ensinar, "transferindo" seus conhecimentos, competências, "macetes de ofícios" para os mais novos, apesar de sabermos que se trata de uma troca. É fundamental a participação de técnicos e de docentes especialistas naquela atividade fim do empreendimento, para ensinarem e aprenderem juntamente com os sócios-trabalhadores.

No dia-a-dia das atividades de uma incubadora universitária, alguns problemas práticos ocorrem com certa freqüência. Dentre os mais relevantes, apresentamos dois: cumprir todas as fases do processo de incubação e procedimentos metodológicos para incubação de EES.

a) Primeiramente, nem sempre é possível colocar em prática todas as etapas ou fases do processo de incubação. Não são raros os relatos em que não se garante o tempo necessário ou são até mesmo suprimidas algumas etapas. Essa supressão ou redução de tempo pode comprometer o futuro do empreendimento, aquele que pretende ser autogestionário.

b) Algumas incubadoras poderiam adotar como procedimento metodológico concentrar suas práticas no debate teórico sobre a relação histórica capital-trabalho e a importância de se construir uma alternativa de emancipação social dos trabalhadores através da economia solidária. Outras, ao contrário, estariam concentrando suas práticas, de forma pragmática, simplesmente na geração de renda e assessoramento técnico, porém, garantindo-se a inserção eficiente dos produtos e serviços no mercado. Pensamos que seria uma grave deficiência se tivermos de optar por uma ou por outra. Na realidade, devemos enfrentar esse como um dos nossos maiores desafios. Devemos trabalhar, simultaneamente, com os dois procedimentos metodológicos. Não podemos priorizar um em detrimento do outro.

2. Processo de incubação ou de assessoramento a um EES – associação, cooperativa ou empresa autogestionária urbana ou rural

2.1. Habilidades a serem desenvolvidas para todas as pessoas beneficiárias

2.1.1. Informações básicas sobre a importância de possuir os documentos pessoais. Eventualmente alguém da equipe técnica deve dar acompanhamento para obtenção;

2.1.2. Registro sobre a trajetória ocupacional e pessoal (história de vida e profissional) de cada pessoa, mapeando potencialidades profissionais;

2.1.3. Formação básica para o associativismo, cooperativismo e economia solidária: histórico, associativismo, cooperação e cooperativismo, desemprego, políticas públicas, ferramentas de gestão, desafios, ...;

2.1.4. Noção sobre coleta de dados e informações para análise de cadeia produtiva e estrutura de mercado (concorrência, fornecedores, custos, preços, escala de produção, grau de concentração, políticas públicas, movimentos sociais);

2.1.5. Participação direta na pesquisa sobre construção da viabilidade através de visitas e debates com outros movimentos sociais e gestores públicos (análise de demanda potencial e de demanda planejada, a ser elaborada de forma articulada com movimentos sociais e com políticas públicas);

2.1.6. Capacitação para avaliação das alternativas e escolha da atividade fim do empreendimento. Compreender a importância das barreiras à entrada: tecnológicas, financeiras, formação, assistência técnica, políticas públicas,...;

2.1.7. Capacitação para a gestão dos fundos do empreendimento de economia solidária, equivalentes e ampliados em relação aos direitos trabalhistas;

2.1.8. Compreensão e participação direta na elaboração do Estatuto e do Regimento Interno, compreendendo-os como documentos políticos e não burocráticos, contemplando-se os direitos e os deveres de cada um dos sócios-trabalhadores;

2.1.9. Noções sobre planejamento estratégico, orçamento, acompanhamento mensal da produção ou serviço realizado, elaboração de relatórios, avaliação e redefinição de estratégias;

2.1.10. Capacitação teórica, oficinas e assessoria técnica sobre organização do espaço físico, da organização do processo de produção e das condições de trabalho;

2.1.11. Qualificação no trabalho específico e noções sobre os demais postos de trabalho (perspectiva de politecnia);

2.1.12. Oficinas sobre trabalho coletivo e sobre trabalho autogestionário;

2.1.13. Discussão e acompanhamento na elaboração da logomarca, folder, cartão de visita, página na internet e noções sobre marketing estratégico;

2.1.14. Participação em eventos para obtenção de conhecimentos e estabelecer intercâmbios diversos (econômicos, sociais, políticos, culturais,...);

2.1.15. Compreender a importância de Políticas Públicas em, pelo menos, seis níveis: a) apoio na formação de empreendimentos solidários sustentáveis, na perspectiva da autogestão; b) mudança na legislação sobre licitações públicas eliminando as barreiras à participação dos EES; c) mudanças na legislação sobre dívidas de antigos proprietários de empresas que se tornaram autogestionárias; d) instituições públicas serem demandantes de produtos e serviços desses empreendimentos; e) oferta de crédito em melhores condições para investimento e custeio; f) assumir a responsabilidade, pelo menos parcial, na construção de Distritos de Economia Solidária e centrais de Comercialização voltados para a internalização de cadeias produtivas estratégicas para o desenvolvimento local e regional.

2.2. Fases do processo de assessoramento ou de incubação de uma associação, uma cooperativa ou uma empresa autogestionária urbana ou rural

As fases não seguem necessariamente a ordem apresentada, e algumas podem ocorrer em paralelo, dependendo da dinâmica organizacional interna de cada grupo social beneficiário.

2.2.1. Primeiros contatos com o grupo social beneficiário

Para essa etapa do processo de incubação recomenda-se a realização de uma a três visitas, normalmente em algum local do bairro, perto da moradia, as quais têm duração em torno de duas horas cada. Trata-se fundamentalmente de reuniões de trabalho as quais ocorrem após a aprovação da proposta pelo coletivo da incubadora e da formação da equipe de trabalho responsável em acompanhar esse grupo social beneficiário. Os assuntos iniciais tratados dizem respeito à apresentação e responsabilidades de cada uma das pessoas do grupo social beneficiário e da equipe da incubadora que fará o acompanhamento do grupo, bem como as razões que levaram ao encontro das pessoas interessadas no processo de incubação.

Observa-se ser natural, nessas primeiras reuniões, uma forte rotatividade de pessoas. Algumas pessoas imaginam que logo nas primeiras reuniões serão solucionados os problemas de desemprego e geração de trabalho e renda. Cabe à equipe deixar claro desde a primeira reunião que se trata de um processo longo e complexo. A incubadora não pode ser entendida como o equivalente a um "Balcão de Empregos".

Em diversas reuniões em círculos e palestras a estratégia é buscar a conscientização do grupo e dos multiplicadores a respeito de temas atuais, tais como, causas do desemprego, da exclusão e da falta de cidadania.

Podem ser utilizados fatos da vida real, principalmente os noticiados pela mídia. Fundamental é que cada pessoa compreenda que ela não é a culpada por seu desemprego ou de outras pessoas desempregadas. Explicar muito bem quais são as diversas causas do desemprego: decisões empresariais e decisões de políticas públicas.

Nas reuniões seguintes, deve-se apresentar exemplos de alternativas para a geração de trabalho e renda. Mostrar com exemplos que, em muitas regiões do país, no campo e na cidade, pessoas estão agindo, organizando associações, cooperativas e empresas autogestionárias.

Importante que as pessoas elaborem um pequeno questionário sobre desemprego e entrevistem pessoas sobre: está empregado? tem os direitos garantidos? se está desempregado, sabe as causas? o que deve ser feito para diminuir ou acabar com o desemprego? Cada pessoa apresenta em reunião e a pessoa da incubadora coloca no quadro os resultados da pesquisa de cada um. Faz a síntese reforçando que as pessoas ali não são responsáveis por seu desemprego. Isso é importante no processo de desenvolvimento da auto-estima de cada uma das pessoas.

2.2.2. Formação do grupo social beneficiário

Verificação do contexto de formação do grupo, com as seguintes características: Existência de relação de companheirismo e de vizinhança. Identificar se já trabalharam juntos. A trajetória profissional de cada um. A trajetória social de cada um. As potencialidades profissionais de cada um. Identificação de afinidades, identidades, objetivos em comum e se podem ser transformadas em um projeto coletivo. Problematizar se organização do empreendimento de economia solidária se apresenta como uma alternativa concreta à redução da precarização das relações de trabalho, das condições de trabalho e de vida. Colocar em discussão os motivos que levaram cada pessoa a decidir pela participação naquele grupo.

É fundamental que a equipe da incubadora compreenda que o objetivo nessa fase é a verificação do grau de maturidade, de união e de convicção do grupo social no sentido da formação do empreendimento. A observação, nessa fase, restringe-se a identificar o grau de envolvimento de cada pessoa a partir de sua motivação particular à participação nos processos decisórios e na execução das decisões, além do comparecimento às reuniões, palestras e treinamento.

2.2.3. Compreensão sobre trabalho associativista em relação ao trabalho assalariado

O que é trabalho. O que é processo de trabalho e organização do trabalho: mudanças históricas e impactos no mundo do trabalho.

Especificidades e diferenças sobre a cooperação em uma empresa capitalista e em um empreendimento de economia solidária.

Apresentar as raízes históricas e debater sobre a cultura da subalternidade e do individualismo; sobre alternativas como poderia ser a organização do trabalho; sobre como deveria ser tratada a questão da saúde do trabalhador.

Debater como, para quê e por quê cada sócio-trabalhador e o grupo deve cooperar. Debater como o empreendimento de economia solidária pode atuar no mercado. Como deveria ser tratada a questão da construção da viabilidade e da politização do mercado.

Debater sobre como será a atuação de cada sócio-trabalhador. Discussão sobre as funções específicas de cada trabalhador

180

(a) e as funções da administração. Qual a importância que será dada à democracia interna? Enfatizar a importância da politecnia sinalizando para a formação dos sócios-trabalhadores ao nível de funções e não somente de postos de trabalho. Debater a importância do rodízio nos cargos na produção, administração financeira-comercial e na direção. Debater se a politecnia interessará ao coletivo, se sim, quais as dificuldades, os critérios e os procedimentos para trabalhar coletivamente com essa perspectiva. Quais seriam os principais ganhos com a introdução da politecnia.

2.2.4. Avaliação de alternativas e decisão sobre atividade fim do empreendimento

Ferramentas pedagógicas: pesquisa com dados secundários, indicadores, caracterização das empresas concorrentes e fornecedores, análise das cadeias produtivas, estruturas de concorrência no mercado, valor do investimento inicial e capital de giro. Importante o uso de dinâmicas de grupo para mapear as habilidades individuais e de grupo, verificar a compreensão sobre as diferenças entre o trabalho individual e o coletivo, identificar futuras lideranças, quem é quem em termos de iniciativa-criatividade-objetividade-simplicidade para resolução de problemas. Identificar as expectativas de cada um e do grupo.

Deve-se levar em consideração a possibilidade de se ter mais de uma alternativa a ser analisada. Caracterização da estrutura e dinâmica do mercado local e regional para cada alternativa.

Análise de potenciais mercados que apresentem alternativas inovadoras — diversificadas, diferenciadas, agregadoras de valor aos produtos e serviços, estratégicas para o desenvolvimento da cidade e da região – identificando os pontos fortes e fracos na análise de cada alternativa.

Verificação das motivações e potencialidades profissionais

de cada pessoa e do grupo em relação a uma determinada atividade econômica. Levantamento e caracterização das vocações individuais, motivações, experiências profissionais, apontando atividades potenciais para o grupo e relacionado-as com as oportunidades de atuação na cidade e potencial para a formação de redes de empreendimentos de economia solidária.

Importante verificar a disponibilidade de recursos financeiros para o investimento inicial em cada alternativa. Discussão entre o grupo e a equipe da incubadora, analisando os pontos positivos e os pontos negativos que implicariam na escolha de cada alternativa.

Pesquisar onde podem ser obtidos os recursos e a infraestrutura necessárias através de levantamento e elaboração de projetos. Importante buscar parcerias e doações na perspectiva de construir a viabilidade do empreendimento. Pesquisar as fontes de financiamento e as linhas de créditos obtidos através de políticas públicas ou instituições de apoio.

A escolha da alternativa econômica deve levar em conta um conjunto de elementos: competências individuais e do grupo; espaços e potenciais mercados; investimento inicial e capital de giro; potencial para construção da viabilidade através do planejamento da demanda; existência de políticas públicas que garantam uma renda mínima enquanto o trabalhador está sendo capacitado (seis a doze meses); possibilidades de inserção rápida no mercado local, regional e internacional (comércio justo, ético e solidário) para que garanta renda o mais rápido possível.

2.2.5. Capacitação técnica

Ferramentas pedagógicas: palestras, reuniões em círculo e oficinas de trabalho específicas para cada etapa do processo produtivo através de simulações de processos. Visitas a empreendimentos econômicos solidários, de preferência similares.

Apresentar características técnicas sobre o funcionamento da atividade: equipamentos, processo produtivo, equipamentos de proteção, saúde do trabalhador. Se possível, usar bibliografia técnica para consulta. O objetivo é que cada sócio-trabalhador compreenda cada processo de trabalho, em termos teóricos e na prática.

Utilização dos procedimentos de trabalho na produção ou na prestação de serviços. Uso de matérias-primas, insumos, informações e documentos. Apresentar aspectos normativos e legislação vigente.

Proporciona-se e incentiva-se o conhecimento de organizações que já praticam atividades semelhantes estimulando o aprendizado e a visão crítica sobre a organização do trabalho e a democracia interna, entre outros pontos.

2.2.6. Capacitação administrativa

Ferramentas pedagógicas: reuniões em círculos, oficinas de trabalho, visitas e pesquisa. Uso de material didático.

Discussão sobre o processo de construção da autogestão: transparência, envolvimento efetivo, democracia interna, decisões em assembléias e a implementação, avaliação e redefinição de estratégias.

Debates sobre democracia e democratismo: envolvimento formal e envolvimento efetivo, distribuição para as sobras, critérios para alocação de sócios-trabalhadores em contratos que não absorvem a totalidade dos associados, oportunidades para que todos possam assumir qualquer cargo no empreendimento, delegação de autoridade, limites para autonomia de decisão para os dirigentes, gestão dos fundos, eventuais contratações de trabalhadores assalariados, contribuição para os movimentos sociais, entre outros temas.

Sobre a administração do empreendimento cooperativo: discussão sobre o papel da diretoria, do conselho fiscal e do conselho de ética, discussão sobre os direitos e deveres da equipe administrativa e dos demais cooperados. Transparência nas informações, por exemplo, quanto que cada associado recebeu em cada mês. Informação afixada em mural e se houver divergências, o assunto é tratado em reunião e em assembléia e não em fofocas de corredores.

Discussão sobre os fundos obrigatórios e fundos equivalentes ou ampliados em relação aos direitos trabalhistas.

Sobre o planejamento e o controle da produção e dos serviços, mostrar quais informações são necessárias através do uso de planilhas simples de serem compreendidas. Deve-se estimular a construção de conhecimentos sobre processos de produção e de trabalho, uso de tecnologias alternativas. Desmistificar as dificuldades para a compreensão dos mecanismos de gestão.

Proporcionar o entendimento do processo de formação de preços a partir do preço de mercado e dos custos de produção rateados para cada produto. Importante que se proceda à análise de cada contrato procurando identificar como a clientela vem avaliando e sugerindo melhorias na qualidade dos produtos e dos serviços.

Quanto à organização contábil e financeira, pode-se fazer uso de diário para contabilizar débitos e créditos e resultados mensais. A partir da análise dos resultados mensais, incentivar o planejamento financeiro a partir da criação de fundos para a expansão do empreendimento. Apresentam-se rotinas de encargos e impostos a serem cumpridos.

Sobre o planejamento estratégico e operacional, recomenda-se a elaboração de um mapa cognitivo do planejamento estratégico a fim de assessorar o planejamento operacional do grupo. O objetivo é estimular o grupo social beneficiário a aprender a planejar e a elaborar planilhas de ações, extraídas a partir do planejamento. Essa ferramenta pode contribuir para avaliar a atuação do empreendimento no mercado. Para isso, importante aprender a monitorar, avaliar e a redefinir estratégias. Explicar o que são estratégias de atuação no mercado. Qual a importância do marketing, da comercialização e da logística de transportes? Quais os procedimentos a serem adotados na relação com os clientes efetivos e os potenciais e com os fornecedores efetivos e os potenciais?

Sobre a gestão da qualidade, deve-se desenvolver um acompanhamento técnico sobre o cumprimento dos parâmetros de qualidade do fornecimento de cada matéria-prima, qualidade dos processos produtivos e de cada produto desenvolvido pelo empreendimento.

2.2.7. Elaboração do Estatuto e Regimento Interno

Ferramentas pedagógicas: reuniões de discussão em círculos, pesquisa sobre legislação específica e assessoria jurídica.

Inicia-se com uma apresentação e os esclarecimentos iniciais sobre as características e as funções de um estatuto específico para aquele tipo de empreendimento. Faz-se uma leitura crítica de um estatuto modelo para uma associação, uma cooperativa ou empresa autogestionária salientando os direitos e deveres de cada sócio-trabalhador e de cada membro da diretoria, do conselho fiscal, comissão de ética, além da função das diferentes assembléias, da constituição de fundos obrigatórios e não obrigatórios, da divisão das sobras, da constituição e da divisão do capital social.

Importante assessorar o grupo nas discussões sobre os pontos polêmicos a serem tratados em um estatuto. Por exemplo, relações de parentesco, rodízio nos cargos, investimento inicial e fonte de financiamento, formas de entrar e de sair do empreendimento, direitos e deveres de cada associado, limite para o capital social de cada associado, política de ter associado liberado para atuação externa e método de remuneração, entre outros assuntos.

Sempre levar em consideração que as cláusulas respeitem os princípios e os valores da economia solidária.

Após a elaboração de uma minuta do estatuto, consulta-se um advogado para uma apreciação jurídica. Os pontos inconsistentes passarão por uma reformulação, em seguida, a nova versão será avaliada pelo coletivo interessado na formação do empreendimento, o qual estará encaminhando para aprovação em uma Assembléia Geral de fundação.

2.2.8. Legalização do empreendimento

Levantamento de documentos necessários para legalização do empreendimento e acompanhamento para que cada pessoa do grupo consiga providenciar rapidamente.

Realização da assembléia de fundação com um *quorum* mínimo exigido, aprovação do estatuto, eleição da diretoria e dos conselhos com seus respectivos cargos, além da elaboração de ata de fundação.

Pagamento de taxas e envio de documentos aos órgãos competentes. No caso de uma cooperativa, na Junta Comercial, Receita Federal, Prefeitura Municipal, postos fiscais etc. Anexam-se os documentos necessários de cada integrante do grupo, a ata de fundação e o estatuto para obtenção do Cadastro Nacional de Pessoa Jurídica (CNPJ), Alvará de funcionamento, inscrição estadual.

É facultativa, porém recomenda-se, a elaboração do regimento interno, o qual deve estar de acordo com as necessidades específicas de organização do trabalho, principalmente sobre as atribuições de responsabilidades individuais.

2.2.9. Assessoria para inserção do empreendimento de economia solidária no mercado, conquista da autonomia e fim do processo de incubação

Assessoria no processo de inserção dos produtos e serviços no mercado através da implementação do marketing estratégico. Busca de articulação e de integração com outros empreendimentos de economia solidária para formação de redes de cooperação.

Assessoria no desenvolvimento das atividades internas buscando ampliar a democracia interna na perspectiva da autogestão. Avaliação do grau de autonomia relativa do grupo. Conquista da autonomia pelo grupo. Final do processo de incubação.

Referências bibliográficas

CULTI, M.N. Reflexões sobre incubagem de empreendimentos coletivos e seus limites. Texto apresentado na Primeira Conferência Nacional de Economia Solidária da REDE UNITRABALHO, São Paulo, mimeo, dezembro de 2002.

EID, F. Sobre concepção de incubadora universitária de empreendimentos de economia solidária da UNITRABALHO e sobre metodologia de incubação. Texto apresentado na Primeira Conferência Nacional de Economia Solidária da REDE UNITRABALHO, São Paulo, mimeo, dezembro de 2002.

EID, F., GALLO, A. R. Metodologia de Incubação e desafios para o cooperativismo popular: uma análise sobre o trabalho da Incubadora de Cooperativas Populares da UFSCar, Seminário de Metodologia de Projetos de Extensão — SEMPE, Universidade Federal de São Carlos, 2001.

FRANÇA, B., EID, F., MAZZEU, F., LORENZETTI, J., GAIGER, L.I., NICOLETTI, S. Programa de Economia Solidária da Rede Interuniversitária de Estudos e Pesquisas sobre o Trabalho (UNITRABALHO). Revista Proposta, Editora FASE Nacional, Rio de Janeiro, número 97, junho/agosto de 2003.

MELO NETO, J.F. de Extensão universitária como trabalho social útil. Universidade Federal da Paraíba, Programa de Pós-Graduação em Educação João Pessoa, mimeo, 2002.

UNITRABALHO. Relatório Final da Primeira Conferência Nacional de Economia Solidária da REDE UNITRABALHO, São Paulo, mimeo, dezembro de 2002.

O Projeto Educativo das ITCPs: encontros e desencontros na incubagem de cooperativas populares

Josiane Fonseca de Barros[63]

(...) a tendência democrática, intrinsecamente, não pode consistir apenas em que um operário manual se torne qualificado, mas que cada "cidadão" possa se tornar "governante" e que a sociedade o coloque, ainda que "abstratamente", nas condições gerais para poder fazê-lo: a democracia política tende a fazer coincidir governantes e governados (no sentido de governo com o consentimento dos governados), assegurando a cada governado a aprendizagem gratuita das capacidades e da preparação técnica geral necessárias ao fim de governar (Gramsci, 1982, p. 137).

À luz dos referenciais teóricos gramscianos, este artigo procura refletir sobre alguns desafios, potencialidades e contradições existentes entre o projeto educativo e o projeto societário anunciado pelas Incubadoras Tecnológicas de Cooperativas Po-

---

[63] Psicóloga (Analista Institucional); Mestre em Educação/UFF — área de pesquisa: Trabalho e Educação; Professora Assistente do Centro Universitário da Cidade. Integrante da equipe da Incubadora Tecnológica de Cooperativas Populares da COPPE/UFRJ no período de 1996 a 2000. Co-autora de *Experiências da Incubadora Tecnológica de Cooperativas Populares COPPE/UFRJ no contexto da extensão universitária*" (EdUFF, 2000).

pulares (ITCP's) filiadas à Rede Universitária. Sem perder de vista a necessária diferenciação entre as estratégias neoliberais da pedagogia do capital e os horizontes educativos da pedagogia do trabalho, analisamos alguns elementos ético-políticos e técnico-científicos, inferindo sobre as dimensões educativas em construção nas ITCP's. Reafirmamos a perspectiva da educação integral e da formação omnilateral, enquanto a real possibilidade de emancipação social de todos os trabalhadores e trabalhadoras, lembrando a necessidade da construção de bases conceituais que substanciem um projeto político-pedagógico que, em consonância com ações político-econômicas de novo tipo, nos encaminhem para a construção de um novo projeto societário, de caráter socialista.

Desemprego e alternativas de trabalho: as ITCP's entram em cena

Sabemos que, a partir da década de 90, houve uma aceleração nas transformações tecnológicas e econômicas acionadas pelo rápido avanço tecnológico e pela globalização. Associadas à política neoliberal, essas transformações buscam até hoje atender aos grupos hegemônicos capitalistas que, por sua vez, fortalecem seus níveis de concentração de capital, riqueza e renda. Com isso, uma relevante parcela da classe-que-vive-do-trabalho[64] é lançada ao "mundo do desemprego e do subemprego", que vai assumindo novas dimensões: a dificuldade de encontrar o primeiro emprego; trabalhadores com baixo nível de es-

---

[64] Adotamos este termo formulado por ANTUNES (2000), que o utiliza como sinônimo de classe trabalhadora contemporânea (os assalariados, o proletário rural, o precarizado e os desempregados), excluindo os gestores e altos funcionários do capital que recebem rendimentos elevados ou vivem de juros.

colaridade são considerados desqualificados, mesmo os que adquirem as mais variadas "qualificações"; o desemprego atinge tanto as camadas empobrecidas como as camadas médias da sociedade. É fato também que a permanência no desemprego leva grande parte da classe-que-vive-do-trabalho a buscar diferentes formas de sobrevivência, como por exemplo, as cooperativas. Em decorrência dessa realidade, cresce o número de cooperativas nos últimos anos, em especial, as cooperativas de trabalho. Estruturadas a partir de diversos segmentos — políticas governamentais, organismos internacionais, Igreja, Organizações Não-Governamentais (ONG's); Universidades etc. — essas cooperativas refletem diferentes intencionalidades quanto ao projeto político, econômico e educacional, ou seja, reproduzem um determinado "modelo de cooperativismo" de acordo com o segmento que as apóia. É nesse cenário que as Incubadoras Tecnológicas de Cooperativas Populares/ITCP's vêm ganhando nos últimos sete anos um espaço no debate para alternativas de trabalho e renda. Em 1998 a FINEP (Financiadora de Estudos e Projetos) lançou o PRONINC[65] (Programa Nacional de Incubadoras de Cooperativas Populares) e criou mais cinco Incubadoras Universitárias, tendo como referencial a ITCP/Coppe/UFRJ. Em 1999 a UNITRABALHO (Rede Interuniversitária de Estudos e Pesquisas sobre o Trabalho) potencializou a constituição da Rede Universitária de ITCP´s.

Tendo como ponto de partida a experiência pioneira da ITCP/Coppe/UFRJ, as quatorze (14) ITCP's filiadas a essa Rede, apresentadas no quadro seguinte, prestam assessoria a comuni-

---

[65] Programa lançado no âmbito do COEP (Comitê de Entidades Públicas no Combate à Fome e pela Vida), em parceria com a FBB (Fundação Banco do Brasil), BB (Banco do Brasil) envolvendo as seguintes universidades: COPPE/UFRJ, UFC, UFJF, UFRPE, UNB e USP.

dades, sindicatos e governos para a formação e consolidação de cooperativas populares.[66]

UNIVERSIDADES / INCUBADORAS (por ordem de fundação)	ESTADO	REGIÃO	INÍCIO DAS ATIVIDADES	COORDENAÇÃO COLEGIADA DA REDE
1. Univ. Federal do Rio de Janeiro	Rio de Janeiro	Sudeste	Janeiro –1996	Coord. Geral até 2002/2
2. Univ. Federal do Ceará	Ceará	Nordeste	Maio —1997	
3. Univ. Federal de Juiz de Fora	Minas Gerais	Sudeste	Março — 1998	Coord. Regional Sudeste
4. Univ. Federal Rural de Pernambuco	Pernambuco	Nordeste	Outubro-1998	
5. Univ. Estadual da Bahia	Bahia	Nordeste	Outubro — 1998	
6. Univ. de São Paulo	São Paulo	Sudeste	Outubro — 1998	Coord. Geral 2003
7. Univ. Federal do Paraná	Paraná	Sul	Março — 1999	Coord. Regional Sul
8. Fund. Ens. Sup. S. João Del Rei	Minas Gerais	Sudeste	Maio — 1999	
9. Univ. Federal de São Carlos	São Paulo	Sudeste	Maio — 1999	
10. Univ. Regional de Blumenau	Santa Catarina	Sul	Junho — 1999	
11. Univ. do Vale do Rio dos Sinos	Rio G. do Sul	Sul	Novembro — 1998	
12. Univ. Católica de Pelotas	Rio G. do Sul	Sul	Outubro — 1999	
13. Univ. Federal do Rio G. do Norte	Rio G. do Norte	Nordeste	Outubro — 2001	Coord. Regional Nordeste
14. Univ. Estadual de Campinas	São Paulo	Sudeste	Outubro — 2001	

Fontes: Projeto Incubadoras de Cooperativas Populares/UNITRABALHO (2000); entrevistas realizadas com as ITCP´s; relatório de sistematização-UNITRABALHO/ICCO (2002).

---

[66] Buscam manter as características formais de uma cooperativa conforme a legislação vigente e priorizam a participação da classe-que-vive-do-trabalho por se encontrar em desigualdade social, mais especificamente, em situação de desemprego e empobrecimento crônico ("velha pobreza") ou recente ("nova pobreza").

No ano de 2003, as ITCP´s dessa Rede incubaram, aproximadamente, cento e trinta e sete (137) *cooperativas populares* envolvendo em seus cursos de formação cooperativista, oito mil, seiscentos e oitenta e seis (8.686) trabalhadores e trabalhadoras. Viabilizou cinco mil, seiscentos e setenta e sete (5.677) postos de trabalho com predominância de atividades no ramo[67] TRABALHO (67,10 %) e PRODUÇÃO (19,40 %). Com certeza, esses números são modestos se comparados com os números do desemprego e da precarização do trabalho no Brasil. Contudo, o movimento do cooperativismo popular vem crescendo rapidamente e já aponta para a possibilidade de interferências nas políticas públicas. Comparando as atividades dessas cooperativas populares com o levantamento da OCB quanto às atividades das cooperativas no Brasil, percebemos que tanto na referida Rede quanto no levantamento da OCB, existe uma grande concentração de atividades no ramo TRABALHO. Isso nos leva a concluir que o cooperativismo está realmente ancorado nesse ramo, o que se deve à reestruturação produtiva em curso, implementada pelo modelo neoliberal de acumulação de capital. As ITCP's enquanto responsáveis pela assessoria técnica a cooperativas populares, além de geradoras de pesquisas no ensino universitário assumem um lugar polêmico, pois, a organização em cooperativas constitui-se em riscos e possibilidades.

Os riscos são, entre outros, os de produzir um cooperativismo funcional ao capital assim como processos educativos adaptativos. Já as possibilidades se situam no desenvolvimento

---

[67] Segundo a Organização das Cooperativas Brasileiras (OCB), as atividades econômicas das cooperativas no Brasil estão distribuídas em treze (13) ramos: agropecuário, consumo, crédito, educacional, especial, habitacional, infra-estrutura, mineral, produção, saúde, trabalho, turismo/lazer e transporte.

de processos educativos que desenvolvam a autonomia e elevem o senso comum a uma visão unitária e crítica da realidade, além da constituição de laços de solidariedade e igualdade para uma nova cultura do trabalho, centrada na perspectiva de novas relações sociais. Os riscos e possibilidades movem-se no terreno da contradição, e esse texto, na sua singeleza, busca enfatizar esse aspecto. Portanto, é necessário ressaltar o atravessamento da linguagem como bem sinalizou Gramsci (1978) "as palavras não são vazias", toda linguagem, mesmo denominada científica, é ideológica. Elas carregam consigo uma concepção de mundo e, portanto, buscam uma significação de acordo com os interesses de determinados grupos ou classes. É necessário não perder de vista que a pedagogia do capital exerce sua "eficiência" para ir se moldando de acordo com suas necessidades para a manutenção da hegemonia da classe dominante. Para isso, não só se apropria de categorias como: cooperação, trabalho em equipe, participação, solidariedade etc., — que antes eram impensáveis segundo sua lógica de exploração e extração de mais-valia — como também, omitem suas verdadeiras intencionalidades quando dissemina os conceitos de competências, habilidades, polivalência, empregabilidade, qualidade total, inteligência emocional, empreendedorismo, sociedade do conhecimento, entre outros, para prosseguir com seu ideário. Ainda com relação à linguagem, os primeiros movimentos teórico-práticos para uma "outra economia[68]" vão ganhando diferentes denominações a partir de diferentes olhares e matizes: economia popular; economia social; eco-

---

[68] Segundo CATTANI (2003, p. 9-14), "outra economia" no sentido da necessidade de superação da economia capitalista sob todos os seus aspectos, na busca da "cooperação, solidariedade, compromisso com a vida, com a natureza, com o pacifismo e a justiça social".

nomia popular solidária; economia solidária; economia autogestionária; economia popular associativa e autogestionária; entre outras. Ganham também novos agentes, atores, interlocutores e projetos de sociedade que expressam, por sua vez, que essa luta precisa ganhar cada vez mais articulação, força e coesão dos intelectuais orgânicos[69] da classe-que-vive-do-trabalho, para que não sejam desviados ou "engolidos" pelo sistema dominante – o capitalismo neoliberal.

Os desafios para a constituição dessa "nova economia" que se pretende solidária e almeja um novo projeto societário, são de diversas ordens. Contudo, nos debates mais recentes, algumas questões ganham maior destaque: metodologia de incubagem de cooperativas populares; mercado; políticas públicas; redes solidárias de produção/comercialização/consumo; parcerias; crédito; legislação cooperativista; organização social, entre outras. De certo que essas temáticas são imprescindíveis para se pensar uma economia de novo tipo, mas vale destacar que, se essa economia realmente pretende se pautar na solidariedade e na autogestão — em outras bases que se diferenciem do capitalismo, com vistas à emancipação humana — é fundamental potencializar elementos educativos que possam fomentar uma nova cultura do trabalho e novas relações sociais. A urgência da sobrevivência, além de legítima, é o primeiro ele-

---

[69] Para Gramsci (1982), todos os homens são intelectuais, mas nem todos exercem a função de intelectual. Os grupos sociais criam subgrupos de intelectuais e dentro desses grupos, um, ou alguns de seus componentes se caracteriza como "quadro", tendo em vista sua capacidade de liderança. Este "intelectual orgânico" dá sentido e organicidade à classe, seja essa burguesa ou proletária. Ou seja, objetiva gerar consciência de classe transformando uma classe *em si* em uma classe *para si*. Esse intelectual não é um indivíduo isolado, e sim, a consciência de uma classe, como, por exemplo, o sindicato, o partido político, entre outros.

mento mobilizador da classe-que-vive-do-trabalho – "quem tem fome tem pressa" já dizia o Betinho. Contudo, faz-se necessário saciar também a "fome" cultural, política, afetiva, ética, estética e educativa, ou seja, material e espiritual.

À luz dos referenciais teóricos gramscianos e considerando todos os processos educativos como mediadores na construção de uma nova sociedade, o objetivo desse texto é refletir sobre alguns desafios e potencialidades no projeto educativo das ITCP´s filiadas à Rede Universitária, apresentando parte da análise da pesquisa desenvolvida para a nossa dissertação de mestrado.[70] Sem perder de vista a necessária diferenciação entre as estratégias neoliberais da pedagogia do capital e as propostas educativas da pedagogia do trabalho, acreditamos que conhecer o projeto educativo é, essencialmente, conhecer o horizonte do projeto societário. Dessa forma, a concepção de mundo que permeia toda a reflexão a seguir se sustenta no materialismo histórico dialético, tendo como complemento analítico alguns conceitos da análise institucional[71].

---

[70] BARROS, Josiane Fonseca. *Rede Universitária de Incubadoras Tecnológicas de Cooperativas Populares: projeto societário e projeto educativo. Dissertação de Mestrado. UFF, 2003.*

[71] Corrente da sócio-análise (LOURAU, René e LAPASSADE, Georges) – que nos apresenta algumas categorias para a compreensão do nosso objeto de estudo, como por exemplo: *agente, analisador, atravessamento, autoanálise, autogestão, grupo sujeito, grupo sujeitado, instituição, instituído, instituinte, não-dito, organizações, transversalidade, utopia ativa e verticalidade,* entre outros. Acreditamos que o Movimento Institucionalista, de onde advém a corrente sócio-analítica, não se afasta das perspectivas marxistas, além de nos auxiliar na compreensão de muitas questões latentes. Vale lembrar que essa corrente se pauta na autoanálise, na autogestão e na utopia ativa – processos muitos caros ao cooperativismo popular e ao próprio marxismo para a deflagração de um projeto societário de novo tipo – socialista. Ver: BAREMBLITT, Gregório. Compêndio de Análise Institucional e outras correntes: teoria e prática. 5ª ed. Belo Horizonte: Instituto Félix Guattari, 2002.

Para identificar o projeto educativo das ITCP´s, recorremos às dimensões ético-políticas e técnico-científicas dos processos incubagem. Para tanto, foi necessário considerar a articulação existente entre as concepções de mundo, as concepções de ser humano, os fundamentos da educação e as metodologias educativas realizadas pelas mesmas, envolvendo vários analisadores[72]: *a composição de suas equipes; as instâncias de decisão; os vínculos sociais; as parcerias financeiras e convênios; a compreensão do seu papel educativo; seu projeto político-pedagógico; as principais ações implementadas; a metodologia de incubagem; a relação com a economia solidária e as expectativas quanto à Rede que integram.*

O Brasil de muitas incubagens: para repensar a relação entre projeto educativo e projeto societário

Enquanto elementos potencializadores no projeto educativo das ITCP´s, a pesquisa revelou um relativo equilíbrio nas áreas de conhecimento/formação das equipes – um dos fatores que pode favorecer uma perspectiva de trabalho transdisciplinar, contribuindo, assim, para a formação integral dos trabalhadores e trabalhadoras. Além disso, a existência de uma articulação de todas as ITCP´s com os movimentos sociais, em especial, com o movimento sindical da CUT. Por fim, a compreensão acerca do seu papel educativo, que para elas, é mais que geração de trabalho e

---

[72] Segundo a Análise Institucional: dispositivos inventados ou naturais que são analisados para propiciar a explicitação dos conflitos/contradições, bem como sua resolução. Tornar manifesto o jogo de forças, os desejos, interesses e fantasmas dos segmentos organizacionais.

renda, ou seja, é a formação para a emancipação humana em todas as dimensões.

Com relação aos desafios, contradições e ambigüidades a pesquisa apontou que apesar da alta rotatividade nenhuma ITCP havia sistematizado critérios para a seleção da sua equipe de "assessores-educadores". O único pré-requisito para que um "assessor-educador" possa integrar a equipe é sua afinidade com trabalho comunitário. As mesmas contam, em grande escala, com alunos bolsistas dos mais diversos cursos. Esses se desligam das ITCP´s por vários motivos: conclusão do curso, outro estágio com melhor remuneração, interesse em diversificar a experiência, entre outros. Com esses dados, podemos refletir que, na composição das equipes, há um perfil que se define predominantemente por um viés pragmático e voluntarista. Acreditamos que o interesse pelo trabalho comunitário – que possa favorecer a articulação entre teoria e prática — seja muito importante, mas não é suficiente para um educador que terá a co-responsabilidade no processo educativo, político e econômico de cooperativas populares. Afinal, tanto para os trabalhadores das cooperativas populares, como para os trabalhadores "assessores-educadores", vale a contribuição de Gramsci (1982, p. 08):

> O modo de ser do novo intelectual não pode mais consistir na eloqüência, motor exterior e momentâneo dos afetos e das paixões, mas num imiscuir-se ativamente na vida prática como construtor, organizador, "persuasor permanente" já que não apenas orador puro – e superior – todavia, ao espírito matemático abstrato; da técnica-trabalho, eleva-se à técnica-ciência e à concepção humanista histórica, sem a qual se permanece "especialista" e não se chega a "dirigente" (especialista mais político).

Foi verificado que 52% dos "assessores-educadores" das ITCP´s são oriundos da área das ciências humanas e sociais[73] e, 48% das ciências exatas e tecnológicas[74]. Se, por um lado esse equilíbrio entre as áreas pode indicar uma perspectiva interdisciplinar que favoreça a formação omnilateral[75] de trabalhadores, por outro, causa estranheza a ausência do profissional de educação na maioria delas. Num total de aproximadamente cento e trinta e um (131) profissionais em toda a Rede Universitária entre, alunos, professores e técnicos, somente nove (09) são da área de educação, representando assim **6,87 %** do total geral. Entendendo que a educação não se restringe ao espaço escolar, na verdade, ela ultrapassa os muros da escola, todos nós somos educadores. Como já afirmava Paulo Freire (1987, p. 68), "Ninguém educa ninguém, ninguém educa a si mesmo, os homens se educam entre si, mediatizados pelo mundo". Todavia, isso não significa dizer que a educação é "terra de ninguém". É importante que as equipes das ITCP´s também sejam formadas por educadores que se dediquem ao estudo da educação.

Quanto à coerência entre a organização interna das ITCP´s — divisão do trabalho, instâncias de decisões, entre outros – e a filosofia cooperativista ancorada na autogestão, foi identificada uma contraditória verticalização na grande maioria (80%). Contudo, vale destacar a ITCP da Universidade de São Paulo (USP), a qual define sua estruturação interna como "circular", coerente-

---

[73] Serviço Social, Psicologia, Filosofia, Sociologia, Direito, Ciências Sociais, entre outras.

[74] Contabilidade, Administração, Engenharia, Programação Visual, Informática, entre outras.

[75] A formação omnilateral é reivindicada pela concepção de educação politécnica e de escola unitária, como meio para a consolidação da perspectiva do amplo desenvolvimento e emancipação do sujeito. Ver: FRIGOTTO (1991, p. 254-274); FIDALGO, F. MACHADO, L. (2000, p. 126).

mente com a estrutura democrática de uma cooperativa popular. Essa estrutura é composta pelos Conselhos: Orientador[76] e Acadêmico[77] além da Coordenação Geral eleita por um período prédeterminado, com rotatividade de um ano. Segundo os tradicionais modelos de coordenação — característicos do modelo Taylorista-Fordista de produção — na maioria das ITCP's as equipes são organizadas de forma compartimentada, hierarquizada e com o poder de decisão centralizado na coordenação. São também constituídas segundo a lógica das "etapas de incubagem", nos lembrando uma "linha de montagem" com variadas terminologias: equipe de mobilização, equipe de capacitação, equipe de gestão, equipe de legalização, equipe de viabilização econômica, equipe de crédito e mercado, equipe de administração e contabilidade, entre outras. Essa fragmentação somada à estrutura verticalizada pode ser o indicativo de uma concepção fragmentária de ser humano. Portanto, parece que além do distanciamento da perspectiva integral de educação, há também uma possível fragilização do princípio da autogestão[78], tão caro ao cooperativismo popular. Ter a autogestão como horizonte ético, político, ideológico, educativo e econômico requer novos comportamentos e novas estruturas organizativas na cooperativa popular incubada, assim como na própria ITCP. Assim, dois fatores, dentre tantos outros, revelam-se centrais nesse perfil contraditório

---

[76] Que conta com a participação de alunos, professores, funcionários, comunidade e cooperativados.

[77] Conta com a participação de 04 professores, 02 alunos de pós-graduação, 02 alunos de graduação oriundos do Conselho Orientador. Vale acrescentar que o Conselho Acadêmico é eleito pela ITCP e ratificado pelo Reitor da universidade.

[78] Enquanto processo e resultado da organização de forma independente e livre dos coletivos. As hierarquias não envolvem escalas de poder. Os conhecimentos são compartilhados e as decisões importantes tomadas coletivamente.

da maioria das ITCP´s. O primeiro parece estar relacionado com a rígida estrutura hierárquica instituída nas universidades. Sendo as universidades – organização máxima do poder do saber e ao mesmo tempo lócus de desenvolvimento das ITCP´s e das cooperativas populares – romper com este modelo hierárquico, principalmente no que diz respeito à democratização do poder decisório, torna-se uma tarefa quase inaudita para as ITCP´s, gerando inúmeras ambigüidades e conflitos para as equipes dos "assessores-educadores". O segundo é que, mesmo que as ITCP´s não estivessem organicamente ligadas à academia/universidade, ainda assim seus "assessores-educadores" estariam atravessados[79] pela lógica das relações sociais capitalista que é fortemente alimentada pela pedagogia do capital. No entanto, não se trata de abandonar a utopia ativa[80], e sim, reunir esforços para que as forças contra-hegemônicas e instituintes possam inaugurar novas relações sociais pautadas na autogestão, na cidadania e na solidariedade. Todos nós, inevitavelmente, em alguma medida, carregamos as crostas do sistema hegemônico que tentamos superar. Talvez, o primeiro grande passo seja nos darmos conta das contradições, pois, segundo a análise institucional, só poderemos romper com a adaptação, a partir dos analisadores que explicitam os conflitos instituídos e dos dispositivos que buscam a transformação dos mesmos.

Quanto aos vínculos sociais estabelecidos pelas ITCP´s, a pesquisa revelou que cada uma se articula, de alguma forma, com

---

[79] Para a análise institucional, o atravessamento representa a rede social do instituído-organizado-estabelecido, cuja função é a reprodução do sistema. Uma articulação de orientação conservadora, que serve à exploração, dominação e mistificação, apresentando-se como necessário e benéfico.

[80] Metas e objetivos mais altos e nobres que orientam os processos produtivo-desejantes-revolucionários dos movimentos sociais em seus aspectos instituintes-organizantes.

algum movimento como, por exemplo, o movimento de moradia, o movimento pela reforma agrária, o movimento estudantil, o movimento pelos direitos humanos, os fóruns de cooperativismo popular, os fóruns de economia solidária e a pastoral da criança e da terra. Em especial, para a maioria, as articulações se estabelecem com o movimento sindical da CUT, por mais que ainda existam polêmicas no interior do movimento sindical quanto ao cooperativismo. Contudo, os vínculos com os movimentos sociais ainda estão circunscritos às ITCP's, ou seja, não se estenderam às cooperativas populares por elas incubadas. Vale então ressaltar a importância dos vínculos com os movimentos sociais, tanto para as ITCP's, como também para as cooperativas populares. Para as ITCP's, esses vínculos são fundamentais devido à sua própria gênese e seu objetivo de potencializar a classe-que-vive-do-trabalho para o exercício da cidadania, da democracia e da solidariedade. Para as cooperativas populares, tais vínculos são imprescindíveis para a constituição da autonomia plena, além da sustentabilidade política e econômica que, por sua vez, visa a consolidação de seu projeto educativo e societário.

Vale lembrar que o período de "incubagem" previsto pelas ITCP's é, em média, de três anos. Portanto, para as cooperativas populares a ação militante e a formação de outros vínculos e parcerias para além da ITCP — coerentemente com os princípios da autogestão e de uma "outra economia" — tornam-se elementos fundamentais para sua emancipação social.

O FAT (Fundo de Amparo ao Trabalhador) tem sido o maior financiador das ações educativas das ITCP's, ou seja, da formação cooperativista, da capacitação profissional e da elaboração de materiais didáticos. Dessa forma, alguns riscos para o projeto educativo das ITCP's devem ser considerados na referida parceria. Vale dizer que são reais as dificuldades para a obtenção de financiamento dos projetos de incubagem de cooperativas populares, fazendo com que as ITCP's busquem as mais variadas parcerias e se concentrem na maior possibilidade que lhes é apresentada. Contudo, o rígido e homogêneo modelo educativo imposto pelo FAT para todos os projetos – habilidades básicas, específicas e de gestão, bem como a limitação de carga horária, além da necessidade de um grande número de trabalhadores e trabalhadoras por turma (nem sempre das cooperativas incubadas) – colocam barreiras para a perspectiva da educação integral, politécnica e emancipatória. Os cursos ministrados pelas ITCP´s se agrupam basicamente em dois eixos complementares, tendo como característica comum uma carga horária bastante reduzida. O primeiro eixo — o curso de cooperativismo — trata da mobilização e formação da cooperativa (filosofia cooperativista, instâncias administrativas, estatuto e regulamento interno). O segundo eixo — os cursos de capacitação profissional e de gestão da cooperativa (Administração, contabilidade, Legislação básica cooperativista, Conselho Fiscal, entre outros) – trata da viabilização da mesma. Vale ressaltar, como revelou a maioria das ITCP´s, que os cursos de capacitação profissional[81] são realizados de acordo com "o perfil da inserção econômica da cooperativa no mercado", além do processo de incubagem não se articular com a escolarização formal dos trabalhadores e trabalhadoras. Mesmo reconhecendo a baixa escolaridade dos mesmos, apesar de não haver um levantamento formal (sistematizado), a intervenção da maioria das ITCP´s se limita a lembrá-los quanto à importância da continuidade da formação escolar, exceto a ITCP/USP e a ITCP/FURB que mobilizam alguns recursos possíveis da região para a viabilização da escolarização. Portanto, considerando o relato da maioria das ITCP´s, isso sinaliza uma perspectiva educativa alavancada pelo mercado, ancorada nas habilidades específicas (com pequena carga

---

[81] Cursos de capacitação citados: limpeza e conservação, limpeza hospitalar, portaria, telefonia celular fixa, eletricista, bombeiro hidráulico, jardinagem, arte culinária, apicultura, reciclagem de resíduos, costura e pintura.

horária), expressando um projeto educativo "imediatamente interessado" e restrito ao trabalho (ao saber fazer), como busca disseminar a pedagogia do capital. Mesmo reconhecendo a urgência da sobrevivência dos trabalhadores e trabalhadoras, parece que o grande desafio para o projeto educativo das ITCP´s é conjugar as condições básicas para a sobrevivência, com a formação humana integral, amparada pela politecnia e pela emancipação. Principalmente, porque a maioria das ITCP´s entende que além da geração de trabalho e renda, seu papel educativo é a "formação para a emancipação", como mostraram as entrevistas.

Somando-se às contradições apresentadas, o constante desafio de construir uma metodologia de incubagem gera discussões amplas e recorrentes, mas, até hoje, continua no âmbito da troca de experiências (o como fazer), sem o amparo de um projeto político-pedagógico em consonância com um projeto societário. Como toda metodologia pressupõe um projeto de mundo e uma concepção de ser humano baseada em um conjunto de pressupostos econômicos, filosóficos, sociológicos, psicológicos e epistemológicos, não podemos limitá-la a um conjunto de métodos, e sim, potencializar uma reflexão sobre os mesmos. O "*como fazer*" vem acompanhado do "*o que fazer*", "*para que fazer*", "*por que fazer*". A metodologia de incubagem, da maneira que se apresenta nas ITCP´s, mostra uma seqüência de passos "imediatamente interessados" que devem ser percorridos para que a cooperativa seja "lançada" no mercado. Além disso, as ITCP´s se colocam enquanto "assessoria" para a formação de cooperativas populares, reforçando assim uma relação pautada no "especialismo". Essa por sua vez, alimenta o "poder do saber" sobre os trabalhadores e trabalhadoras, que em sua maioria não atingiram a escolaridade mínima. Esse fato se agrava por essa equipe ser oriunda de uma instituição acadêmica de nível superior, demarcando ainda mais no imaginário popular essa representação. Não se trata aqui de fazer apologia ao populismo, e sim, ressaltar a importância da

204

troca de saberes entre os "assessores-educadores" e os "trabalhadores-educadores".

Considerando que a perspectiva educativa não deve ser descolada da perspectiva ética, política e econômica, buscamos conhecer também as atividades de economia solidária das ITCP´s. De acordo com as entrevistas realizadas, 58% das ITCP´s ainda não haviam estabelecido nenhuma articulação que viabilizasse a economia solidária, e 8% encontrava-se em fase inicial de discussão e/ou articulação com redes solidárias. Esses 66% das ITCP´s que ainda não estavam articuladas em redes solidárias parecem apontar que esse processo não é simples. É possível que essa dificuldade de implementação, em parte, esteja relacionada à própria compreensão que cada ITCP ainda está construindo sobre a economia solidária. A grande maioria revelou que ainda não tem clara a concepção de economia solidária, assim como as estratégias para a sua viabilização. Dessa forma, as cooperativas populares incubadas ainda não haviam iniciado nenhuma ação econômica solidária, já que necessitavam da "assessoria" das ITCP´s. Partindo das dificuldades apontadas pelas ITCP´s, a discussão acerca da economia solidária exige destaque na Rede Universitária. Parece necessário que as diferentes concepções e dificuldades das ITCP´s sejam compartilhadas para que possam construir diretrizes coletivas, no sentido de viabilizar ações solidárias concretas.

À guisa de conclusão

Essas ambigüidades — as ações educativas implementadas (imediatamente interessadas), a compreensão de seu papel educativo (educação para a emancipação), o tipo de ser humano que buscam formar (crítico, solidário, autoconfiante, sujeito da superação do atual projeto societário-capitalista), e o objetivo das

ITCP's ("transferência" de saber) — parecem estar sendo acentuadas pela ausência de um projeto político-pedagógico coerente e sistematizado. Se já é consenso que uma economia de novo tipo não se estabelece sem a constituição de redes, é fato que ela também não se mantém sem uma processual mudança de cultura, ancorada em projetos educativos emancipadores e que, portanto, não reproduza as concepções, as técnicas e as metodologias da pedagogia do capital. Nesse sentido, há vários desafios para as ITCP's na atual materialidade, dentre eles, o de desvelar categorias e conceitos metamorfoseados pela pedagogia do capital e substituí-los por outros que estejam em consonância com um projeto educativo e societário transformador. Assim, um outro, grande e concomitante desafio, tanto quanto a viabilidade econômica das cooperativas populares, é a construção de bases para que uma educação emancipadora, não bancária[82] e omnilateral esteja a serviço das transformações pretendidas – uma nova educação para uma nova economia que fomente um novo projeto societário.

Quanto à viabilização dessa educação emancipadora, cabe destacar um dos aspectos que se faz urgente: o reconhecimento do saber dos trabalhadores e trabalhadoras, e que todos são educadores, como apontou Freire (1987), *"Ninguém liberta ninguém, ninguém se liberta sozinho: os homens se libertam em comunhão".* Dessa forma, parece fundamental que a identidade de *"assessoria"* tão absorvida pelos "assessores-educadores" das ITCP's seja elevada a uma identidade educativa pautada na emancipação, reconhecendo que a educação se dá em diferentes tempos e espaços para todos os trabalhadores e trabalhadoras, inclusive para os "assessores-educadores". Nesse sentido, uma relação trans-

---

[82] Segundo a concepção de Paulo Freire (1987).

disciplinar[83] entre os "assessores-educadores" torna-se também fundamental como um dos requisitos para a superação dos "especialismos" que demarcam o "lugar do saber" colocando os trabalhadores e trabalhadoras apenas como receptores desse saber. As ações educativas em qualquer momento histórico ganham total centralidade, requerendo consistência e coerência com o projeto societário de novo tipo que se almeja. Para isso, os intelectuais orgânicos da classe-que-vive-do-trabalho assumem uma grande responsabilidade em cumprir com seu papel alavancador de mudanças substanciais para essa classe, deflagrando processualmente um novo bloco histórico[84]. Sair do discurso crítico para proposições e ações concretas não é uma tarefa simples, exige principalmente a desconstrução processual da cultura capitalista neoliberal incutida, ou como diria a análise institucional, atravessada em todos nós.

Acreditamos que a recorrente discussão da metodologia de incubagem seja uma grande armadilha para processos educativos implementados pelas ITCP´s. Se, "quem tem fome tem pressa" — e tem mesmo – fica colocada para os "assessores-educadores" a necessidade de descobrir a "fórmula" para dar conta dessa demanda tão imediata. O tempo da sobrevivência é diferente do tempo da formação e da inserção da *cooperativa popular* no mercado, gerando desafios de grande ordem. Essa realidade é

---

[83] Diferente da relação interdisciplinar e multidisciplinar, a proposta transdisciplinar exige que o profissional se aproprie de conceitos e metodologias de outra (s) área (s) de conhecimento, fazendo uma transposição destes referenciais de um campo disciplinar para outro. Ver: FIDALGO; MACHADO (2000).

[84] Em Gramsci (1982), é um conceito que busca dar conta da totalidade da sociedade, formada pela articulação entre infra-estrutura e as superestruturas. Essa articulação resulta da ação histórica de determinada forma de aliança de classes e a supremacia de um dado projeto, que liga um longo período do desenvolvimento social que é cimentado através de intelectuais que estão organicamente ligados.

preocupante, pois sabemos que sem trabalho e renda os trabalhadores e trabalhadoras se distanciam do processo de formação.

A centralidade que ganha o "como fazer" (metodologia) nas ITCP´s, descolado da construção de um projeto político-pedagógico sustentado por uma concepção educativa emancipadora é um fator que merece atenção. Mesmo quando as ITCP´s recorrem aos referenciais teórico-práticos tão caros à utopia ativa e emancipadora – como, por exemplo, as proposições de Paulo Freire, Gramsci e outros teóricos, as misturas de termos, instrumentos e concepções promovem uma confusão de tal ordem, que os horizontes educativos das ITCP´s ficam nebulosos. Parafraseando Nosela (2000), não existe nenhuma "fórmula mágica" ou seqüência metodológica mecânica para o processo educativo do novo cidadão socialista. Entretanto, deve ser possível definir, ao menos, algumas linhas pedagógicas gerais que orientem esse processo educativo, através do projeto político-pedagógico construído coletivamente e coerentemente com o projeto societário que se almeja.

Outra importante armadilha a ser superada, é o fato de a maioria das ITCP´s "depositar" na capacitação profissional – segundo o modelo das habilidades e competências disseminado pela pedagogia do capital – a maior parte das expectativas quanto à viabilidade econômica das cooperativas populares e o aumento da qualidade de vida dos trabalhadores e trabalhadoras, assim como sua emancipação. Busca-se, muitas vezes, com breves cursos financiados pelo capital ou por políticas públicas estritamente imediatistas e/ou assistencialistas, superar as mazelas sociais e educacionais construídas ao longo de tantos anos pelo sistema dominante, ou seja, a não democratização do ensino público, gratuito, laico e de qualidade para todos. Na ansiedade de responder às demandas de geração de trabalho e renda das comunidades – a sobrevivência imediata, que é bastante real e justa – são desenvolvidos os processos educativos aligeirados e "imediatamente interessados", reforçando a perspectiva do "treinamento" (adestramento para o trabalho). Com a ausência de uma política nacional de crédito para as cooperativas populares e para as ITCP's, é comum o estabelecimento de convênios e parcerias com instituições que buscam a manutenção da ordem vigente, já que são eles os detentores dos recursos. Por mais que as ITCP's busquem driblar as formatações impostas pelos agentes financiadores, permanece ainda um forte engessamento quanto à carga horária, conteúdos, a qualificação dos educadores, os materiais pedagógicos, além da própria limitação da verba. É bastante legítima a preocupação com a qualificação profissional dos trabalhadores e trabalhadoras, mas há graves riscos quando uma Incubadora prioriza e ou resume como ação educativa cursos de capacitação profissional geralmente desvinculados da escolarização formal, financiados e formatados por organismos da pedagogia do capital. Com isso, há uma corroboração e reprodução da lógica atual do sistema capitalista que desloca para a formação profissional toda a responsabilidade do insucesso dos trabalhadores e trabalhadoras. Sabemos que isso é uma falácia diante da economia de mercado excludente implementada no sistema capitalista. Para esse sistema vigente, a educação profissional não passa de um "bode expiatório", pois camufla, mais uma vez, sua perversidade.

Para pensar o projeto educativo e, principalmente, para qual horizonte societário ele aponta, faz-se necessário, além da identificação dos pares, a construção de uma identidade coerente com os objetivos ético-políticos e técnico-científicos, explicitando o conjunto de características e concepções pelas quais suas ações educativas possam ser reconhecidas em suas especificidades.

Dessa forma, acreditamos que a *educação comunitária para a autogestão* fundamentada na omnilateralidade possa se apresentar como referência. Uma educação para os trabalhadores e trabalhadoras da comunidade, que busca contemplar através da autogestão um conjunto de pressupostos fundamentais para a emancipação, visando um projeto societário de novo tipo – de caráter socialista. Vale ressaltar que a compreensão de educação comunitária se diferencia substancialmente da educação informal e da educação não-formal, já que é comum certa confusão entre essas perspectivas. Segundo a compreensão aqui em questão, a educação comunitária desenvolvida pelas ITCP´s agrega elementos da educação não-formal e da educação profissional, mas sempre buscando resguardar sua característica principal — a perspectiva comunitária ancorada na autogestão e na emancipação, expressando seu forte viés político. A relação entre a *educação comunitária para a autogestão* e o mundo da produção, na perspectiva aqui sustentada, não é imediata, mas mediata — ou seja, prioriza a formação integral e não somente a preparação para o trabalho. Essa é uma séria questão para as ITCP´s que lidam diariamente com a necessidade imediata da sobrevivência. Se, por um lado, cabe uma acirrada crítica ao projeto pedagógico dominante — que vincula a educação ao mercado, a partir da pedagogia das competências e da empregabilidade, visando à formação do cidadão mínimo, fácil de manipular e de explorar – por outro lado é impossível desenvolver processos educativos desvinculados da produção com os setores populares.

Não se trata aqui de indicar "fórmulas educativas", mas acreditamos que o horizonte educativo elaborado por Gramsci partindo dos referenciais marxistas, que propõem a perspectiva da educação omnilateral constituída pelo desenvolvimento integral do ser humano em todas as suas potencialidades — intelectuais, afetivas, estéticas e físicas, seja a base para uma real emancipação humana. Reafirmamos, portanto, o trabalho como princípio educativo que dá direção teórica, metodológica e organizacional à educação, com a finalidade de superar a dualidade do trabalho intelectual e do trabalho manual e alcançar a educação integral, mediante a inserção do processo educativo nas relações sociais, além da participação ativa e consciente dos que nele atuam. Isso significa promover o estreitamento dos vínculos da educação com a vida real, do fazer e do pensar, da teoria e da prática, do ensino com o trabalho socialmente útil e produtivo, das disciplinas escolares entre si, visando articular as necessidades educativas individuais com as demandas sociais.

Por meio de formas organizativas que valorizem o trabalho coletivo e autogestionário, parece fundamental a utilização e a organização das experiências empíricas e pessoais dos trabalhadores e trabalhadoras, tendo em vista elevar sua compreensão teórico-conceitual. Mais que o desenvolvimento físico e intelectual e a formação das habilidades de utilizar os conhecimentos na prática concreta e de aprender pelo exercício de uma atividade, com a aplicação desse princípio, visa-se desenvolver a visão integrada e coerente da realidade natural e social. Ou seja, capacitar a classe-que-vive-do-trabalho a enfrentar crítica e praticamente os desafios colocados pela vida social e pelas formas de organização do trabalho na sociedade, tendo em vista a superação da divisão social do trabalho e das contradições que impedem o processo de expansão das potencialidades do gênero humano.

Portanto, a concepção de educação integral/omnilateral se contrapõe à educação instrumental, especializada, tecnicista, polivalente e discriminatória, que a pedagogia do capital nos impõe o tempo todo, buscando cegar e despolitizar a classe-que-vive-do-trabalho, acentuando cada vez mais o discurso único, o fim das utopias, as diferenças de classes e a condenação à miséria em todos os seus aspectos, para a maior parte dos seres humanos. Como Neves (2001), acreditamos que as respostas apresentadas por Gramsci quanto à natureza e à direção dos sistemas educacionais nos anos iniciais do século passado mantêm sua atualidade, mesmo levando em consideração as mudanças culturais recentes.

Para finalizar, esperamos com essas reflexões e análises, dar um retorno quanto à pesquisa desenvolvida na Rede Universitária de ITCP´s e uma modesta contribuição a todos os trabalhadores(as)-educadores(as) das ITCP´s e das cooperativas populares incubadas, para que possam refletir sobre os indicativos de contradições e potencialidades existentes em suas práxis educativas, criando dispositivos transformadores que potencializem a construção de um novo projeto societário (de caráter socialista). Quanto à necessária utopia para a superação de tantos desafios, Cattani (2003) em A OUTRA ECONOMIA, elabora um verbete muito caro à intencionalidade dessas reflexões e, com certeza, ao projeto educativo das ITCP's:

> Utopia é desejo de alteridade, é convite para a transformação que constrói o novo, é a busca da emancipação social, é a conquista da liberdade. Utopia não é um conceito nem um quadro teórico, mas uma constelação de sentidos e projetos. A verdadeira utopia é a visão crítica do presente e dos seus limites e uma proposta para transformá-lo positivamente.

Para a materialização dessa utopia, vale ressaltar que o projeto de uma nova economia é muito mais que geração de trabalho e renda nas franjas do capitalismo, ou seja, é necessário disputar projeto educativo além do controle e manejo do fundo público, pois esses, também são as molas propulsoras e estratégicas da transformação ou da manutenção de hegemonia, ou seja, é o *lócus* da disputa de hegemonia.

Referências bibliográficas

ANTUNES, Ricardo. *Os sentidos do trabalho. Ensaio sobre a afirmação e a negação do trabalho*. 3ª ed. São Paulo: Boitempo, 2000.

BAREMBLITT, Gregório. *Compêndio de Análise Institucional e outras correntes: teoria e prática*. 5ª ed. Belo Horizonte: Instituto Félix Guattari, 2002.

BARROS, Josiane Fonseca. *Rede Universitária de Incubadoras Tecnológicas de Cooperativas Populares: projeto societário e projeto educativo*. Dissertação de Mestrado. UFF, 2003.

CATTANI, Antonio David. (Org.) *A Outra Economia*. Porto Alegre: Veraz Editores, 2003.

FIDALGO, Fernando; MACHADO, Lucília. (Org.) *Dicionário da Educação Profissional*. Belo Horizonte: Fidalgo & Machado Editores, 2000.

FREIRE, Paulo. *Pedagogia do Oprimido*. 17ª ed. Rio de Janeiro: Paz e Terra, 1987.

FRIGOTTO, Gaudêncio. *Trabalho, educação e tecnologia: treinamento polivalente ou formação politécnica*.

In: SILVA, T.T. (Org.). Trabalho, educação e prática social: por uma teoria da formação humana. Porto Alegre: Artes Médicas, 1991. p. 254-274.

GRAMSCI. Antonio. *Concepção Dialética da História*. Rio de Janeiro: Civilização Brasileira, 1978.

_____. *Os Intelectuais e a Organização da Cultura*. Rio de Janeiro: Civilização Brasileira, 1982.

MANACORDA, Mario A. *O princípio educativo em Gramsci*. Porto Alegre: Artes Médicas, 1990.

NEVES, Lúcia Maria Wanderley. *A Atualidade do pensamento gramsciano quanto à relação educação e sociedade*. Mimeografado, 2001.

NOSELA, Paolo; ARROYO, Miguel; BUFFA, Ester. *Educação e Cidadania em Antônio Gramsci*. In: Educação e Cidadania: quem educa o cidadão? 8ª ed. São Paulo: Cortez, 2000.

Educação e trabalho cooperativo: desafios de uma política pública

Marlene Ribeiro – PPGEDU/UFRGS[*]

É possível uma política pública que articule trabalho e educação? Pretendo desenvolver essa questão sob o enfoque do materialismo histórico e dialético, apontando potencialidades e limites de uma política pública em trabalho e educação, com ênfase no trabalho cooperativo. Tomo a experiência da Secretaria Municipal de Porto Alegre – SMED/POA, no âmbito da Educação de Jovens e Adultos – EJA, desenvolvida no período de 2001 – 2002, como objeto de análise.

Entendo por política pública dirigida às camadas populares um conjunto de leis e ações regulatórias próprias do Estado, visando manter sob controle os conflitos sociais oriundos dos interesses antagônicos de classe que se confrontam. Pode ter maior ou menor compromisso com a classe que vive do trabalho (Antunes, 1999), como no caso da SMED/POA, que manifesta, através do *Projeto Piloto Educação, Trabalho e Cidadania* seu compromisso com essa classe. Conceptualizo o trabalho cooperativo no movimento da luta de classes, concretizando-se nas práticas

---

[*] Pesquisadora com apoio do CNPq e da FAPERGS.

contraditórias da cooperação subordinada ao capital e das organizações cooperativas de produção, consumo e crédito, apontando, ao mesmo tempo e no mesmo processo, para sua superação, ou seja, para o horizonte da cooperação e da auto-gestão do trabalho e das relações sociais.

Os conceitos de trabalho, formação e currículo foram desenvolvidos em outro texto (Ribeiro, 2002a) para alimentar os debates durante a formulação daquele Projeto, que será um dos documentos analisados. Munida dessa base teórica, procederei à análise dos documentos *Proposta Pedagógica de Educação de Jovens e Adultos no Ensino Fundamental nas Escolas da Rede Municipal de Ensino da Secretaria Municipal de Porto Alegre* (s/d) e *A Política de Educação de Jovens e Adultos na IV Administração Popular de Porto Alegre (2001-2004)*, das três versões do *Projeto Piloto Educação, Trabalho e Cidadania*; do *Projeto Político-Pedagógico de Educação e Trabalho*, de documentos anexos e do *Relatório do Seminário da SMED/POA sobre Trabalho Cooperativo e Educação*.

A pergunta inicial será desdobrada em duas questões. A primeira refere-se às contradições explicitadas no Projeto supramencionado, mas principalmente no relato das experiências de trabalho cooperativo associadas à escolarização, onde uma política pública de educação e trabalho começa a tomar forma. A segunda procurará apontar as possibilidades e limites de uma política que focalize o trabalho e a escola, no mundo urbano, em relação à experiência de política de trabalho agrícola e educação profissional de nível médio, desenvolvida pelo Instituto de Educação Josué de Castro (IEJC), do Instituto de Capacitação e Pesquisa da Reforma Agrária – ITERRA (Ribeiro, 2003).

Para a realização desse trabalho foi imprescindível a colaboração da Professora Cléa Penteado, coordenadora da EJA/SMED/POA no período investigado.

A política de Educação e Trabalho da EJA/SMED/POA

Uma das ações visadas pela Política Municipal de EJA para o período de 2001-2004 é "Relacionar políticas de alfabetização e escolarização com políticas de geração de trabalho e renda" (Doc. cit. p. 04). Desse documento vou destacar o subtítulo Políticas de Educação e Trabalho para a EJA, o qual começa por afirmar que Serviço de Educação de Jovens e Adultos – SEJA e Movimento de Alfabetização de Adultos – MOVA deixarão de ser um serviço para constituir-se em uma política voltada para jovens e adultos da SMED-Porto Alegre. Ressalta que as experiências de EJA, mesmo realizando-se numa perspectiva diferenciada do ensino regular, apresenta desafios compreendidos pelas características da população de jovens e adultos que buscam escolarização. Dentre esses desafios destacam-se os relacionados ao trabalho, ou à necessidade de associar escolarização à formação profissional para enfrentar um mercado de trabalho formal cada vez mais restrito e competitivo.

Com essa justificativa e a partir de uma experiência realizada pela Secretaria Municipal de Indústria e Comércio – SMIC/POA, em parceria com a Escola Técnica Mesquita, vinculada ao Sindicato dos Metalúrgicos de Porto Alegre, a coordenação da EJA/SMED propõe a organização de um grupo de estudos interdisciplinar e interinstitucional para pensar a oferta de escolarização associada à profissionalização.

No mesmo documento está explícita a intenção de envolver, além das instâncias do poder público municipal e estadual, organizações, como a Central Única dos Trabalhadores – CUT, que já desenvolvem projetos nesse campo. O grupo de estudos, adiante designado como Grupo de Trabalho – GT, teria, então, por desafio:

"construir uma política qualificada de atendimento aos jovens e adultos, unindo as dimensões da escolarização, da profissionalização, da empregabilidade e do desenvolvimento de uma economia popular solidária" (Doc. cit. p. 29).

O objetivo desse GT, apontado pelo documento, seria o de construir um currículo, com a participação de todos os sujeitos envolvidos – membros do GT, coordenadores de programas, técnicos, professores e alunos – no qual estivessem articuladas a educação escolar e a educação profissional. Para a constituição do GT foram convocados os professores que coordenam a EJA da SMED, e convidados a fazer parte representantes da SMIC, da Superintendência da Educação Profissional da Secretaria do Estado da Educação – SUEPRO/SE, da Central Única dos Trabalhadores – CUT/RS que, tendo por referência aquele objetivo, começaram a reunir-se no início do ano letivo de 2001, para discutir e "mapear as políticas já existentes e organizar um protocolo de intenções, apontando as diretrizes de ação a serem iniciadas no segundo semestre".

Nesse documento, em que são traçadas as diretrizes para a política de Educação de Jovens e Adultos da SMED, já é possível identificar-se uma contradição, no que diz respeito ao desafio de articular a escolarização e a profissionalização. Empregabilidade e economia solidária, que aparecem na citação anterior, são dois conceitos que remetem a teorias e visões de mundo antagônicas; o primeiro vinculado à política oficial federal do Ministério do Trabalho e Emprego – MTE; o segundo, vinculado aos movimentos sociais que constroem alternativas diante da diminuição da oferta de empregos com Carteira de Trabalho assinada.

No primeiro caso, poderíamos tomar como referência a política pública de trabalho e qualificação do Plano Nacional de Qualificação do Trabalhador (PLANFOR, 2001) que, quanto aos

218

conteúdos normativos e programáticos, pode ser identificada como atuando em duas frentes: ativas e passivas. São consideradas "ativas: as que geram trabalho e melhoram a empregabilidade do trabalhador" e "passivas: as que protegem o trabalhador desempregado" (MTE/PLANFOR, 2001, p. 66). No segundo caso, indicamos as experiências de economia solidária, que se multiplicam em todo o país, envolvendo associações de trabalhadores urbanos e rurais, e que vêm sendo estudadas por Singer e Souza (2000); Tiriba (2001) e Bonamigo (2002), entre outros. Para Singer (2000, p. 13):

> A unidade típica da economia solidária é a cooperativa de produção, cujos princípios organizativos são: posse coletiva dos meios de produção pelas pessoas que os utlizam para produzir; gestão democrática da empresa ou por participação direta (quando o número de cooperadores não é demasiado) ou por representação; repartição da receita líquida entre os cooperadores por critérios aprovados após discussões e negociações entre todos; destinação do excedente anual (denominado "sobras") também por critérios acertados entre todos os cooperadores.

O documento *Proposta Pedagógica de Educação de Jovens e Adultos no Ensino Fundamental nas Escolas da Rede Municipal de Ensino da Secretaria Municipal de Educação de Porto Alegre* não traz data. Presume-se que o mesmo tenha orientado a política pública municipal de educação no período de 1994 – 2000, em que esteve à frente dessa Secretaria o Professor José Clóvis de Azevedo, cujo nome, enquanto Secretário, consta no referido documento. Nesse ainda não aparece a preocupação em relacionar a educação escolar e as questões referentes ao trabalho, sendo que, na metodologia, as totalidades têm como eixo de sustentação a "ci-

219

dadania e suas relações conceituais", em cuja especificação das temáticas (o homem e a cidade; o homem e a urbanização, o homem e sua história de vida...etc...) não aparece a relação homem e trabalho.

Passo agora a analisar as três versões do projeto piloto, que vai sendo reformulado à medida que avançam as discussões no GT. Na primeira versão, elaborada no segundo semestre de 2001, o GT era integrado pela CUT, SMED, SMIC e SUEPRO/SE. A segunda versão (jan., 2002) e a terceira (ago., 2002) trazem a participação de uma professora da Faculdade de Educação da Universidade Federal do Rio Grande do Sul – FACED/UFRGS.

Trata-se de um Projeto visando organizar as ações e prever os recursos para a realização de uma experiência piloto, associando a escolarização às questões relacionadas ao mundo do trabalho, com turmas de EJA de escolas da SMED. Os três documentos analisados começam por indicar o "Objeto do Projeto", mantendo-se a mesma redação nas três versões:

> "O presente projeto tem por finalidade desenvolver em Porto Alegre uma experiência piloto de educação de jovens e adultos desempregados ou ameaçados de desemprego, no ensino fundamental e médio, articulada com as dimensões do mundo do trabalho. A realização dessa experiência piloto deve estabelecer um profícuo diálogo com a prática educativa dos diversos atores implicados, na perspectiva de gestação de uma política pública de educação de jovens e adultos sintonizada com a busca de inserção de trabalhadores no mercado de trabalho ou em formas alternativas de geração de trabalho e renda.

No documento mais atual (agosto de 2002) são indicadas as escolas que iriam participar da experiência, acompanhadas da descrição e justificativa da escolha. São elas: Centro Municipal de

Educação de Trabalhadores Paulo Freire – CMET; o SEJA da Escola Municipal de Educação Fundamental Anísio Teixeira da Silva e a Escola Municipal de Educação Fundamental, Média e Pós-Média Liberato Salzano Vieira da Cunha. Observa-se aqui que as discussões ocorridas no GT alargam a experiência e incluem uma escola de ensino médio e pós-médio.

Os dois primeiros projetos trazem, após a apresentação do objeto, um histórico seguido da justificativa, sendo que, no terceiro (ago., 2002), o histório está incluído na justificativa. Para o que interessa à análise, destaca-se, nos documentos examinados, a presença forte da experiência da CUT no campo da escolarização articulada à educação profissional, que atravessa a elaboração dos três projetos, o que pode ser observado desde a redação do histórico, como se segue:

> "Desde o início do ano de 2001, a SMED, a SMIC e a SUEPRO, juntamente com a Central Única dos Trabalhadores/RS, uniram-se para deflagrar um processo de construção de uma política pública "de educação profissional" (1° e 2° textos), de "educação e trabalho" (3° texto), no município de Porto Alegre".

A tentativa de implementar uma política pública de educação e trabalho é antecedida pela experiência da SMED/POA, iniciada em 1989, com EJA, atendendo alunos distribuídos em 36 escolas municipais, no período noturno, e o CMET Paulo Freire.

As duas primeiras versões, nos itens 8 e 10, com idêntica redação, identificam: a) que o projeto pedagógico da EJA não contempla "as dimensões do trabalho e das alternativas de geração de renda e de desenvolvimento local", conforme foi mostrado quando da análise da Proposta Pedagógica; b) que há poucas iniciativas que busquem articular-se "com um sistema público de emprego". A terceira versão (ago., p. 07) sistematiza essas preocupações, que aparecem no item 10, com a seguinte redação:

"10. Há necessidade de uma política pública de educação e trabalho que possa articular-se num trabalho em rede, que possibilite a circulação e o intercâmbio de metodologias capazes de atender aos jovens e adultos nas dimensões de escolarização e de trabalho, superando a sobreposição de ações e o isolamento de cada uma das instâncias envolvidas" (Doc. cit. p. 07).

A justificativa, fundamentada em autores que analisam criticamente as transformações no mundo do trabalho, e, dentro destas, explicitam o desemprego e a precarização das relações de trabalho (1º e 2º), é retirada na terceira versão. Permanecem as 10 conclusões que justificam a importância do projeto piloto de educação de jovens e adultos, seguida dos objetivos, dos quais destacarei o 1º.

"a) Desenvolver no município de Porto Alegre, uma experiência piloto de educação de jovens e adultos desempregados ou sob ameaça de desemprego, que articule a elevação da escolarização com a formação profissional, visando combater os mecanismos geradores de exclusão e melhorar as condições de existência dos educandos, seja através da inserção/reinserção no mercado de trabalho ou na geração de alternativas de trabalho e renda" (Projeto, ago. 2002, p. 08).

Os três projetos resultaram de encontros mensais de planejamento, intercalados com a apresentação dos projetos de educação desenvolvidos pela CUT/RS, e com o debate sobre os conceitos de trabalho, formação e currículo e suas relações, tendo por base o texto *O trabalho como base da formação: elementos de um currículo para a Educação de Jovens e Adultos* (Ribeiro, 2002a).

Concomitante à redação da última versão do projeto piloto foi elaborado também, pelo mesmo GT, o *Projeto Político-Pedagó-*

gico de Educação e Trabalho, no qual sobressai a preocupação com a formação relacionada ao trabalho cooperativo. Na análise desse documento vou privilegiar os itens referentes a essa modalidade de trabalho em suas relações com a educação.

Uma das questões que sobressai quando se analisa o item 1. – A importância do Projeto: seus limites e possibilidades – é a constatação de que, "apesar de apresentar avanços significativos ao oferecer um currículo voltado à especificidade da realidade do mundo dos jovens e adultos...", esse currículo apresenta limites no que tange "às questões do mundo do trabalho e da cultura".

Essa constatação confirma a análise feita anteriormente, mostrando que a Proposta Pedagógica de EJA, anterior a 2001, não incluía, entre suas preocupações, um currículo que contemplasse a relação entre educação e trabalho, uma demanda que se coloca com muita força a partir dos anos de 1990, tendo em vista o aumento do desemprego estrutural e tecnológico.

A justificativa do referido Projeto Político-Pedagógico também reconhece que a "oferta de profissionalização para os sujeitos com pouca ou nenhuma escolarização não tem garantido um trabalho, um emprego ou a geração de renda". A argumentação encaminha-se no sentido de incluir, no Projeto, a alternativa do trabalho cooperativo, como se segue na citação abaixo, que é extensa, mas vou mantê-la porque vem ao encontro do objetivo da análise.

> "O desemprego estrutural e tecnológico tem desafiado os trabalhadores a buscar alternativas de geração de trabalho e renda na organização de cooperativas compreendidas no que é chamado de economia popular solidária. Mas os trabalhadores que recorrem ao trabalho cooperativo encontram grandes obstáculos para levar adiante suas organizações. Além das dificuldades próprias das exigências burocráticas para

obter o registro, as maiores queixas dos trabalhadores estão dirigidas à escola e à formação inadequada que essa oferece. O currículo tradicional da escola básica está voltado à formação de um indivíduo que, ao mesmo tempo, aceite a subordinação e seja competitivo. Não se observa, na organização dos currículos escolares, a preocupação em oferecer uma formação alternativa para que os jovens e adultos enfrentem com autonomia e munidos de informações e conhecimentos básicos os desafios colocados pelo desemprego" (Doc. cit. p. 2).

A SMIC, parceira da SMED no propósito de associar a escolarização à profissionalização, fez uma pesquisa com egressos de programas de qualificação profissional, como o *Projeto de Educação para o Trabalho e a Cidadania*. O Relatório dessa pesquisa veio a subsidiar o Projeto Político-Pedagógico ora analisado, do qual destacarei as questões relacionadas ao trabalho cooperativo.

> "Os trabalhos de cooperativismo e associativismo, desenvolvidos pela SMIC, revelam a necessidade de maior aprofundamento da formação nessa área (aumento de horas do curso)" (Projeto cit., p. 3).

O mesmo Relatório ressalta, ainda em análise contida no Projeto Político-Pedagógico, a importância de se fazer o acompanhamento dos alunos egressos dos cursos de cooperativismo. Justifica que, sendo essa uma experiência nova, que se contrapõe às formas de trabalho oferecidas pelo mercado formal de empregos, precisa de um tempo maior para consolidar-se. Reconhece as dificuldades do trabalho coletivo assentado na cooperação e na autonomia, uma vez que os trabalhadores trazem, de sua cultura e experiências escolares, os hábitos decorrentes de uma formação individualista, competitiva e subordinada. Sem esse acompanhamento pedagógico das experiências de cooperativismo iniciadas pela SMIC, tais experiências tendem, no mais das vezes, a fracassar, afirma o documento analisado. Essa avaliação, feita pela SMIC, orientou a decisão da SMED de acompanhar as experiências de cooperativismo, que analisarei adiante, e que podem ser compreendidas dentro de uma tentativa de implantar uma política pública no âmbito da educação e trabalho, com ênfase no cooperativismo.

A justificativa do Projeto Político-Pedagógico (item 1) conclui confirmando essa análise ao colocar a necessidade, mais do que um Programa, de "construção de uma Política Pública de Educação e Trabalho", na qual esteja incluída a economia popular solidária, como afirma a citação abaixo.

> "Acreditamos que isso pode ser possível através da construção de um currículo que contemple as dimensões do conhecimento, dos saberes das práticas sociais, da profissionalização e da organização de uma economia popular solidária, de forma conjunta, ou seja, envolvendo ativamente os sujeitos desse processo numa construção coletiva, contínua e com avaliações periódicas e permanentes dos rumos da mesma" (Doc. cit., p. 4).

Durante a elaboração do projeto piloto, professores da EJA/SMED desenvolviam ou acompanhavam experiências de escolarização associadas a formas de trabalho cooperativo, tanto as realizadas pelas escolas municipais, quanto as que vinham sendo desenvolvidas pela SMIC e pela SE, alimentando as discussões da equipe responsável pela elaboração daquele projeto. Com o objetivo de avaliar tais experiências para avançar na implementação desse Projeto foi realizado um Encontro, em 22/11/2003, com a assessoria do Prof. Dr. Euclides André Mance.[85]

Trabalho cooperativo e escolarização: análise de experiências pedagógicas associativas

Foram relatadas sete experiências de política municipal de Educação e Trabalho, da Prefeitura Municipal de Porto Alegre, tendo a cooperação como eixo comum, que se concretiza sob a forma de cooperativas ou de organização de trabalhadores-alunos em associações. Dessas experiências, três tratavam da escolarização de jovens e adultos em nível de 1ª a 4ª série do ensino fundamental, uma de adultos portadores de deficiências mentais, uma de alfabetização de adultos, uma de alunos regulares do ensino médio e uma de adolescentes em situação de risco.[86]

---

[85] Membro do Núcleo de Estudos Latino-Americanos do Centro de Ciências Humanas da Universidade Federal do Paraná (UFPR); assessor da Central de Movimentos Populares/PR, autor de *A Revolução das Redes*, Petrópolis: Vozes, 1999 e estudioso/engajado do/no movimento de *economia solidária*.

[86] São as seguintes as experiências relatadas: 1ª) *Projeto Compartilhar* – Início em 2001; parceria: SMED, Departamento Municipal de Limpeza Urbana (DMLU), Departamento Municipal de Água e Esgoto (DMAE), Departamento Municipal de Abastecimento (DMAB); 2ª) *Cooperativa Crê-Ser*, de pais e adultos portadores de deficiências mentais, existente há 6 anos em parceria com a SMED; 3ª) *Projeto de Escolarização de Jovens e Adultos nos Galpões de Reciclagem*, SEJA/SMED com a colaboração da UFRGS na organização da Associação dos Recicladores; 4ª) *Escola Chapéu do Sol*, do MOVA/SE e *Coopersol*, com o apoio da SMIC; 5ª) Escola Municipal de Ensino Fundamental, Médio e Pós-Médio *Liberato Salzano Vieira da Cunha*, experiência de trabalho cooperativo e educação com acompanhamento da SMED; 6ª)*Trabalho e Escolarização de Funcionários*, iniciado em 1989, desenvolvido pela Secretaria Municipal de Obras e Viação (SMOV), com o acompanhamento da SMED; 7ª) *Projeto Coruja*, desenvolvido pela SMIC, SMAN, SMED e DMLU, com adolescentes em situação de risco.

Vou deter-me na análise das questões que foram ressaltadas e das alternativas encontradas para enfrentar as dificuldades.

A formação de professores relacionada ao cooperativismo, ou à economia popular solidária, ou ao consumo solidário, foi uma das questões apontadas por três experiências, coincidindo com as observações que venho fazendo sobre a necessidade de a escola básica incluir a formação para o trabalho cooperativo como uma de suas preocupações, na organização curricular. Associada a essa, o baixo nível de escolaridade dos alunos foi indicado como o principal problema para a organização de cooperativas. Essa questão já aparece na pesquisa realizada com cooperativas de trabalho do Rio Grande do Sul, feita por Piccinnini (2000), a qual aponta, como uma das maiores dificuldades, a baixa escolaridade e qualificação dos associados, o que os torna mais vulneráveis à exploração no caso das falsas cooperativas e dificulta uma participação qualificada na gestão, no caso das verdadeiras cooperativas. "Educação, treinamento e formação" é um dos princípios universais do cooperativismo de trabalho (Op. cit., p. 21). Segundo esse princípio, a cooperativa tanto corresponde a uma necessidade social e educativa de fortalecer a cultura da cooperação, quanto deve oferecer condições de qualificação profissional a seus associados (Schneider, 1999).

A cooperativa como espaço de sociabilidade, de trabalho e de encontro para os pais e para os filhos, deficientes mentais; o reconhecimento da baixa auto-estima dos trabalhadores-alunos, bem como o acolhimento enquanto potencializador da organização de uma cooperativa, colocam "o cuidado de si, do outro e do mundo como perspectiva ético-política" da relação trabalho e educação, apontado em três experiências. Para essas, o objetivo é forjar "uma cultura de acolhimento que deve ser própria da economia popular solidária".

A participação do Estado, seja através da parceria que a Prefeitura estabelece com as cooperativas para viabilizar seu funcionamento, seja através do envolvimento das secretarias ou mesmo das universidades, nos processos organizativos, aponta, nas experiências relatadas, dois tipos de questões.

A primeira, colocada pela Cooperativa Crê-Ser, montada por pais de adultos portadores de deficiências mentais, mostra que a interferência do Estado é imprescindível à manutenção de uma cooperativa como essa. É sob a ótica dos direitos de cidadania dos portadores de deficiência e não na perspectiva de autosustentação dentro das regras estabelecidas pelo mercado capitalista que a experiência pode ser entendida. A Cooperativa Crê-Ser cumpre, para esses cidadãos que já não encontram um lugar na escola nem no mercado de trabalho, um tríplice papel enquanto espaço educativo, de trabalho e sociabilidade.

A segunda questão foi colocada pela experiência pedagógica de organização dos recicladores de lixo, nos galpões de reciclagem da Prefeitura de Porto Alegre, desenvolvida com a participação de professores da FACED/UFRGS, a partir da pergunta: o que retorna da pesquisa acadêmica para os sujeitos pesquisados? O que se observou dessa experiência foi a necessidade de se efetuar uma reflexão sobre o papel e a responsabilidade das instituições, no caso a SMED e a UFRGS, uma vez que as associações de trabalhadores surgem tuteladas e enfrentam muitas dificuldades para que essa tutela seja rompida e ressignificada a sua relação com as instituições.

A Coopersol, da Escola Chapéu do Sol, do MOVA/SE em parceria com a SMIC, evidencia a importância de "exportar a idéia da economia popular solidária para outras escolas interessadas em organizar cooperativas". Ressalta, porém, que

228

"o trabalho pedagógico de organização de cooperativas não pode apresentar-se como um engodo para as pessoas, dando-lhes a ilusão de que, com escolarização e organização, terão a garantia de um emprego assalariado" (Rel., 2003, p. 5).

Essas experiências realizadas por algumas secretarias municipais de Porto Alegre, articuladas com o MOVA/SE/RS e acompanhadas por assessores técnicos da SMED/POA, representam um significativo avanço no sentido de romper com um modelo histórico de escola que separa a formação e o trabalho. Aponta caminhos à organização dos trabalhadores-alunos em associações cooperativas que, contraditoriamente, podem significar alternativas de trabalho para a sobrevivência e, ao mesmo tempo, construção de novos sujeitos sociais, cujas relações possam constituir-se em base à cooperação e à solidariedade (Bonamigo, 2002). Entretanto, são muito grandes os obstáculos que, considerando o atual desenvolvimento das ciências e da técnica apropriadas pelo capital, se colocam à construção e consolidação de uma política educacional pública, que articule a educação escolar e o trabalho cooperativo, conforme veremos a seguir.

Considerações sobre uma política pública de educação e trabalho cooperativo

O propósito de implementar uma política pública de educação e trabalho, com destaque para o trabalho cooperativo, por parte da Prefeitura Municipal de Porto Alegre, traz para o centro da discussão a relação contraditória entre trabalho e capital, base do modo de produção capitalista e, por via de conseqüência, o papel, também contraditório, do Estado como formulador e implementador de políticas públicas pretensamente universais.

A dicotomia entre a formação e o trabalho, instaurada na sociedade burguesa, delega à escola a função de preparar para um trabalho em abstrato. O trabalho, como princípio educativo na relação entre ensino e trabalho produtivo industrial, aparece na obras de Marx (1979), Marx e Engels (1992), é colocado em prática nas políticas educacionais de Lenin (1977) e é sistematizado como proposta por Gramsci (s/d), tendo por horizonte possível, em um período revolucionário, o socialismo (Ribeiro, 1999).

Assim, a primeira pergunta que se faz, analisando-se os desafios colocados à elaboração de uma política pública em educação e trabalho, é se essa relação é possível no capitalismo e com qual modalidade de trabalho? Poderia o trabalho cooperativo ser pensado sob a ótica da relação entre educação e trabalho?

Como mostra a história, o surgimento do cooperativismo situa-se na Inglaterra do século XIX, centro da revolução industrial, quando os trabalhadores organizam cooperativas para enfrentar o desemprego e a não-regulamentação do trabalho, percebendo-as, em alguns casos, como uma alternativa de superação das relações sociais de produção capitalista (Ribeiro, 2002b). No entanto, de um lado, o desemprego embutido na maquinaria (Hegel, 1990; Ricardo, 1974) e a apropriação privada da ciência e da técnica (Marx, 1982) já estavam previstos na lógica do mesmo modo de produção, desde sua origem. De outro, os movimentos operários organizados conquistam, na primeira metade do século XX, direitos consubstanciados no chamado Estado do Bem-Estar social, reduzindo-se as experiências de cooperativismo de trabalhadores e instituindo-se alguns direitos sociais básicos para os indivíduos, sob forma de políticas sociais.

"Em última instância, na sociedade capitalista o Estado acaba por exercer o controle das políticas sociais, uma vez que essas são a expressão concreta da contraditoriedade das relações sociais de produção, o que explica a ampliação de políticas de bem-estar, no Estado social, e a restrição dessas políticas quando o Estado assume uma face neoliberal" (Ribeiro, 2003).

Decorre daí a segunda questão: é possível ao Estado, dentro do modelo burguês de sociedade, que mascara os interesses de classe projetados como universais, elaborar e implementar uma política pública de educação e trabalho? Numa leitura dialética, a experiência da SMED/POA deixa claras as contradições, o que pode significar limites e aberturas a pequenas possibilidades que uma política pública organicamente estruturada poderia alargar. Não cabe à escola, muito menos àquela que recebe adultos com escassa escolaridade, qualificá-los para a "empregabilidade" ou "para a inserção no mercado de trabalho", que os rejeita, cujas vagas já estão preenchidas e tendem a diminuir. Mas, então, é uma perda de tempo e um engodo uma política pública em educação e trabalho? Penso que não, especialmente quando se trata de experiências cooperativas e/ou associativas. A contraditoriedade do trabalho cooperativo autogestionário como alternativa de produção de renda e como instituinte de novas relações de trabalho, de uma cultura de cooperação, de novos sujeitos sociais que precisam aprender a autogerir-se na produção/consumo coletivos, coloca em perspectiva a possibilidade de emancipação da cooperação subordinada imposta pelo capital.

Essa resposta à primeira questão contida na pergunta inicial me remete à segunda, ou seja, ao propósito de relacionar educação e trabalho no mundo urbano, com a política de formação feita diretamente no trabalho com a terra, pelo IEJC do ITERRA, analisada em Ribeiro (2003).

Há várias diferenças entre as duas, a começar que aquele Instituto é "uma escola pública não-estatal", caracterizando-se como uma política pública enquanto recebe recursos do Estado e se orienta pela legislação educacional oficial, e como uma política de caráter privado, ou de classe – daquela que vive do trabalho da terra —, porque mantém os compromissos com os princípios e com o projeto político-pedagógico do Movimento dos Trabalhadores Rurais Sem Terra (MST).

A razão de trazer essa política para estabelecer uma relação com a experiência realizada pela SMED/POA, justifica-se porque ambas pretendem vincular educação e trabalho. Na experiência da Prefeitura Municipal de Porto Alegre sobressaem as tentativas de organizar trabalhadores urbanos em associações ou cooperativas; já na política do ITERRA, os educandos são indicados pelas suas comunidades, vinculados a movimentos sociais de luta pela terra de trabalho (IEJC/ITERRA, 2001). Mais do que organizar cooperativas, o Instituto preocupa-se com a cooperação enquanto valor básico da educação e das relações sociais de produção e de convivência, e com o retorno dos formados às suas comunidades. Sua formação, inspirada em Makarenko, Pistrak e Paulo Freire[87], faz-se através de tempos educativos alternados entre o estudo e o trabalho na escola, o estudo e o trabalho na comunidade.

---

[87] MAKARENKO, A. *Poema Pedagógico.* Moscú; Editorial Progreso, s/d; PISTRAK. *Fundamentos da Escola do Trabalho.* São Paulo: Brasiliense, 1981; Paulo Freire tem inúmeras obras, das quais vou citar duas: FREIRE, Paulo. *Pedagogia do Oprimido.* 9. ed. Rio de Janeiro: Paz e Terra, 1981; _____. *Pedagogia da Esperança. Em reencontro com a Pedagogia do oprimido.* 2. ed. Rio de Janeiro: Paz e Terra, 1992.

A proposta de formação *omnilateral* tendo o trabalho como princípio educativo, concretizado na relação entre o ensino e a produção, realiza-se, de modo contraditório, no trabalho/educação do campo. Seria por que a produção agrícola, ou primária, é desvalorizada em relação à produção industrial e aos serviços? Seria por que um agricultor demanda prática e um tempo mais logo para a sua formação? Seria por que os agricultores familiares possuem a terra e os instrumentos de trabalho? Seria por que teorias conservadoras e progressistas coincidem na leitura de que a agricultura familiar tende a desaparecer, daí não ser ela o foco principal das pesquisas sobre trabalho e educação?

Não tenho condições de responder às inúmeras indagações suscitadas pela análise comparativa de políticas de educação e trabalho urbano e rural e me afastaria do objetivo do texto aprofundar essas questões. O importante a ressaltar nessa análise, quanto à diferença essencial entre as duas políticas, é o compromisso de classe explícito e assumido pelo ITERRA. A formação que vincula trabalho e educação, tendo por princípio a cooperação oferecida pelo IEJC/ITERRA, está ancorada em um projeto popular de sociedade, de educação, de desenvolvimento sustentável, que vem sendo construído nas duras lutas dos trabalhadores do campo pela Reforma Agrária. A consciência desse projeto vai tomando forma na Pedagogia do Movimento, dentro da qual se elabora a política de formação vinculada ao trabalho. Mesmo que a política de educação e trabalho da SMED/POA esteja assentada sobre um projeto popular de sociedade, de constituição de cidadãos de direitos, tendo a justiça social por horizonte, a tomada de consciência e, portanto, o compromisso, ainda são incipientes pois a elaboração de políticas públicas ainda não consegue envolver, coletivamente, todos os sujeitos nelas implicados: os que concebem, os que realizam e aqueles sobre os quais recaem seus resultados.

Diferente da organização dos agricultores sem-terra (MST) ou ligados ao Movimento dos Pequenos Agricultores (MPA), as diversas modalidades de trabalho urbano, sua organização, aí incluindo as pessoas que planejam e executam, aliadas às necessidades de sobrevivência, impõem formas de organização que em muito dificultam a construção coletiva de uma política de educação e trabalho articulada ao projeto popular de sociedade. As diversas modalidades de trabalho urbano e as formas de organização dos trabalhadores, apesar da participação da CUT na elaboração do Projeto Piloto, também dificultam essa articulação entre um projeto social popular e uma política pública em trabalho e educação. Esse, no meu entender, é um dos maiores desafios que enfrentam as políticas públicas que pretendam articular educação e trabalho, aí incluído o trabalho cooperativo.

Referências bibliográficas

ANTUNES, Ricardo. *Os Sentidos do Trabalho*. São Paulo: Boitempo, 1999.

BONAMIGO, Carlos Antônio. *Pra mim foi uma escola...* O princípio educativo do trabalho cooperativo. Passo Fundo/RS: UPF, 2002.

BRASIL, Ministério do Trabalho e Emprego/MTE. *Plano Nacional de Qualificação do Trabalhador. Guia do Planfor – 2001*. Fundo de Amparo ao Trabalhador – FAT. Brasília/DF, abr., 2001. 184 p.

GRAMSCI, Antonio. *Os intelectuais e a organização da cultura*. São Paulo: Círculo do Livro, s/d.

INSTITUTO DE EDUCAÇÃO JOSUÉ DE CASTRO/IEJC. *Cadernos do Iterra. Projeto Pedagógico*. nº 2. Veranópolis/RS: ITERRA, 2001.

LENIN, Vladimir I. *Sobre a educação*. Lisboa: Seara Nova, 1997.

MARX, Karl. A maquinaria e a indústria moderna. In: *O Capital (Crítica da Economia Política)*. O processo de produção do capital. 8. ed. Livro Primeiro. v. 1. São Paulo: Difel, p. 423 – 579, 1982.

_____. *Crítica del Programa de Gotha*. Moscú: Editorial Progreso, 1979.

MARX, Karl & ENGELS, Friedrich. *A Ideologia Alemã*. São Paulo: Moraes, 1984.

_____. & _____. *Textos sobre a educação e o ensino*. 2ª ed. São Paulo. Moraes, 1992.

PICCININI, Valmíria. Relatório de Pesquisa *Cooperativas de Trabalho: novas formas de gestão? O caso das cooperativas de trabalho do Rio Grande do Sul*. Porto Alegre: PPGA/UFRGS, julho, 2000. 82 p. Documento Inédito.

PORTO ALEGRE, Secretaria Municipal. *A Política de Educação de Jovens e Adultos na IV Administração Popular de Porto Alegre — 2001 — 2004*. Porto Alegre/RS. SEJA-MOVA, 2001. 34 p. Documento Inédito.

_____. *Proposta Pedagógica de Educação de Jovens e Adultos no Ensino Fundamental nas escolas da Rede Municipal de Ensino da Secretaria Municipal de Educação*. Porto Alegre: s/d. 19 p. Documento Inédito.

_____. GT Educação, Trabalho e Cidadania. *Desenvolvimento de Experiência Piloto de Educação de Jovens e Adultos que articule a elevação da escolaridade nos níveis fundamental e médio com a formação profissional*. Porto Alegre. (1ª versão) jul. 2001, 21 p.; (2ª versão) jan. 2002, 41 p.; (3ª versão) ago. 22 p. 2002. Documento Inédito.

_____. GT Educação, Trabalho e Cidadania. *Projeto político-Pedagógico de Educação e Trabalho*. Porto Alegre: ago. 2002, 12 p. Documento Inédito.

RIBEIRO, Marlene. Agricultura familiar e educação profissional: análise de políticas em trabalho e educação. Trabalho escrito para apresentação no *Colóquio Internacional Políticas Públicas, Pobreza e Exclusão Social*. Ijui/RS, nov. 2003, 26 p. Documento Inédito.

_____. Trabalho como base da formação: elementos de um currículo para a educação de jovens e adultos. In: *Anais da 25ª Reunião Anual da ANPED. GT 09 – Trabalho e Educação*. Caxambu/ MG, 29/09 – 02/10/2002a. 13 p. Gravação em Cd.

_____. Formação cooperativa e educação escolar: realidades que se complementam ou se contrapõem? In: VENDRAMINI, Regina Célia (org.). *Educação em Movimento na Luta pela Terra*. Florianópolis: NUP/CED, p. 91 – 110, 2002b.

_____. É possível vincular educação e trabalho em uma sociedade "sem trabalho"? In: *Revista da UCPel*. Pelotas/RS: EDUCAT, p. 05 – 28, 1999.

RIBEIRO, Marlene e PENTEADO, Clea. *Relatório do Seminário da Secretaria Municipal de Educação/SMED sobre Trabalho Cooperativo e Educação*. Porto Alegre, jul. 2003. 11 p. Documento Inédito.

SINGER, Paul e SOUZA, André Ricardo de. (orgs.). *A economia solidária no Brasil. A autogestão como resposta ao desemprego*. São Paulo: Contexto, 2000. Coleção Economia.

SINGER, Paul. Economia solidária: um modo de produção e distribuição. In: SINGER, Paul e SOUZA, André Ricardo de. (orgs.). *A economia solidária no Brasil. A autogestão como resposta ao desemprego*. São Paulo: Contexto, p. 11 – 30, 2000.

SCHNEIDER, José Odelso. *Democracia, participação e autonomia cooperativa*. 2. ed. São Leopoldo: UNISINOS, 1999.

TIRIBA, Lia. *Economia Popular e Cultura do Trabalho*. Pedagogia(s) da produção associada. Ijui/RS: UNIJUI, 2001.

Trabalho e Educação nas cooperativas do MST

Célia Regina Vendramini

O objetivo do trabalho é refletir sobre a experiência das cooperativas de reforma agrária do Movimento dos Trabalhadores Rurais Sem Terra. As cooperativas de trabalhadores constituíram-se historicamente no bojo da criação do trabalho coletivo, explorado e alienado, e hoje constituem-se num contexto de crescimento acelerado do desemprego e de grandes transformações nas relações de trabalho. Diante disso, questionamos sobre o sentido histórico das cooperativas do MST, observando o que as diferenciam do conjunto das experiências cooperativistas atuais, tendo em vista o projeto político que as sustenta e a relação com as necessidades mais imediatas de vida. Interessa-nos especialmente refletir sobre o caráter educativo das cooperativas dos trabalhadores assentados, presente no embate entre as velhas relações de produção e a emergência de novas formas de produzir a vida.

Introdução

Ao analisar as experiências políticas e educativas do Movimento dos Trabalhadores Rurais Sem Terra, nos deparamos com um problema de pesquisa, que se constitui num problema concreto de vida de sujeitos reais, referente ao sentido histórico, político e educativo das cooperativas dos trabalhadores sem-terra que vivem nos assentamentos rurais. Diante disso, algumas questões se apresentam:

- Como foram constituídas as cooperativas do MST? Com quais objetivos e em qual contexto?
- Em que suas cooperativas diferenciam-se das demais?
- Para que educam as cooperativas dos trabalhadores que vivem em assentamentos de reforma agrária?

As cooperativas do MST, assim como as diversas experiências de autogestão, de economia solidária, de projetos de geração de renda e do novo cooperativismo nos anos 1990, são constituídas num contexto de intensa precarização e intensificação do trabalho, de recriação do trabalho doméstico e infantil, incrementado perversamente com o agravamento do desemprego. Assim como no século XIX na Inglaterra, elas enfrentam o trabalho explorado e alienado, que caracteriza o capitalismo. Esse já nasce expropriando os trabalhadores, seja das suas terras, das suas oficinas, dos seus bens, da sua qualificação, do seu status, separando completamente o trabalho da vida.

A emergência atual de experiências associativas ou cooperativas dos trabalhadores, ainda que em proporção pequena diante do amplo e grave problema do desemprego, criam, segundo Santos, "espaços econômicos em que predominam os princípios de igualdade, solidariedade ou respeito à natureza" (2002, p. 29). Além disso, confrontam-se à idéia muito presente em nossa época de que não há alternativas ao capitalismo.

Mészáros é contundente no combate ao slogan político de que *não há outra alternativa*. Para ele, "a ordem existente demons-

238

tra-se insustentável, não apenas devido às crescentes 'disfunções' sócio-econômicas resultantes da imposição diária de suas desumanidades sobre milhões de 'infelizes', mas também em razão do esvaziamento espetacular das mais caras ilusões relativas ao irreversível poder estabilizador sócio-econômico da vitória do mundo capitalista avançado sobre o inimigo de ontem" (2002, p. 41).

Entre as diversas formas atuais de organização dos trabalhadores que reagem à ordem instituída e suas perversas conseqüências, interessa-nos, nesse trabalho, analisar a experiência do Movimento dos Trabalhadores Rurais Sem Terra. Um movimento que tem demonstrado nas duas últimas décadas uma grande capacidade de organização e mobilização dos trabalhadores sem-terra e tem buscado construir experiências de organização coletiva da vida e do trabalho nos assentamentos de reforma agrária no Brasil.

Coletividade e formação humana

O eixo de análise desse trabalho diz respeito ao caráter educativo das experiências associativas, as quais exigem uma grande capacidade de organização, de aprendizado, de mudança de atitude, e mesmo de conhecimentos técnicos. Além disso, constituem-se em espaços coletivos que desafiam as experiências individualistas no interior das relações capitalistas.

Buscamos em E. P. Thompson uma referência teórica e metodológica para nossas reflexões sobre as experiências educativas no interior dos movimentos sociais. Como um historiador contemporâneo dentro da abordagem marxista, Thompson desenvolve aspectos pouco estudados até então. Um deles, e de grande relevância nas suas obras, o qual perpassa toda *A Formação da Classe Operária Inglesa*, é a experiência histórica.

Ao considerar as classes como um processo em formação, um "fazer-se", constituída e constituinte da luta, percebe-se a importância atribuída por Thompson ao conceito de experiência. Refere-se, é claro, à experiência humana. No processo de formação social, a experiência humana tem papel central, sendo gerada na vida material e estruturada em termos de classe.

Para Thompson, a categoria experiência é indispensável ao historiador, "já que compreende a resposta mental e emocional, seja de um indivíduo ou de um grupo social, a muitos acontecimentos inter-relacionados ou a muitas repetições do mesmo tipo de acontecimento" (Thompson, 1981, p.15).

Segue refletindo que a questão propriamente dita não é a dos limites da experiência, mas a maneira de alcançá-la ou produzi-la. "A experiência surge espontaneamente no ser social, mas não surge sem pensamento. Surge porque homens e mulheres (e não apenas filósofos) são racionais, e refletem sobre o que acontece a eles e ao seu mundo" (Thompson, 1981, p.16). Há, portanto, uma relação permanente entre a matéria e o pensamento, um implica o outro, o que pressupõe o diálogo entre o ser social e a consciência social.

Tomar como categoria a experiência é pensar a própria formação humana, algo tão caro nos dias de hoje. Observamos, de um lado, o chamado "imperialismo teórico", em que a realidade sócio-histórica é naturalizada, mas também nos deparamos, por outro lado, com uma forma de pensamento que se constitui em simples reflexo da situação que se vive, preso às condições e circunstâncias sociais. Nesse sentido, a formação e a experiência humana apresentam-se como elementos centrais para pensar a organização da vida social de forma ampla, sem perder de vista a especificidade das inúmeras experiências coletivas que vêm se constituindo diante da crescente impossibilidade de produção e reprodução humana através do trabalho.

Tomamos como base a concepção de formação como um processo em permanente construção, permeada de contradições e determinada por condições objetivas e subjetivas, em que os sujeitos sociais vão se constituindo.

Nas pesquisas que desenvolvemos (Vendramini, 2000 e 2002), procuramos observar como os trabalhadores sem-terra vão construindo suas experiências e dando sentido a elas nos assentamentos e cooperativas e, principalmente, no interior de um movimento social. Partimos do pressuposto de que o movimento vivido pelos assentados, na sua vinculação ao MST, é extremamente educativo, ao experimentarem outras formas de reproduzir a vida.

Assim como em outros espaços sociais, no assentamento as relações sociais educam, quando elas possibilitam a experimentação de algo novo e a perda das ilusões. O espaço do assentamento é um espaço contraditório em si, ao construir experiências inovadoras na sua base material num mundo que reproduz as velhas relações de produção.

As cooperativas do MST

O MST, movido pela bandeira de luta *"Terra para quem nela trabalha"*, inicia sua organização no Sul do país em 1979. No 1º Congresso, em 1985, consolida sua organização nacional, levantando a bandeira *"Ocupação é a única solução"*. As demais consignas de luta do movimento avançam de acordo com a conjuntura política do momento e sua prática de organização. A partir do V Encontro Nacional, em 1989, a orientação passa a ser: *"Ocupar, resistir e produzir"*. O MST, que se constitui como um movimento de massas, começa a se preocupar com as novas famílias que vão sendo assentadas, com sua forma de organização, da vida e do trabalho.

No final dos anos 80, o MST apresenta um grande crescimento, com o assentamento de milhares de famílias acampadas, a criação de escolas e o desafio de organizar a produção nos novos assentamentos. Num balanço do período 1984 a 1987, 143 assentamentos são conquistados por 13.392 famílias, em 52.705 hectares. Nesse momento, amplia-se o campo de lutas do movimento, outras reivindicações se apresentam pela permanência dos assentados na terra, como crédito, assistência técnica, escolas, postos de saúde, estradas, transporte etc. Para isso é necessário organizar e garantir a produção agrícola nos assentamentos.

No final da década de 1980, iniciam-se as discussões sobre a cooperação agrícola no interior do MST, sobre as experiências já existentes e sobre a forma de implantação de cooperativas. Nos anos 90, já existe uma proposta para discussão nos estados de constituição do Sistema Cooperativista dos Assentados – SCA e de um modelo de criação de cooperativas, trata-se do Método de Laboratório Organizacional.[88] Ainda que com algumas críticas internas ao método, por seu caráter autoritário, de treinamento e com pouca capacidade de organização, esse é adotado pelo MST. São organizados nos assentamentos Laboratórios Organizacionais de Campo, em forma de cursos, dando origem a Cooperativas de Produção Agrícola – CPA (ITERRA, 2001). Portanto, a origem das cooperativas na maior parte dos assentamentos já constituídos naquele período, acontece a partir de um modelo, de cima para baixo, desconsiderando a trajetória e as experiências dos grupos envolvidos.

Há que se fazer ressalvas a experiências singulares de cons-

---

[88] Este método é discutido com base no texto "Laboratório Experimental de Organización: una metodologia para la capacitación em organización", escrito por vários autores.

tituição de cooperativas em alguns assentamentos, que se constituíram a partir de elementos próprios e que já se mantêm há 10, 15 anos.

Em 1992, constitui-se a Confederação das Cooperativas de Reforma Agrária do Brasil LTDA – CONCRAB, como um setor do MST, substituindo o setor dos assentados que passa a se organizar como um setor de produção, portanto bem mais restrito que o anterior. Acontece também o primeiro Curso Nacional de Dirigentes do Sistema Cooperativista dos Assentamentos e um debate sobre autogestão como método de capacitação e, em 1992, o I Seminário de Cooperação Agrícola e o Seminário sobre a Concepção de Autogestão (ITERRA, 2001). No campo da educação também tem início a discussão sobre a articulação com o trabalho e as cooperativas nas escolas. Publica-se o Boletim da Educação número 4, intitulado "Escola, Trabalho e Cooperação".

A partir daí são publicados diversos cadernos de cooperação agrícola sobre a organização das cooperativas, sobre o Sistema Cooperativista dos Assentados — SCA, sobre os desafios da organização nos assentamentos, sobre o crédito, sobre as experiências históricas de cooperação, até o ano 2001, com a publicação do caderno número 10.

As dificuldades das cooperativas nos anos 1990 são interpretadas como dificuldades de gestão e administração. Prova disso é a criação do Curso Técnico em administração de Cooperativas, na Escola Josué de Castro, em 1993.

O Sistema Cooperativista dos Assentados apresenta-se na forma de publicação, não do MST, mas da CONCRAB, no ano de 1997, apesar de ter sido constituído entre 1991 e 1992. Com um caráter político e de empresa econômica, o SCA se propõe como um novo cooperativismo: alternativo ao modelo econômico capitalista, diferente (colocando a cooperação em primeiro lugar) e de oposição frente ao cooperativismo tradicional (CONCRAB, 1998). O problema da produção passa a ser visto como parte da luta de massas e começa-se a pensar a organização mais no sentido econômico. Suas linhas políticas são bastante contraditórias, no sentido de aliar a organização dos assentados em núcleos de base, trabalhar com todos os assentados independente da forma de organizar o trabalho e a produção com a implementação da agroindústria e da indústria no campo. Objetiva avançar da produção para a subsistência, feita de forma individual/familiar, para a produção em forma de empresa, voltada para o mercado.

É interessante observar no Caderno de Cooperação Agrícola que trata do SCA, a noção de cooperação que o sustenta: "é o jeito de organizar a produção através da divisão social do trabalho". Portanto, cooperação é sinônimo de trabalho social e coletivo, aquele que está na base do modo de produção capitalista.

O que se percebe, como superior, é a tentativa de superar o trabalho individual/familiar, com o objetivo de constituir o trabalho coletivo, algo que moveu o MST na direção da criação de formas cooperativistas de produção nos assentamentos.

Em síntese, observamos a criação de uma estrutura de produção cooperativista no interior do MST na década de 1990, que impõe um modelo único de cooperativas organizadas de forma hierárquica. Os núcleos de base aparecem em muitos documentos do MST e da CONCRAB, porém assumem nos assentamentos o papel de núcleos de produção. Criado como um setor do Movimento, a CONCRAB assume na prática um caráter bastante independente e com concentração de poder.

Diversas críticas já foram tecidas a este modelo, tanto internas quanto externas. Um exemplo da autocrítica está presente no Caderno de Cooperação Agrícola número 8, de 1999, em que está publicado o texto "As contradições internas no esforço de

244

cooperação nos assentamentos de reforma agrária do MST (período 1989-1999)", de autoria de Horácio Martins de Carvalho. Relata Carvalho que no período de 1986 a 1989, o paradigma que prevalece baseia-se na constituição espontânea / induzida de pequenos grupos de cooperação entre os assentados; a partir de 89, a idéia de coletivização da produção começa formalmente a perpassar o discurso hegemônico, resultando na constituição da CPA. A partir daí, a coletivização institui-se de forma abrupta como cooperativa, desconsiderando as experiências objetivas e subjetivas da prática histórica de cooperação entre os trabalhadores rurais. "A diretriz política de desenvolver-se as mais diversas formas de cooperação ficou, na prática, superada pela forma cooperativa" (CARVALHO 1999, p. 29).

Carvalho considera o SCA como um sistema institucional técnico-burocrático de cooperativa, o qual reduz as formas de cooperação à forma cooperativista. Vai mais além ao criticar no interior do MST a redução do processo de luta de classes às lutas imediatistas de reivindicação e de protesto: "O SCA tornou-se a base da organicidade do MST, ao menos durante um determinado período (exemplo 1994 a 1997), essa tendência deveu-se mais às opções imediatistas e pragmáticas da direção política do que por decisões internas do SCA" (Carvalho, 1999, p. 37).

No campo externo ao MST, muitas críticas também são tecidas por pesquisadores à forma de cooperativa adotada. Entre eles citamos: Cazella (1992), Sizanoski (1998), Souza (1999), Grade (1999), Christoffoli (2000), Ribeiro (2001, 2002), Dalmagro (2002), Vendramini (2002). Com diferentes abordagens e enfoques, indicam as possibilidades e os limites das experiências cooperativistas e as contradições entre a pedagogia que o movimento propõe e as relações de trabalho nos assentamentos que se organizam de forma cooperativa. Observam, essencialmente, descompassos entre as velhas relações de produção que querem se perpetuar e o novo que os trabalhadores sem-terra querem construir a partir de suas experiências coletivistas.

Ao lado das críticas, deve-se considerar também o contexto em que as cooperativas e os assentamentos organizam-se. Os assentamentos só são viabilizados após um longo e expressivo processo de lutas, permeado por inúmeros conflitos, perseguições e prisões de lideranças, ameaças de morte, assassinatos e massacres[89], além de uma perversa propaganda ideológica de militarização do Movimento Sem Terra.

Junte-se a isso a ausência de uma política agrícola que beneficie os pequenos produtores rurais. Na década de 1990, os assentados perdem o PROCERA (um programa especial de crédito para a reforma agrária) e o LUMIAR (programa de assistência técnica). Sem crédito, sem assistência técnica, sem transporte e estradas adequadas, sem uma política de preços, ao lado da apropriação privada também das sementes para o plantio, os assentados têm poucas perspectivas concretas de permanência na terra.[90]

Tendo em vista um processo de auto-avaliação e de muitas críticas ao Sistema Cooperativista dos Assentados, há um redirecionamento na organização dos assentamentos de um modo geral. O SCA cede lugar para o Setor de Produção, Cooperação e Meio Ambiente. É publicado o último Caderno de Cooperação

---

[89] Lembramos aqui dos massacres ocorridos na Fazenda Santa Elina em Rondônia (1995) e em Eldorado do Carajás no Pará (1996).

[90] Por trás dessa situação, há uma extraordinária concentração da propriedade rural, em que o Brasil é campeão mundial. Pelos dados do censo de 1995-6, o índice de Gini (indicador que permite verificar o grau de concentração da terra) é de 0,86 (o qual indica uma concentração muito forte). Como praticamente nada mudou, em 2000, o índice provavelmente alcança a faixa de extrema concentração, afirma Carvalho (2003), no Jornal Brasil de Fato (n. 23).

Agrícola até então, o número 10, intitulado: "O que levar em conta para a organização dos assentamentos – discussão no acampamento" (MST; CONCRAB, 2001).

Como o próprio nome do Caderno já indica, há uma mudança no sentido de pensar a organização do assentamento desde o acampamento, diferente do Método de Laboratório que impõe um modelo. Além disso, a organização da vida no assentamento deve acontecer em diferentes âmbitos, não reduzindo ao aspecto da produção. Neste caderno, são definidas sete ações do núcleo básico da proposta: o controle político sobre o projeto de assentamento e o corte da área; o sorteio em grupo de famílias; o processo de titulação; a organização da moradia; a organização dos núcleos de base; a organização da produção e da cooperação agrícola e a formação como método de acompanhamento e qualificação da consciência.

Nos deteremos no item 6 deste documento, que trata da organização da produção e da cooperação agrícola. Ele prevê a construção da proposta sem um plano previamente definido, a partir de um esforço no sentido de "pensar coletivamente o assentamento" e as formas de cooperação agrícola: aquisição de máquinas e implementos agrícolas de forma associativa; investimentos conjuntos na produção, podendo chegar ao coletivo pleno em algum ramo de atividade, caminhando para a coletivização total das atividades econômicas (MST; CONCRAB, 2001, p. 16).

> [...] O convívio social mais intenso proporcionado pela aproximação das moradias, a participação na gestão do assentamento vinda pela organização dos núcleos de base e pelas discussões de planejamento e organização da produção, como também a introdução de atividades conjuntas de cooperação rompendo com o trabalho puramente artesanal / familiar, determinará

ao longo dos anos um ganho significativo na percepção e entendimento da realidade por parte das famílias assentadas, acelerando sua conscrícia social, abrindo possibilidades para construção de novos hábitos, condutas e valores (MST; CONCRAB, 2001, p. 17).

Nos elementos complementares do mesmo documento, aparece no item 4 a cooperação agrícola de nível superior, em três pequenos parágrafos, atentando para a construção de grupos de famílias que se identifiquem e desejem trabalhar coletivamente. Para esse estudo, remete ao Caderno de Formação número 21, o qual trata das questões práticas das cooperativas de produção agropecuária, na forma de um receituário.

Ainda que considerados os avanços no delineamento e direção da organização da produção nos assentamentos, especialmente na forma de construí-las, planejando já no acampamento e considerando a organização do assentamento na sua totalidade, não o reduzindo à questão da produção, percebemos que o problema de fato ainda não está sendo enfrentado pelo MST. O caderno acima citado é evasivo e não entra propriamente na questão da cooperação e coletivização. Indagamos por que a organização produtiva dos assentamentos não se apresenta como tática nos documentos e manifestações mais recentes do MST? Por que até hoje os núcleos de base não funcionam de acordo com as expectativas? Não seria a organização cooperada da vida que viabilizaria a organicidade do movimento, no sentido de construir uma base mais qualificada para a luta?

A questão central que se coloca, ao nosso ver, diz respeito ao processo de organização da produção e da vida social nos assentamentos.

A partir do momento em que há uma autocrítica de que as cooperativas substituem as formas de cooperação, em que o SCA já foi considerado um modelo centralizador, detendo um grande poder, em que os assentados expressam das mais variadas formas o controle das cooperativas sobre suas vidas não cedendo espaço para a privacidade e as experiências singulares, em que as cooperativas enfrentam graves problemas econômicos, em que há uma falência do modelo de infra-estrutura construído pelas cooperativas, abre-se um importante e estratégico espaço para avaliar e encaminhar táticas de luta e organização social que possam ao mesmo tempo sustentar uma organicidade no MST e responder aos problemas concretos da vida de cada sem-terra que forma o MST. É preciso levar em conta, ainda, o contexto atual de emergência de formas de organização de cooperativas entre os trabalhadores de diferentes ramos e atividades.

A luta do MST é uma luta política, afirmam as lideranças do MST. Mas o que sustenta essa luta? Quem é a base que constitui o MST? O que a agrega? Como se constituem as lideranças e quem dá o suporte a elas? Essas questões nos levam a pensar que a luta política é ao mesmo tempo a luta pela produção da vida.

Retomamos o eixo teórico de análise centrado na formação humana, formação essa que se constitui a partir da experiência (de vida, portanto, material). Nesse sentido, consideramos que é na experiência de vida coletiva nos assentamentos que se encontra a base real de sustentação do processo de formação de um novo homem, tão apregoado pelo MST.

Para que educam as cooperativas do MST?

Ainda que as cooperativas do Movimento Sem Terra apresentem inúmeras contradições em sua formulação e em sua prática, elas têm um caráter educativo. Educativo no sentido de provocar um espaço de disputa, disputa de idéias, de projetos, de formas de resolver os problemas, de relação com diversos setores sociais.

Consideramos que a educação acontece quando há conflitos, gerando assim processos de mudança, seja de conhecimentos, de idéias, de comportamentos, de práticas etc. As cooperativas do MST propiciam vivenciar um processo dessa natureza, quando se constituem num contexto em que predomina o trabalho individual / familiar, sendo esse submetido às relações capitalistas de produção, fundadas na exploração, na alienação e no consumo. As cooperativas nascem num embate a esse modo de viver, propondo a organização do trabalho e da produção de forma coletiva.

Quando as cooperativas liberam trabalhadores para atuarem como militantes e lideranças do Movimento, quando investem na formação das crianças e jovens dos assentamentos, quando contribuem com as famílias sem-terra acampadas, seja com alimentos ou com manifestações públicas de solidariedade, quando afirmam que sua luta continua enquanto existir sem-terra neste país, quando se juntam para manifestações, marchas e outros atos públicos, estão dando demonstrações de sua consciência política e capacidade de organização.

A vida e o trabalho compartilhados de forma coletiva e a superação do trabalho individual / familiar constituem o aspecto mais educativo dos assentamentos e grupos coletivos.

Entretanto, apresenta-se um grande desafio, no sentido de construir formas coletivas de vida que levem em conta a origem, a trajetória e as experiências (objetivas e subjetivas) das famílias sem-terra. Observamos que as cooperativas acabaram por assumir um papel nos assentamentos de centralização e controle sobre todas as dimensões da vida, reproduzindo a lógica do capital que se apresenta nessa sociedade como central.

Segundo pesquisa desenvolvida em assentamentos e acampamentos do MST em Santa Catarina[91], o setor de maior participação dos trabalhadores é o da produção (24,9%). A forma do grupo manter-se unido são as reuniões de produção/crédito (32,6%), os núcleos (22,6%), através das lideranças (10%), de trabalhos comunitários (9%) e de marchas e manifestações (6%). Apenas 5,6 % indicam as festas e confraternizações e somente 3,3% a religião.

Observamos aquilo que Carvalho (apud CONCRAB, 1999) aponta: as cooperativas passam a subsumir as formas de cooperação, os núcleos de base, as reflexões e os debates sobre outros aspectos da vida, para além do trabalho.

Conclusões

O que diferencia a experiência do MST das cooperativas de trabalhadores que têm sido construídas nas últimas décadas no país? Ao nosso ver, elas conseguem aliar a luta imediata, específica, de atendimento à necessidade fundamental de sobrevivência, nesse caso por meio da conquista da terra, com lutas amplas, de alcance nacional e internacional. A luta pela terra não se constitui num fim em si mesmo, nem mesmo as cooperativas; elas fazem parte de um projeto político.

Avaliamos que a experiência cooperativista é construída politicamente no campo de lutas do MST, que reúne na sua base trabalhadores expropriados das condições de produção de sua existência, sejam eles pequenos proprietários rurais, arrendatári-

---

[91] Dados colhidos na pesquisa "Assentamentos do MST e Identidade Coletiva", pela aplicação de questionário junto a 95 sem-terra acampados e 206 assentados (total de 301). O questionário atingiu 15 acampamentos (dos 16 existentes) e 60 assentamentos (dos 113 localizados em Santa Catarina). A referida pesquisa foi coordenada pelas professoras Célia R. Vendramini e Bernardete W. Aued e financiada pelo Plano Regional Sul CNPq/FUNCITEC, no período de agosto de 2001 a dezembro de 2003.

os, parceiros, assalariados, diaristas ou bóias-frias, trabalhadores desempregados, com diferenças em relação às suas experiências de trabalho e de organização da vida social, bem como às suas origens. Ainda que suas trajetórias sejam determinantes no processo de organização nos acampamentos e nos assentamentos, os sem-terra constroem uma identidade entre si, na luta política. Algo os identifica, os une em torno da bandeira do MST num primeiro momento: é a luta imediata pela vida, pelas condições materiais de existência, através da conquista da terra. O grande desafio é a constituição dos interesses fundamentais ou estruturais de classe, ou a vinculação dialética entre a luta econômica e a luta política. O MST, nos seus princípios e orientações políticas, claramente aponta a necessidade de ir além da luta imediata pela terra, ao apostar na capacidade de organização coletiva nos acampamentos e assentamentos. Depende, portanto, das condições e possibilidades históricas e da condução política do Movimento, a criação de uma verdadeira coletividade, no sentido imprimido por Marx e Engels, na *Ideologia Alemã*.

À medida que os problemas dos "sem terra", dos "sem trabalho", dos "sem rendimento" estão cada vez mais politizados, as vítimas precisam (re)agir politicamente. Seus problemas passam cada vez mais pela política nacional e mundial.

Os trabalhadores, historicamente, constroem diversas experiências que se tornam exemplo. Entre elas, podemos considerar a própria experiência do MST, com seus mais de 20 anos de luta e mais de 10 anos de construção de cooperativas, sob variadas formas, nos assentamentos rurais.[92]

---

[92] No MST existem mais de 500 associações de produção, comercialização e serviços; 49 Cooperativas de Produção Agropecuária (CPA), com 2.299 famílias associadas; 32 Cooperativas de Prestação de Serviços com 11.174 sócios diretos; duas Cooperativas Regionais de Comercialização e três Cooperativas de Crédito com 6.521 associados (MST. Quem Somos. MST comemora 20 anos. Disponível em www.mst.org.br. Atualizada em 23/1/2004).

Referências bibliográficas

CARVALHO, Horácio M. *As contradições internas no esforço de cooperação nos assentamentos de reforma agrária do MST* (período 1989-1999). In: CONCRAB. *A evolução da concepção agrícola do MST (1989 a 1999)*. São Paulo, ago. 1999 (Caderno de Cooperação Agrícola, 8).

CAZELLA, Ademir A. *Assentamentos rurais e cooperação agrícola: políticas conflitantes. O caso do assentamento 30 de Outubro-SC*. Dissertação (Mestrado em Desenvolvimento Agrícola – CPDA) – UFRJ. Rio de Janeiro, 1992.

CHRISTOFFOLI, Pedro I. *O desenvolvimento de cooperativas de produção coletiva de trabalhadores rurais no capitalismo*: limites e possibilidades. Dissertação (Mestrado em Administração) – UFPR, Curitiba, 2000.

CONCRAB: CONFEDERAÇÃO DAS COOPERATIVAS DE REFORMA AGRÁRIA DO BRASIL. *Sistema Cooperativista dos Assentados*. São Paulo, jun. 1998. (Caderno de Cooperação Agrícola, 5).

CONCRAB. *Enfrentar os desafios da organização nos assentamentos*. São Paulo, nov. 1998 (Caderno de Cooperação Agrícola, 7).

CONCRAB. *A evolução da concepção agrícola do MST (1989 a 1999)*. São Paulo, ago. 1999 (Caderno de Cooperação Agrícola, 8).

CONCRAB; MST. *Cooperativas de produção — questões práticas*. 3ª ed. São Paulo, jun. 1997 (Caderno de Formação, 21).

DALMAGRO, Sandra. *Trabalho, coletividade, conflitos e sonhos: a formação humana no Assentamento Conquista na Fronteira*. Dissertação (Mestrado em Educação) – UFSC, Florianópolis, 2002.

GRADE, Marlene. *MST: luz e esperança de uma sociedade igualitá-*

253

ria e socialista. Dissertação (Mestrado em Economia) – UFSC, Florianópolis, 1999.

ITERRA: INSTITUTO TÉCNICO DE CAPACITAÇÃO E PESQUISA DA REFORMA AGRÁRIA. ITERRA: memória cronológica. *Cadernos do ITERRA*, Veranópolis, ano 1, n.1, fev. 2001.

JORNAL BRASIL DE FATO. São Paulo, ano 1, n. 23, ago. 2003.

MESZÁROS, I. *Para além do capital*: rumo a uma teoria da transição. Trad. de Paulo C. Castanheira e Sérgio Lessa. São Paulo: Boitempo Editorial; Campinas: Editora da UNICAMP, 2002.

MST: MOVIMENTO DOS TRABALHADORES RURAIS SEM-TERRA. *Escola, trabalho e cooperação*. São Paulo: Setor de Educação, 1994 (Boletim da Educação, 4).

MST; CONCRAB. *O que levar em conta para a organização do Assentamento – a discussão no acampamento*. São Paulo, maio 2001. (Caderno de Cooperação Agrícola, 10).

RIBEIRO, M. Trabalho cooperativo no MST e ensino fundamental rural: desafios à educação básica. In: FERRARO, A.; RIBEIRO, M. (Orgs.) *Trabalho, educação, lazer*: construindo políticas públicas. Pelotas/RS: EDUCAT, 2001. p. 121-157.

RIBEIRO, M. Formação cooperativa e educação escolar: realidades que se complementam ou se contrapõem? In: VENDRAMINI, C. R. (Org.) *Educação em movimento na luta pela terra*. Florianópolis: NUP/CED/UFSC, 2002. p. 91-110.

SANTOS, B. S. (Org.). *Produzir para viver*: os caminhos da produção não-capitalista. Rio de Janeiro: Civilização Brasileira, 2002.

SIZANOSKI, Raquel. *O novo dentro do velho: cooperativas de produção agropecuária do MST* (possibilidades e limites na construção de outro coletivo social). Dissertação (Mestrado em Sociologia Política) — UFSC, Florianópolis, 1998.

SOUZA, Maria Antonia. *As formas organizacionais de produção em assentamentos rurais do Movimento dos Trabalhadores Rurais Sem Terra – MST.* Tese (Doutorado em Educação) – UNICAMP. Campinas-SP, 1999.

THOMPSON, Eduard. *A Formação da classe operária inglesa.* Trad. de Denise Bottmann. 2. ed. Rio de Janeiro: Paz e Terra, 1987. 3 v.

THOMPSON, Eduard. *A miséria da teoria:* ou um planetário de erros. Rio de Janeiro: Zahar, 1981.

VENDRAMINI, Célia R. Trabalho e cooperativas: os (des)caminhos no processo de formação humana. In: *Educação em movimento na luta pela terra.* Florianópolis: NUP/CED/UFSC, 2002. p. 69-90.

VENDRAMINI, Célia R. *Terra, trabalho e educação:* experiências sócio-educativas em assentamentos do MST. Ijuí: Editora da UNIJUÍ, 2000.

Especializados e políticos: trabalhadores "dirigentes" de uma democracia popular

Giovanni Semeraro *

Tendo como referência o pensamento de Gramsci, particularmente o que está delineado em "Americanismo e fordismo" do Caderno 22, o artigo parte da fragmentação e da precariedade dos trabalhadores brasileiros diante da reestruturação produtiva do país. Ao mesmo tempo em que busca focalizar os aspectos mais específicos que o capital e o trabalho assumem na nossa época de pós-modernidade, sinaliza novas formas de organização e de lutas para sair da subjugação e tornar-se dirigentes.

I. A fragmentação e a desqualificação dos trabalhadores

58,2% da força de trabalho na informalidade revelam, por si só, um retrato inquietante da realidade sócio-econômica do Brasil. Ao lado da elevada taxa de analfabetismo e da baixa escolaridade, da irrisória proteção social e da falta de garantias de

---

* Prof. Adjunto de Filosofia da Educação da Universidade Federal Fluminense (UFF).

direitos fundamentais, esse indicador compõe o quadro de uma sociedade que funciona precariamente e sofre de um processo de esvaziamento, como sinalizam os mais de três milhões de brasileiros que já buscam fora do país melhores condições de vida. Sem levar em consideração as contradições que afetam também os que trabalham com carteira assinada, a maioria dos que são empurrados para o desemprego, o subemprego e a contratação eventual fica à mercê de uma economia de sobrevivência, improvisada, totalmente vulnerável. A debilidade no trabalho e a renda minguada de grande parte da população, de fato, provocam um efeito devastador não apenas na vida pessoal e familiar, mas na própria estruturação do país, comprometendo a formação do tecido social, a identidade coletiva e um projeto confiável de sociedade. Flutuantes, desenraizados, descartáveis e entregues a si mesmos, os que trabalham de expedientes eventuais acabam perdendo a visão de conjunto, a capacidade de perceber as contradições do sistema que os gera, a importância das instituições sociais e o sentido da política. Sem muitas possibilidades de se organizar, suas reações se limitam a reivindicações focalizadas, a surtos esporádicos de revolta facilmente neutralizados pelas classes dominantes.

A precarização do trabalho é apenas a face cruel do padrão de acumulação flexível e da financeirizaçao de um capitalismo turbinado que ultimamente conseguiu sofisticar a dependência e modernizar a colonização de países como o Brasil que nunca chegou a ter um Estado de Bem-Estar Social nem tampouco se preocupou com as condições básicas de vida da população ou com uma remuneração digna dos trabalhadores. De modo que, em um contexto como esse, a economia informal acabou tornando-se uma das formas mais perversas das práticas de super-exploração introduzidas ao longo do tempo, principalmente, pelo neoliberalismo dessas últimas décadas.

Os projetos populares de trabalho e renda, as formas alternativas de produção doméstica e as mais diversas tentativas de gerar uma economia própria que se multiplicam por toda parte, em muitos casos de grande valor associativo, não podem ser vistos fora do sistema da produção global e da posição que o Brasil ocupa neste ordenamento. Além do espírito de iniciativa e das redes de cooperação, o trabalho e a produção popular precisam agregar valor dos avanços científicos e estar articulados com um projeto de sociedade que socializa os bens materiais e simbólicos. Sem isso, mesmo tendo talento e criatividade de sobra, o Brasil continuará desempenhando o papel de sempre: a submissão ao capitalismo e o fornecimento barato de mão-de-obra e de matérias-primas. "Nos produtos primários que o Brasil exporta, observa Washington Novaes, 90% do preço final pago pelo consumidor ficam no país importador. O exportador fica com 10% do preço final. Enquanto isso, nos produtos que o Brasil importa, os países industrializados agregam todos os valores: mão-de-obra, tecnologia, conhecimento, seguro etc. Estamos eternamente nessa posição de criar um consumo baratinho para os países industrializados e ficar com os custos todos aqui dentro" (2004).

Portanto, indivíduos e coletividades vão encontrar sua liberdade e realização não no trabalho aleatório e desqualificado, longe do desenvolvimento científico e da estruturação política que a produção vem a ter. O modo de produção e a distribuição das riquezas, o grau de organização social e o nível de inteligência coletivamente construída formam a natureza das pessoas e a consistência de um país. Contrariamente às fábulas do "ócio criativo", o trabalho, democraticamente elaborado e repartido, é a base da própria estruturação ontológica dos indivíduos e das sociedades. Ser inseparavelmente biológico e social, é pelo trabalho que o homem produz e se reproduz, cria riquezas para seu sustento e desenvolve sua consciência, transforma o mundo e elabora culturas, constrói a cidade e estabelece relações sóciopolíticas.

Quando livre e associado, o trabalho é "princípio educativo" fundamental, é a arma mais poderosa dos subjugados para chegar a se apropriar dos bens estratégicos que dão sustentação ao seu projeto de vida. A construção de uma verdadeira hegemonia, de fato, não se fundamenta em esmolas e ações compensatórias, mas além da "direção" política, tudo faz para que os trabalhadores venham a desenvolver suas mais avançadas capacidades intelectuais, a adquirir o controle dos seus patrimônios materiais, científicos, históricos e culturais. Profético, F. de Oliveira alertava: "Eu já ouvi muita gente de esquerda dizer que a primeira coisa a fazer no Brasil seria uma reforma que desse ao menos um prato de comida a cada dia, a cada um dos brasileiros. Pode haver equívoco maior, mas eu não conheço. Nesta sociedade, tão marcadamente desigual, a eliminação do campo de interlocução será fatal para a *polis*, será fatal sobretudo para os dominados, sobretudo para aqueles que carregam em si, em sua existência, todos os estigmas da formação dessa sociedade tão desigual. É a eles que se endereça, na verdade, a privatização da vida. São eles o alvo preferencial dessa privatização e desse encolhimento do espaço público" (2001, p. 131).

Ao corroer as relações no mundo do trabalho, portanto, ao minar o direito à escola pública de qualidade, ao reservar migalhas para a pesquisa e as obras sociais, o Brasil compromete a possibilidade de se tornar um "Estado social de trabalho e solidariedade" (Q 19, 1988). Pois, quando se abre o acesso ao trabalho e ao conhecimento para as classes subalternas não aumenta apenas a produtividade de um país, mas se lançam as bases concretas para "reconstruir o mundo economicamente em modo unitário... não para dominá-lo hegemonicamente e se apropriar dos frutos do trabalho dos outros" (Q 19, 1988). Para uma sociedade ser realmente democrática, de fato, é preciso ao mesmo tempo oferecer condições de trabalho qualificado e fazer com que "cada 'cidadão' possa se tornar 'governante'", formando-o "como pessoa capaz de pensar, estudar, dirigir ou de controlar quem dirige" (Q 12, 1547). E, nessa tarefa, cabe a um governo realmente democrático a responsabilidade de "assegurar a cada governado a aprendizagem gratuita" (Q 12, 1548), de modo a formar um trabalhador-intelectual "de novo tipo", democrático e popular, que "da técnica-trabalho chegue à técnica-ciência e à concepção humanista histórica, sem a qual se reduz a ser 'especializado' sem tornar-se 'dirigente' (especializado + político) (Q 12, 1551).

Sendo a esfera econômico-produtiva inseparável da política-cultural, Gramsci observa que um grupo social não consegue exercer a "direção" ético-política, sem "desempenhar uma função essencial no campo produtivo" (Q 12, 1513), uma vez que "não pode existir igualdade política completa e perfeita sem igualdade econômica".

Não se pode esquecer que o sentido mais profundo da eleição de um operário à presidência do Brasil reside, acima de tudo, na vontade popular de valorizar os trabalhadores, de democratizar a produção, de subordinar a economia e o capital à emancipação da população, já que "não é possível uma elevação civil das camadas inferiores, sem uma prévia reforma econômica e uma mudança na organização social" (Q 13, 1561).

De modo que, se até hoje as lutas populares no Brasil estiveram orientadas, principalmente, na conquista dos direitos políticos e na consolidação das instituições democráticas, o objetivo maior da democratização, em um mundo dinamizado pelo trabalho mais intelectualizado e interativo (Negri, 2003, pp. 94ss.) deve ser o acesso aos conhecimentos avançados, a socialização da economia e das riquezas coletivamente produzidas. Portanto, a rica multiplicidade dos novos sujeitos populares que ao longo das últimas décadas foi surgindo na sociedade civil brasileira não pode se dispersar em iniciativas emergenciais e emprendimentos filantrópicos, mas precisa continuar a agir politicamente para se articular em unidade e "tornar-se 'Estado'" (Q, 25, 2288) democrático, capaz de socializar o poder e universalizar bens e direitos.

II. Construir o trabalho socializado em tempos de capitalismo pós-moderno

A organização de uma produção socializada, a formação de uma inteligência coletiva e a constituição de um Estado democrático e popular, são as conquistas que os trabalhadores não podem perder de vista em uma época em que o capital de acumulação flexível torna o trabalho cada vez mais "imaterial" e dissolve as formas tradicionais de resistência.

O lugar onde, agora, o novo ciclo do capital encontra sua maior produtividade, de fato, não é mais a linha de montagem e o sistema da grande indústria. Sua maior intensidade concentra-se na super-exploração das energias intelectuais exigidas pelos complexos mecanismos do terciário, pela expansão do setor de serviços, pelo investimento maciço na ciência e na tecnologia. Em poucos anos passamos do trabalho-fábrica à sociedade-fábrica, do "operário-massa" ao "operário por conta própria", da sociedade fordista à sociedade informatizada. A base da nova organização produtiva deixa de ser a massa de operários disciplinados e se desloca para o trabalho em equipe, para pequenas e micro empresas. Melhor, para a auto-empresa: o maior ícone da economia pós-moderna. Através de células de produção, sempre prontas a construir e desconstruir redes locais e mundiais, o capital se capilariza na sociedade e se dissemina em todos os recantos do planeta, chegando à "subsunção de todas as esferas da vida ao seu domínio".

Ao se tornar cada vez mais abstrato, potência impessoal que se aloca ao nível de "inconsciente social", o capital, em sintonia com a cultura pós-moderna, acentua o "esvaziamento do concreto" e desestrutura as relações de classe. Não é sem significado o fato de que "a hegemonia de filosofias e teorias da desmaterialização reduzem a realidade a algo constituído apenas por signos lingüísticos" (Finelli, 2003, pp. 102-104). A introdução da microeletrônica e da automação no mundo do trabalho e na organização da sociedade trazem aumento de produtividade e maior eficiência administrativa, mas disseminam desemprego e aprofundam a desigualdade entre as classes. Embora não desapareça, o trabalho assume configurações mais sofisticadas e complexas tornando-se campo de mais difíceis embates. Assim, enquanto o sistema de trabalho fordista e taylorista era orientado a mecanizar o corpo e a disciplinar a vida familiar e social, o atual modelo concentra sua dominação na mente, no imaginário, atinge o inconsciente do trabalhador-consumidor isolado socialmente. O que hoje está em curso, na verdade, é a taylorização da inteligência, quer dizer, a submissão das energias mais criativas e cooperativas do ser humano à extração da mais valia.

Mas, é apenas o senso comum que nos leva a crer que saímos de uma sociedade disciplinar e punitiva para ingressarmos em uma sociedade holística, em um mundo anti-heróico, sem contradições, sem política e sem história. Da mesma maneira que um simulacro de democracia, por trás da aparente participação e da eficiência jurídico-administrativa, nos vende a imagem da harmonização em um único sistema, enquanto são dissimuladas a nova exploração do trabalho, as desigualdades, a divisão de classe e as novas formas de colonialismo.

Transformada em totalidade onipresente e imperceptível, "a economia-mundo capitalista", permeia todas as formas de produção e adquire verdadeiros traços de divindade. À sua ação não escapa nem "o mundo da vida", como Habermas chegou a idealizar. Presente por toda parte, se naturalizou em um sistema que se apresenta auto-regulado, onde as contradições são vistas como irracionais, as alternativas utópicas, os conflitos de classe anomalias a serem superadas na negociação de aparentes sujeitos plurais que se dedicam a aperfeiçoar o sistema e a recompor seu equilíbrio e funcionalidade. "A produção assume uma qualidade objetiva, como se o sistema capitalista fosse uma máquina que marcha por própria conta, um autômato capitalista. Trata-se de um sonho longamente acalentado pelo capital: apresentar-se separado do trabalho, representar uma sociedade capitalista que não olha para o trabalho como a seu fundamento dinâmico, portanto, rompe com a dialética social caracterizada pelo contínuo conflito entre capital e trabalho" (Hardt-Negri, 1995, p. 49).

Ao aprofundar a separação entre o político (neutralizado em tecnocracia) e o social (deixado à iniciativa privada) e ao manter o Estado como aparelho administrativo e militar impedido de interferir na esfera econômica, o capital alcança sua perfeição: apresenta-se como força impessoal, sem responsabilidade com a emancipação humana, de modo a figurar que "são as leis 'autônomas' da economia e do capital abstrato que exercem o poder, e não a imposição voluntária do capitalista sobre os trabalhadores" (E. Meiksins, p. 44). Como Marx havia analisado, o capitalismo revela-se o sistema do trabalho que afasta o homem de si mesmo e busca sua realização nas impassíveis leis mecânicas. Nesse contexto, a potência do trabalho vivo que transforma o mundo, que gera bens, realiza a vida humana, constrói relações sociais e funda a democracia de iguais está profundamente ameaçada de morte. Ao dissolver sujeitos, mediações, responsabilidades, visão de

264

conjunto, parece que não há mais lugar para as lutas de hegemonias contrapostas.

No entanto, contraditoriamente, as novas formas de produção e a nova configuração do capitalismo, ao mesmo tempo em que introduzem mecanismos mais sofisticados de exploração e de dominação, trazem consigo também novas possibilidades de socialização e a formação de novas subjetividades. Longe de desaparecer, o conflito entre acumulação inaudita de capital e trabalho vivo explode em outras formas e por meio de diferentes sujeitos políticos. Os sistemas sofisticados de abstração do capital esbarram diante do aumento das necessidades que são estimuladas em todos os segmentos da sociedade. Os sistemas de controle e de conformação são subvertidos continuamente por "invasões bárbaras". A força destruidora do capitalismo se depara diante de inéditas resistências e surpreendentes expressões de vida. Assim, "Enquanto a era pós-moderna desenvolve em escala global a sociedade capitalista de controle, ela desenvolve também o autogoverno do trabalho vivo e o potencial do comunismo a um nível nunca antes experimentado" (Hardt-Negri, p. 27).

A inserção cada vez mais preponderante de ciência e tecnologia na esfera do trabalho e da produção, se de um lado desencadeia um novo ciclo de acumulação do capital, exige, por outro, do trabalhador, o domínio contínuo de novos conhecimentos, a familiaridade com linguagens científicas, a capacidade de raciocínios rápidos e abstratos, o controle do fluxo de informações, o manuseio de novos paradigmas epistemológicos, a interação permanente com aparelhos e sistemas comunicativos. Longe de dispensar a intervenção humana, a automação e a multiplicação de sofisticados artefatos tecnológicos vêm solicitando uma maior intelectualização do trabalhador, não mais reduzido a apêndice da máquina-ferramenta, mas desafiado a desempenhar uma interação mais ativa com o sistema produtivo e a sociedade complexa em que vivemos.

No lugar, portanto, de se entregar a visões catastróficas diante dos avanços da ciência e da tecnologia, é preciso acima de tudo conhecer e debater. Sem se deixar dominar por sentimentos de fuga ou por um ressentimento iconoclasta frente às inovações, é mais revolucionário estudar o mundo em seus contraditórios processos de transformação e buscar soluções que atendam às reivindicações populares. Bradar contra o capitalismo, o despotismo da razão e a "civilização" ocidental, além de não levar a lugar nenhum, acaba favorecendo forças reacionárias e formas organicistas pré-modernas.

A questão fundamental, portanto, continua sendo: como os subjugados podem transformar a realidade em instrumento à serviço de seu projeto de sociedade? Como, a ciência e a tecnologia, as transformações no mundo do trabalho e o novo sistema de produção podem ser arrancados das classes dominantes para se tornar forças vivas de emancipação, de liberdade, de socialização, de fundação de uma civilização democrática popular?

Para Gramsci, não é pondo-se fora do mundo, à margem da ciência e do trabalho qualificado que se chega à hegemonia. Os cadernos especiais 12 e 22 mostram exaustivamente como é a partir dos conhecimentos socialmente acumulados e da recriação popular do saber que é possível chegar a um novo modelo de educação. A escola do trabalho deve estar orgânica e cientificamente vinculada aos interesses populares e ao modo de produção mais avançado, pois: "não é dos grupos sociais 'condenados' pela nova ordem que se pode esperar a reconstrução, mas daqueles que estão criando, por imposição e com o próprio sofrimento, as bases materiais dessa nova ordem...." (Q 22, 2179).

III. A democratização da economia
e do sistema produtivo na visão de Gramsci

O processo de democratização, que as lutas populares vêm levando adiante conquistando direitos civis e políticos, dinamizando a sociedade civil, ampliando a esfera do Estado, abrindo instituições públicas ao controle da sociedade, precisa agora expandir os direitos sociais e universalizar a economia-trabalho. Gramsci, de fato, nos alerta que: "A hegemonia é política e cultural, mas também é principalmente econômica, tem sua base material na função decisiva que o grupo hegemônico exerce sobre o núcleo fundamental da economia" (Q 4, 461).

Introduzir a democracia popular também na esfera da economia, não significa apenas distribuir melhor o que está concentrado nas mãos da burguesia. É decisivo que os subjugados se apropriem da capacidade de fazer ciência (*Universidade popular,* Avanti, 29/12/1916) e da liberdade de estabelecer os rumos da produção. É outro, de fato, o sentido que as classes populares conferem à democracia. Quando vinculada à hegemonia, como aponta Gramsci, "... existe democracia entre o grupo dirigente e os grupos dirigidos, na medida em que [o desenvolvimento da economia e portanto] a legislação [que exprime tal desenvolvimento] favorece a passagem [molecular] dos grupos dirigidos ao grupo dirigente" (Q 8, 1056).

Em sua luta por uma sociedade voltada para a superação de classe, os subalternos não apenas levam a economia e a produção a assumirem outra função, mas passam também a elaborar a ciência e a tecnologia dentro de um horizonte epistemológico de intelectualidade coletiva (Semeraro, 2001). No sistema de classe, ao contrário, "ao indivíduo escapa a complexidade da obra comum e, na sua consciência, seu trabalho é desprezado até parecer-lhe facilmente substituível a cada instante" (CPC, 60). As classes dominantes se mantiveram porque "privaram sistematicamente os subjugados do saber científico", de modo que "o operário é levado a se menosprezar... a pensar que é ignorante e incapaz... a se convencer que as suas opiniões valem pouco... que sua função na vida não é a de produzir idéias, de dar diretivas, de ter opiniões, mas ao contrário é a de seguir as idéias dos outros, as diretivas dos outros, ouvindo de boca aberta as opiniões dos outros" (Ibid.).

Como Marx, o que Gramsci propõe não é a libertação do trabalho e do duro esforço de construir a ciência, mas da alienação e da manipulação que destroçam os subjugados. Desde a militância no *L'Ordine Nuovo*, a batalha de Gramsci foi no sentido de promover a participação efetiva dos operários na direção intelectual-política e produtiva da fábrica como exercício concreto para chegar ao "autogoverno, e daqui partir para a construção de uma nova sociedade e de um novo Estado" (P. Spriano, 1971, p. 9). Os conselhos de fábrica, situados no coração da produção, representam células modelares do novo Estado: "O conselho dá aos operários a responsabilidade direta da produção, os leva a melhorar seu trabalho, instaura uma disciplina consciente e voluntária, cria a psicologia do produtor, do criador de história" (*L'Ordine Nuovo*, 238-240).

Embora Gramsci escreva em uma época dominada pela grande indústria, pela mecanização fordista e pela eficiência taylorista, muitas das suas reflexões ultrapassam seu tempo. Em "Americanismo e fordismo" (Q 22), um Caderno "especial" escrito em fevereiro-março de 1934, quando já havia elaborado os conceitos mais originais do seu pensamento e as posições críticas ao economicismo que caracterizavam o marxismo da III Internacional (F. De Felice, 1978, pp. XXIII-XXVI), Gramsci esboça uma análise de surpreendente atualidade sobre as metamorfoses do capitalismo contemporâneo.

O fenômeno do "americanismo", para Gramsci, foi a resposta mais avançada do mundo capitalista à crise de 29 e à ameaça da revolução comunista na União Soviética. Tratava-se de um processo histórico que marcava a passagem "do velho individualismo econômico à economia programática" (Q 22, 2139). Como já fazia entender no Q 9, 1143, Gramsci reconhece certa "racionalidade" "generalizável" no fordismo que deveria implodir o arcaísmo, as formas atrasadas de produção e o parasitismo social que imperava na Europa. Mas, é no Q 22 que sinaliza para a possibilidade de separar "o desenvolvimento técnico" dos "interesses da classe dominante". Sem receio de reconhecer os avanços tecnológico-científicos dos Estados Unidos, os trabalhadores deveriam assimilá-los, orientando-os para os objetivos da própria classe. Deveriam transformar "subjetivamente" o que estava dado "objetivamente" (Q 9, 1138).

No Q 22 é possível perceber a paradoxal e arriscada concepção dialética de matriz hegelo-marxiana que ao se aproximar do adversário pensa, ao mesmo tempo, as contradições e as conexões do processo histórico, olha para a totalidade da realidade sem descuidar do particular, percebe o doloroso processo de formação do novo que nasce do velho, a liberdade da necessidade, o subjetivo do objetivo, tudo entranhado na imanência do mesmo mundo, dentro de uma indissolúvel relação de vida e morte de forças em movimento que disputam diferentes projetos de sociedade.

Daqui, a pergunta mais aglutinadora das reflexões dos Cadernos: "Como nasce o movimento histórico sobre a base da estrutura?" (Q 11, 1422). Ou seja, para nós, como ter a iniciativa em uma sociedade dominada pelo poder econômico? Como chegar à hegemonia em um mundo essencialmente controlado por megaempresas transnacionais? Como tornar-se dirigentes em condições de subalternidade, de dependência e de colonização? Como construir a democracia em um sistema autoritário? Como desenvolver a auto-determinação dentro de aparelhos coercitivos? Como chegar ao "trabalhador coletivo" em um mundo que idealiza a auto-empresa? Gramsci traça o caminho: a politização dos subjugados e a auto-educação a partir do mundo da produção. É esse o significado mais profundo da elaboração da sua original "filosofia da práxis": a capacidade dos trabalhadores desenvolverem sua própria concepção de mundo, suas organizações, sua subjetividade, enquanto estão imersos nos processos mais avançados de produção e conhecimento. Portanto, a criação de uma nova sociedade libertada da dominação do capital não acontece à parte, longe dos processos históricos existentes, fora da política, do mundo do trabalho e dos avanços da ciência. Para Gramsci, o segredo para chegar à hegemonia é a capacidade de elaborar, no interior do sistema existente, a própria identidade, as representações próprias que possam levar à superação da discrepância criada pelo capitalismo entre o fazer e o saber, entre a produção e a consciência, entre a economia e a política. A principal arma de um grupo social, como se sabe, é sua identidade. E essa, mesmo dolorosamente, pode ser construída pelos subjugados, até nas condições mais adversas (Q 15, 1777).

Por isso, Gramsci, além do terreno da fábrica encontra na sociedade civil o campo de desenvolvimento das subjetividades dos trabalhadores. Esses, em suas organizações, podem criar uma outra cultura e experimentar novas formas de produção socializada, pondo-se como alternativa ao projeto mecânico e destrutivo determinado pelo capital.

De fato, embora Gramsci reconheça a racionalidade e os avanços do sistema produtivo americano, recusa a massificação e a concentração de poder nele embutido pela classe burguesa, uma vez "que não se trate de um novo tipo de civilização... se percebe do fato de que nada mudou no caráter e nas relações dos grupos fundamentais" (Q 22, 2180).

Ao analisar o "ortopédico" sistema de trabalho imposto pela moderna indústria americana, Gramsci procura entender "o significado e a *força objetiva* do fenômeno americano" (Q 22, 2165). Sabe que Taylor expressa com cinismo brutal o objetivo da sociedade americana, que é desenvolver até o máximo a parte "mecânica e automática", quebrando o velho nexo psicofísico do trabalhador e operando uma "inevitável seleção que eliminará uma parte da velha classe trabalhadora do mundo da produção e até do mundo" (Q 22, 2165). Mas, Gramsci está também convencido de que "em qualquer trabalho físico, mesmo o mais mecânico e degradado, existe um mínimo de qualificação técnica, ou seja, um mínimo de atividade intelectual criadora" (Q 12, 1516). Mesmo "amestrado" o trabalhador conserva as possibilidades de converter os mais rigorosos mecanismos produtivos em meios de liberdade, visando "uma nova forma de sociedade, com meios apropriados e originais" (Q 22, 2166). Sem exaltar a modernização em si nem defender a neutralidade da ciência e da tecnologia, o que Gramsci não perde de vista é a dimensão socializadora do trabalho e a formação da nova subjetividade dos subalternos (Baratta, 2000, p. 212). De fato, na nova ordem construída pelos trabalhadores associados, esses "devem encontrar o sistema de vida 'original' e não de marca americana, para transformar em 'liberdade' o que hoje é 'necessidade'" (Q 22, 2179). Há, portanto, no interior do mesmo sistema, a possibilidade de organizar diversos e opostos projetos.

As conquistas mais avançadas da ciência e as mais sofisticadas técnicas do processo produtivo, para Gramsci, podem se transformar em instrumentos funcionais a um novo ciclo de acumulação capitalista, mas se forem apropriadas e recriadas pelos trabalhadores podem vir a se constituir em nova base de operosidade e formação de uma nova vontade coletiva. Daqui, o reconhecimento no *L'ordine nuovo* do valor da experiência de uma certa forma de "americanismo" aceita pelas massas operárias de Turim e a simpatia de Gramsci pelos métodos modernos nas fábricas soviéticas promovidos por Lênin e Trotscki no início dos anos 20.

Mas, pergunta M. Martelli (1996, p. 128), até que ponto o meio não predetermina ou prefigura o fim? Um socialismo fordizado não seria um socialismo desfigurado como foi o socialismo real? Os métodos e a pedagogia não estariam inseparavelmente ligados aos objetivos e ao projeto global? Será que o rigor disciplinar, mesmo consentido e consciente, gera a liberdade? Um sistema tão estruturado, sedutor e sorrateiro como o capitalismo avançado, daria chances para o trabalhador chegar à autodeterminação e a uma nova concepção de produção e sociedade? Não haveria uma boa dose de voluntarismo nas análises de Gramsci?

O projeto de Gramsci, simbolizado por sua condição de encarcerado, não é simples nem romântico. Nele, a formação de "intelectuais orgânicos" e de "trabalhadores associados" não acontece "naturalmente" como a que conforma ao sistema, mas é fruto de um gigantesco esforço de construção conjunta que exige ousadia, imaginação, ruptura e a criação de uma práxis políticopedagógica que transforme radicalmente a realidade.

Não surpreende, portanto, se suas reflexões carcerárias são tão abrangentes e se apresentam com a pretensão "für ewig", cuja melhor tradução deveria ser "de longa duração", como vem mostrando a vitalidade de seu pensamento.

Em uma carta tocante escrita a sua mulher Iulca, preocupado com a formação de seus filhos, Gramsci esboça de forma sintética e genial o sonho que prefigura o novo ser humano. O desenho que emerge não é apenas a proposta de uma educação politécnica, mas, acima de tudo, o projeto de um mundo "comunista", realmente capaz de criar a "unidade do gênero humano" ao articular a rica singularidade das suas partes: "O homem moderno deveria ser uma síntese das que são... idealizadas como características nacionais: o engenheiro americano, o filósofo alemão, o político francês, recriando, por assim dizer, o homem italiano do Renascimento, o tipo moderno de Leonardo da Vinci, feito homem-massa ou coletivo mesmo preservando sua forte personalidade e originalidade individual. Uma coisa de nada, como você pode ver!" (LC, 1/8/1932).

Referências bibliográficas

BARATTA, G., *Le rose e i Quaderni. Saggio sul pensiero di Antonio Gramsci*, Roma, Gamberetti, 2000.

DE FELICE, F., *Introduzione ad A. Gramsci, Quaderno 22. Americanismo e Fordismo,* a cura di, Torino, Einaudi, 1978.

FINELLI, R., " 'O pós-moderno': verdade do moderno ", in C.N. Coutinho – A. de Paula Teixeira (orgs), *Ler Gramsci entender a realidade,* Rio de Janeiro, Civilização Brasileira, 2003.

GRAMSCI, A., *Quaderni del carcere,* 4 vols, edizione critica a cura di V. Gerratana, Torino, Einaudi, 1975.

————. *Lettere dal carcere,* 2 vols, a cura di A. Santucci, Palermo, Sellerio, 1996.

————. *L'Ordine Nuovo 1919-1920,* a cura di V. Gerratana e A Santucci, Torino, Einaudi, 1987.

————. *La Costruzione del Partito Comunista 1923-1926* (CPC), Torino, Einaudi, 1978

HARDT, M.,— Negri, A., *Il lavoro di Dioniso. Per la critica dello Stato postmoderno*, Roma, Manifestolibri, 1995.

IBGE: O Censo Demográfico de 2000 revela que 22,2 milhões — 14%— são analfabetos; 57,64% da população com mais de 15 anos de idade tem menos de 8 anos de estudo; 80% da população brasileira tem menos de 11 anos de escolaridade.

MARTELLI, M., *Gramsci filosofo della politica*, Milano, Unicopli, 1996.

MEIKSINS, E. W., *Democracia contra Capitalismo*, trad. de Paulo C. Castanheira, São Paulo, Boitempo, 2003.

NEGRI, A., *Cinco lições sobre império*, Rio de Janeiro, DP&A, 2003.

NOVAES, W., "Ricos consomem e Brasil paga a conta", in: *Brasil de fato*, 8-14 de janeiro de 2004.

OLIVEIRA, F. de, "Intelectuais, conhecimento e espaço público", *Revista Brasileira de Educação*, n. 18, 2001.

SEMERARO, G., "Anotações para uma teoria do conhecimento em Gramsci", in *Revista Brasileira de Educação*, n. 16, 2001.

SPRIANO, P., "*L'Ordine Nuovo*" e i consigli di fabbrica, Torino, Einaudi, 1971.

APÊNDICE

A ideologia que embala a galinha dos ovos de ouro

Gaudêncio Frigotto
Professor da Faculdade de Educação
da Universidade Federal Fluminense - UFF

Quero, inicialmente, agradecer aos sindicatos e à ln cubadora de Cooperativas Populares da UFRJ que organizaram este seminário por poder compartilhar preocupações comuns, sonhos e esperanças. Certamente, esse é o caminho que nos ajuda a encurtar o tortuoso percurso na luta desigual contra as formas reiteradas e cada vez mais violentas de exclusão e exploração que o capital impõe aos trabalhadores neste século. No caso dos países não integrados ao capital hegemônico, o custo humano dessa exclusão é exorbitante.

As palavras do professor Paul Singer, que me precedeu, são de um realismo assustador quando nos conduzem a olhar a face do desemprego e sua natureza estrutural e de um otimismo e utopia radical, quando demonstram que nem tudo está perdido e que a história mostra que os excluídos sempre buscaram formas alternativas de vida, de organização e de resolver seus problemas.

Vou iniciar minha intervenção por um viés acadêmico, com uma citação livre que tem 150 anos, escrita por um teórico e militante que tem tido muita influência, não só nos meios acadêmicos, mas para todos aqueles que lutam ao lado da classe trabalhadora — Karl Marx. Em seu livro intitulado *Miséria da Filosofia* ele nos afirma que uma indústria concentra, em um mesmo lugar, uma massa de pessoas que não se conhecem entre si — os trabalhadores. A concorrência divide seus interesses, mas a defesa do salário, interesse comum a todos perante seu patrão, os une a uma idéia comum de resistência — a coalizão. Portanto, a coalizão persegue sempre uma dupla finalidade: acabar com a concorrência dos operários para poder fazer uma concorrência geral aos capitalistas.

Se o primeiro objetivo da resistência se reduzia à defesa do salário, à medida que os capitalistas se associam movidos pela idéia da repressão, as coalizões, inicialmente isoladas, formam grupos, e a defesa pelos operários de suas associações, diante do capital sempre unido acaba sendo para eles mais necessária que a defesa do salário. Nessa luta, uma verdadeira guerra civil, vão se unindo e desenvolvendo todos os elementos para a batalha futura. Ao chegar a esse ponto, a coalizão toma caráter político.

O que Paul Singer nos disse é que a grande indústria já não concentra e nem há a tendência de concentrar grande contingente de pessoas, informando que, aproximadamente, 10% de trabalhadores estáveis e 90% de trabalhadores sublocados. Em seguida, ele nos fala sobre a questão dos excluídos e do papel do sindicato.

O sindicato não deixa de ter como foco a defesa do salário, mas se a defesa do salário é tão mínima, envolvendo poucos trabalhadores, há outras questões de maior importância em pauta, como a defesa do direito à vida e a defesa do direito ao trabalho, ainda que não seja o emprego tal qual o conhecemos.

O fundamental nesse debate é o novo desafio que essa realidade de desemprego estrutural e de políticas neoliberais nos coloca. Estamos num movimento de resistência para ter emprego, e com salário digno. Mas essa resistência vem sendo minada por uma mudança radical nas relações de produção. Não há mais a necessidade de um grande número de trabalhadores estáveis para que o capital prossiga. O capital subordina e estilhaça o trabalho sob várias formas: estáveis, precarizados, excedentes ou seja, multidões simplesmente desnecessárias à reprodução do capital. O que espanta, quando pensamos na educação e na formação profissional, é que, de certa forma, toda a nossa inserção neste âmbito, todas as nossas iniciativas hoje, apesar do seu enorme valor, vêm sendo pautadas, como uma espécie de ilusão, uma espécie de miragem, não pelos trabalhadores nas suas organizações, associações, nos seus sindicatos, nas suas cooperativas e sim pelo próprio capital e pela opção do Estado brasileiro, hoje, mais que nunca, abertamente subordinado e associado. A ideologia constrói um senso comum de que a educação básica ou formação profissional nos tira do capitalismo periférico, gera chances de emprego ou de "empregabilidade".

O novo nesse debate é que buscamos não alimentar essa ilusão. Buscamos afirmar uma outra alternativa para os excluídos, para os desempregados: a de se unirem de forma associada e tentarem, cooperativamente, produzir sua vida econômica, sócio-cultural, política e educacional. A educação, a formação profissional, nesse contexto, vão além de sua vinculação com o trabalho produtivo, ainda que sejam uma dimensão a ele associada. Trata-se de uma educação para a cidadania ativa e desenvolvimento das múltiplas dimensões do ser humano (criança, jovem ou adulto) e, portanto, de um direito subjetivo.

Vale registrar alguns dados do ponto de vista histórico, para mostrar como a concepção de educação e de formação humana foi sendo empobrecida e restringida. Se tomarmos como referência os últimos sessenta anos e a relação que se estabeleceu entre o mundo da educação e mundo do trabalho vamos encontrar três grandes idéias que funcionam ideologicamente, como uma espécie de promessa da galinha dos ovos de ouro. Isso, tanto do ponto de vista do Brasil, no sentido de sair da situação de desigualdade frente aos países dos centros desenvolvidos, quanto do ponto de vista da promessa aos que ganham mal ou aos excluídos: ganharão melhor ou serão incluídos no emprego estável.

Na década de 40 dizia-se que éramos um país desigual, subdesenvolvido, porque não éramos modernos. Muito se produziu, e textos e mais textos foram devorados sobre a teoria da modernização. Era uma explicação da desigualdade social entre indivíduos, da desigualdade entre países com ênfase psicossocial. Durante o golpe civil-militar, sob a égide da idéia do "Brasil Grande", incorporamos a teoria do capital humano, tese que deu Prêmio Nobel de Economia a Theodoro Schultz no ano de 1978. Essa teoria ou ideologia sustenta que os países são desenvolvidos ou subdesenvolvidos de acordo com o investimento em capital humano. E os trabalhadores ascendem socialmente, se integram no mundo do trabalho se detiverem esse capital. Isso seria conseguido mediante educação, formação profissional e saúde do trabalhador. A educação é equiparada, enquanto capital, à propriedade privada de meios e instrumentos de produção.

Isso funcionou dos anos 60 aos anos 80, quando instala-se a crise estrutural do capital, mencionada anteriormente por Paul Singer, redundando numa profunda mudança nas relações de trabalho e num profundo impacto sobre a exclusão crescente dos trabalhadores do emprego. Nada mais emblemático do que a imagem criada pela análise dessa situação sintetizada no título do livro de Viviane Forester — O horror econômico. Um bilhão de pessoas desempregadas no mundo. Somente na cidade de São Paulo há um milhão e seiscentos mil desempregados. Trata-se de seres humanos cujo tempo é ocupado procurando emprego. Pes-

278

soas que vivem *uma existência provisória, sem prazo.* como analisava, no início dos anos. 40, o psicólogo Victor Frankil.

Hoje, qual é a idéia-força ou qual é a isca que vem sendo colocada em relação à educação e à formação profissional? A de que os trabalhadores brasileiros são excluídos e não estamos entre os sete maiores países do mundo porque não fizemos o dever de casa. Temos de nos ajustar, temos de fazer uma reengenharia, temos de nos reestruturar, temos de nos globalizar. E uma vez mais, qual é a galinha dos ovos de ouro? A educação e a formação técnico-profissional. Dizem, em alto e bom som, e esse é um grande mito, que não existe falta de trabalho ou falta de emprego. Existem pessoas "não empregáveis". Fala-se até que vivemos, hoje, numa sociedade do conhecimento que deu fim ao proletariado. Em seu lugar surgem os arautos do conhecimento — o cognitariado!

Há, aí, uma nuance muito sutil, mas de enorme profundidade, que tem tudo a ver com nosso debate. Até a década de 80, colocava-se a educação, o treinamento e a formação como uma espécie de galinha dos ovos de ouro, que resolveria o problema do desemprego, do subemprego, da má distribuição de renda, do salário ruim. Nesse contexto, mal ou bem, a perspectiva era de uma sociedade integradora: pleno emprego, posto de trabalho. Isso, hoje, evaporou-se. Fala-se exatamente em desenvolver competências, não mais para o emprego, para um determinado posto de trabalho, mas para a empregabilidade. A idéia de competências é recuperada da década de 40, onde se associava competências educacionais com demandas do mercado. O SENAJ nasce, no início dos anos 40, dentro dessa perspectiva — ensinar o que serve — definido pelo mercado.

Mas é preciso sublinhar que é na vigência do atual governo, com seu projeto neoliberal que, pela primeira vez na história de nosso país, a pedagogia particular e reducionista da Confede-

279

ração Nacional das Indústrias, desenvolvida eficiente e competentemente durante 50 anos, através dos seus organismos SENAI, Instituto Euvaldo Lodi etc., passa a ser a concepção pedagógica dominante e oficial do Estado Brasileiro, da pré-escola à pós-graduação. É essa a idéia falsa da qual Singer nos falou. Se o sistema educacional investir em uma determinada educação, visando o desenvolvimento de determinadas competências, aqueles que adquirirem essas competências terão emprego. Essa é uma ilusão brutal. Não negamos a importância da educação, que é crucial e fundamental, mas não por esse caminho, porque essa galinha dos ovos de ouro isolada não tem o poder de transformar a realidade social, cultural, política e econômica de uma sociedade marcada pelo estigma escravocrata e pela servil subordinação ao grande capital, mormente financeiro e especulativo.

Esse deslocamento tem um papel ideológico feroz. O que se quer inculcar é de que se ele fizer o curso primário, Telecurso 2000 ou mesmo o programa do Viva Rio ou o Programa Integrar tem emprego garantido. Nós sabemos que nem se ele fizer o segundo grau, ensino superior ou pós-graduação terá emprego garantido. O problema do desemprego tem outras determinações. Não negamos com isso a importância da educação, em seus diferentes níveis ou até mesmo da simples certificação. É importante o trabalhador ter a certificação mas temos de discutir em que condições. Um grande contingente de profissionais com pós-graduação está excluído. E essa é uma questão crucial. É preciso desmitificar essas propostas, sem ignorar ou abandonar essas lutas, mas não alimentando a ilusão, dos anos 40, 50, de forma reiterada e das mais diversas maneiras.

Na década de 60, os países desenvolvidos investiram num grande projeto — Projeto Mediterrâneo — trabalhando a previsão de formação de mão-de-obra para o futuro, e foi um rotundo

280

fracasso. As pessoas que hoje estão se formando voltadas para as características do mercado já encontram o mercado com outras características. São muitas, e muito rápidas, as mudanças. E, no entanto, a ideologia no Brasil continua sendo essa de colar a educação ao imediatismo do mercado. Formam-se, hoje, milhares e milhares de trabalhadores para o primeiro grau, segundo grau, dentro das perspectivas das competências, como se daqui a cinco, dez anos esses jovens fossem encontrar o mercado com as mesmas características. Esse é o grande nó. Essa é a pauta que vem do lado de lá: um governo que produz uma falsificação da realidade social, econômica e constrói uma proposta educacional e de formação profissional falsificada.

O que este seminário está tentando refletir é de que o número de excluídos do emprego formal é colossal e de que não vai haver emprego para todos. Isso é agravado por políticas recessivas dos atuais governantes que empenham os recursos e as vísceras dos trabalhadores para pagar juros ao capital especulativo A realidade nos mostra, então, que como os trabalhadores não querem morrer — o ser humano quer viver — se organizam sem muita ideologia, por uma questão de necessidade, para produzirem, das mais diversas formas, sua sobrevivência física. É aí que nosso maior desafio se apresenta de maneira mais evidente: dar caráter político, organização, caráter coletivo e de alternativa a essa realidade disforme, espontânea, premida pela urgência da necessidade. E, aí, é preciso que as instituições da sociedade civil, os partidos e sindicatos vinculados historicamente às lutas dos trabalhadores reflitam, analisem para não enveredar em descaminhos. Trata-se, sem dúvida, de uma situação onde andamos num fio de navalha, já que essas instituições estão também marcadas por várias facetas da crise: econômica, ideológica, ético-política.

Os grandes sindicatos encontraram um filão ao disputar fundo público, via formação: o Projeto Integrar dos metalúrgicos, o Projeto dos Bancários, das telecomunicações. organizadores deste debate, são protagonistas desta opção. Trata-se de uma opção repleta de riscos, conflitos e que portanto não deve temer-se avaliá-la.

Na Universidade Federal do Rio Grande do Sul, o pessoal ligado ao Dieese fez uma avaliação do Projeto Integrar no Estado. O sindicato dos metalúrgicos dá certificação de primeiro grau e uma série de outros cursos de formação. A demanda por vagas é enorme em todo o Estado. A proposta é muito interessante, de formação da cidadania, com uma metodologia participativa etc. Mas quando os pesquisadores vão ouvir os trabalhadores constatam que a maioria estava empregada e buscava os cursos com medo de perder o emprego. A maior parte vai buscar certificação de primeiro grau porque, hoje, até para cuidar da caixa do prostíbulo mais rapapé exige-se, como filtro seletivo, o primeiro grau completo. Qualquer empresa, até em função dos ISOs da vida, exige segundo grau. A certificação passou a ser uma premissa interna, uma ilusão do trabalhador, que raciocina nessa lógica: "tendo isso, eu vou conseguir aquilo". Os dados sobre o reingresso ao emprego dos que o perderam são eloqüentes: mostram que, para a maioria, o novo emprego é de menor remuneração, menor complexidade e, portanto, teoricamente exigiria menor escolaridade.

Mas, além disso, é preciso perceber que a certificação se dá em dez meses, com trabalhadores que trabalham durante o dia e à noite fazem o curso. Temos de pensar o que significa essa certificação ou dar a certificação e desenvolver uma luta, para que esse trabalhador tenha direito, ou pelo menos o filho dele tenha direito a fazer a escola básica, que é um direito subjetivo garantido na Constituição. O ensino básico é obrigação do Estado. Se fosse cumprir à risca a lei, a autoridade que não oferece isso deveria ser presa, deveria ser taxada ou impugnada, porque não está cumprindo um dever constitucional.

A outra perspectiva que as avaliações mostram como a mais constante e extremamente positiva da atividade do sindicatos, e isso é comum a todas as experiências, é que esses trabalhadores estão reunidos e melhoram sua auto-estima. Ou seja, o maior efeito não vai ser econômico, e sim psicossocial e político. As pessoas começam a se olhar de frente, a não querer beber, a não pensar em suicídio, a ter um mínimo de autoconfiança. Todos os relatórios confirmam que os trabalhadores integrados nesses cursos tendem a recuperar um mínimo de confiança de que pode haver algum futuro. No plano imediato isso não é pouco. No plano imediato em termos de perspectivas, porém, é insuficiente e problemático.

Isso coloca em nossas mãos uma contradição brutal, porque esses trabalhadores estarão, no passo seguinte, cobrando esse futuro. E qual é o passo seguinte? Fizeram a formação, fizeram as 700, as 400 ou as 200 horas, e onde está o emprego? Cadê a possibilidade ou a empregabilidade? O desafio é muito grande, especialmente para esse caminho que os sindicatos estão tomando, via formação.

Do meu ponto de vista, esse envolvimento de sindicato-escola, em qualquer nível, tem de ser como uma tarefa conjuntural e sem descuidar de sua tarefa precípua de formar lideranças e quadros que atuem em defesa dos interesses amplos e múltiplos da classe trabalhadora (empregados e desempregados), onde se destacam os direitos da educação pública, laica, gratuita, universal e de qualidade. Na medida em que exista força política para investir nas instâncias específicas de promover a formação, essa função orgânica do sindicato tem de assumir toda a centralidade.

Nessa direção, mais auspiciosa é a atividade organizada pela Escola Sete de Outubro, realizada recentemente em Belo Horizonte — um curso de formação de lideranças que vão integrar conselhos, como por exemplo, os conselhos das secretarias municipais de trabalho. É grande a falta de quadros com um domínio mínimo da mecânica desses conselhos. O FAT, Fundo de Amparo ao Trabalhador, administra uma fábula em volume de recursos sem controle e manejo por parte da sociedade. Todas as análises da Unitrabalho indicam a necessidade de mudar, e muito, o destino desses recursos. Os grandes beneficiários são instituições que condensam poder político, como a Rede Globo com seu Telecurso 2000, Senai ou mesmo grupos que se organizam em forma de cartórios.

Hoje, o Senai pode praticamente prescindir de 1% do que as empresas são obrigadas a repassar para a instituição, na medida em que já tem uma competência consolidada, disputando verbas de fundos públicos e privados. O Senai dá cursos em todo o Brasil com recursos do FAT. Mas é uma formação de caráter privado, sem controle da sociedade, com seus recursos, e cada vez mais elitista. Cabe perguntar, que formação é essa? As vantagens estão no fato de manter sua estrutura ou, de fato, está agregando uma formação que interessa aos trabalhadores? Entendo que um grande desafio de ampliação da atividade sindical é criar capacidade de formação sindical, para ter cada vez mais controle e manejo do fundo público. Esta é, sem dúvida, uma questão estratégica fundamental.

Essa questão tem a ver com uma realidade presente e futura onde não há emprego para todos e o capital não necessita de todos os que podem e necessitam trabalhar. Para os excluídos do emprego, sob as relações de propriedade privada capitalista, só há futuro se ampliar uma esfera pública democrática.

Em 1990, foi traduzido no Brasil um livro — *Sociedade e Informática* — do filósofo Adam Schaff, que traz uma perspectiva problematizadora. Esse pensador, em 1984, a convite do Clube de Roma, analisa qual seria o Impacto da automação na sociedade européia. Já nesse livro, em 84, dizia que o trabalho, da forma como nós o conhecemos, ia diminuir muito, e até exagera prevendo seu fim. Entretanto, dizia também que a única saída possível seria a criação de uma forma coletiva e planejada de sociedade.

É nesse ponto que vem à baila a problemática da Economia Solidária e cooperativa, objeto desse debate amplo e sobre o qual o professor Paul Singer se deteve. Há dificuldades de várias ordens. A primeira é definir claramente de que solidariedade e de que trabalho cooperativo falamos. O capital tem seus métodos históricos de solidariedade e de cooperação com vistas à exploração. Não é disso que falamos. Pelo contrário, falamos de formas alternativas ao capital, ainda que constrangidos sob essas relações. Dizendo isso se esclarece a direção, mas não estamos solucionando os problemas.

Certamente, para além de não cair em mistificações e simplificações que ignoram a ideologia e cultura dominante que atinge os excluídos, a grande dificuldade de todos os grupos que começam um trabalho cooperativo (solidário) é encontrar o caminho que viabilize essa proposta sem ser um trabalho de miséria, mas um trabalho que dignifique e que permita ganhar a vida com um nível mínimo de dignidade. Mais amplamente, na linha daquilo que escreve e expõe Singer, como isso pode ser uma utopia fecunda enquanto alternativa ao próprio capitalismo.

Nos limites de nossa sociedade, evidencia-se que, onde há poder público com uma perspectiva de democracia participativa e, portanto, com controle democrático maior, essas experiências caminham mais solidamente. Poderíamos pensar um pouco no que está acontecendo há anos na cidade de Porto Alegre e, quiçá a gente possa fazer agora no Estado do Rio Grande do Sul, com a vitória do Olívio Dutra. Mas sabemos que não é fácil e que não dá para romantizar ou criar ilusões, acreditando que o fato de ganhar a eleição em um Estado é garantia de mudanças efetivas na

285

realidade brasileira no seu conjunto. Mas há sempre, sem qualquer sombra de dúvida, e sem mágica, a possibilidade de mudar muito as relações existentes.

O que desafia hoje os sindicatos, neste contexto, é, em primeiro lugar, como incorporar os trabalhadores que já não são formalmente empregados como trabalhadores da indústria e do comércio. Como incorporá-los como sindicalizados? E, em segundo lugar, qual a pauta estratégica que definirá para onde os sindicatos vão dirigir suas energias.

Considero de suprema importância a questão da formação de lideranças que entendam como se maneja o fundo público, em nome dos trabalhadores. O FAT é um fundo para os trabalhadores. Penso que, talvez, sejam eles os que menos recebem os benefícios diretos do FAT. Fazer os cursos não é um benefício suficiente para sua situação de desempregados ou precarizados. Numa sociedade democrática os trabalhadores teriam isso dentro do sistema regular de ensino. Vamos ter de discutir qual o sentido dos recursos do FAT e criar capacidade política para que os mesmos beneficiem os trabalhadores.

Paul Singer trouxe à tona o caso da empresa Wallig, onde relata a reação dos trabalhadores que recusaram a possibilidade de voltar a ser empregados, após experimentarem um trabalho autogestionário, cooperativo e solidário. Isso lembrou-me o trabalho de um pesquisador chileno, Luís Razetto, que há quinze anos, na direção de uma ONG, está fazendo pesquisa basicamente no meio popular. Um dado que ele traz muito interessante é que em 1985 um grande contingente de trabalhadores excluídos estava em busca de voltar a se incluir no mercado formal. 85% a 90% diziam que tão logo pudessem voltariam ao mercado formal. Mas o tempo de desemprego foi longo, e eles tiveram de buscar formas alternativas de sobrevivência. Quinze anos depois o quadro se inverteu: 80 a 90%, pelo mesmo salário ou até um salário um pouco superior, não voltariam. Duas razões foram apontadas como fundamentais: primeiro, uma nova cultura no trabalho, uma nova relação de trabalho, sem chefe e, portanto, sem hierarquia, e a segunda, que permite ao trabalhador controlar seu tempo.

É preciso atentar, todavia, que essas situações padecem de um duplo limite: primeiramente estamos diante de situações que ainda são de sobrevivência e que, portanto, em termos de direitos já conquistados de estabilidade, assistência médica, fundo de garantia, há perdas inequívocas conservadoras, positivando a idéia de auto-emprego ou de empregabilidade e interessadas em camuflar a falta de políticas de emprego e renda ou de mudanças mais estruturais na sociedade. Passa-se a idéia de que isso é que é o desejável, e que quem se prepara pode dispensar, quando quiser, o patrão e criar o próprio emprego ou trabalho.

Atuo e falo no campo da educação. Gostaria, para finalizar, que ficássemos alertas em relação às armadilhas e o fio de navalha sobre o qual nos movemos. Sem abandonar projetos como o Integrar ou como o dos Bancários e Sinttel, que têm um papel emergencial importante no sentido de congregar os excluídos, devemos vestir nessa linha com extrema cautela. Mesmo sabendo que as lideranças que estão à frente desses projetos têm consciência dos riscos, não podemos nos permitir cair na armadilha e ideologia que toma a educação e, mais especificamente a formação profissional e técnica, rápidas como atalho à galinha dos ovos de ouro para os que têm risco de perder o emprego ou para os precarizados e desempregados.

Insisto que esse tipo de intervenção sindical, penso deva ser tomado como conjuntural e, portanto, como estratégia provisória. Mais duradoura é a perspectiva da formação de quadros protagonizada pela Escola Sete de Outubro. Trata-se de ganhar clareza política e competência sobre o manejo e controle do fundo público, seja qual for sua origem e fonte. Mais que isso, ganhar capacidade democrática para que esse fundo público possa ampliar a organização e a viabilidade de produção de uma vida digna.

Frei Beto, num recente debate em Recife, afirmou que 15 milhões de pessoas se organizam hoje no Brasil sob o teto dos Sem Terras. É um número espantoso. Ele dizia que essas pessoas deveriam receber um prêmio do governo — e eu concordo —, por conseguir manter uma massa de excluídos da terra, de forma organizada, e não em convulsão social. E dizia mais: imagine essas pessoas na cidade, a pressão que seria sobre as empresas, ou imagine essas pessoas tendo por trás a orientação de um líder fanático religioso ou de um caudilho.

A importância do nosso debate é que ele nos coloca uma pauta diferente. Temos de começar a olhar a realidade do trabalhador, como ele se organiza, e dimensionar a nova realidade. Temos de criar nos nossos sindicatos competência política, técnica e educativa para entender isso, saindo um pouco da idéia de que a educação, no sindicato, tem de ser uma educação escolar. Estamos assumindo no sindicato a educação escolar porque ainda vivemos numa sociedade que não respeita o que há de mais elementar nos direitos de cidadania — dar aos cidadãos uma escolaridade mínima.

Essa é uma luta política que o Estado, quando efetivamente democrático, faz. Nesse momento, os sindicatos poderiam se ocupar de suas tarefas políticas e educativas, não escolares. Muito embora o sindicato hoje assuma um papel também de escola, ele não pode se tornar uma escola no sentido estrito do termo, sob o risco de trair sua própria natureza e papel histórico. A imagem que faço é de que vivemos uma conjuntura de riscos sérios e caminhamos sobre um fio de navalha. Não há espaço para dogmas e nem para arrogância. Os desafios e opções que vamos tomando nos exigem uma vigilância crítica permanente, averiguando qual o sentido de nossas iniciativas e de nossas lutas. Qual o lado que efetivamente reforçam. Esse é o sentido de debatermos hoje o papel dos sindicatos e da formação sindical face às experiências, diversas, múltiplas de organização de trabalhadores que buscam cooperativa e solidariamente produzir sua sobrevivência material e sócio-cultural. Trata-se de pauta que considero extremamente importante em nossa discussão, até porque estamos aqui não para pontificar certezas, mas dividir preocupações, desafios, dúvidas, e, também, sonhos e esperanças. Se a história vem nos mostrando que nada é eterno, certamente o capitalismo e sua pedagogia de exclusão e exploração também não o serão.

Sobre os autores

Ana Rita Trajano

Professora assistente do Departamento de Psicologia/UFMG. Coordenadora da Incubadora Tecnológica de Empreendimentos da Socioeconomia Solidária/UFMG/ NESTH/UNITRABALHO. Mestre em Psicologia Social/UFMG.

Célia Regina Vendramini

Doutora em Educação pela Universidade Federal de São Carlos/SP; professora do Centro de Ciências da Educação da Universidade Federal de Santa Catarina; autora do livro "Terra, trabalho e educação: experiências sócio-educativas em assentamentos do MST" (Ed. UNIJUÍ, 2000) e organizadora e co-autora do livro "Educação em movimento na luta pela terra" (NUP/CED/ UFSC, 2002).

Clair Ribeiro Ziebell

Mestre em Educação pela Universidade do Vale do Rio dos Sinos. Professora adjunta do Curso de Serviço Social e Assistente Social responsável pelo Serviço Social — Assessoria a Movimentos de Mulheres e Organizações Comunitárias, UNISINOS/RS.

É sócio-educadora da Rede Mulher de Educação – RME – de São Paulo.

Farid Eid
Professor adjunto do Depto. Engenharia de Produção/ UFSCar. Doutor em Economia e Gestão pela Université de Picardie Jules Verne, França. Ex-coordenador da Incubadora Regional de Cooperativas Populares da UFSCar. Docente dos Cursos de Especialização e de Técnico em Administração de Cooperativas organizados pela CONCRAB/MST. Pesquisador do CNPq, coordenador da pesquisa Dinâmica Organizacional e Produtiva em Cooperativas de Reforma Agrária, em parceria entre a UFSCar/CONCRAB/ MST (2002/2004). Integrou a Equipe Curricular Nacional do Programa Integrar da CNM/CUT. Integra a Coordenação do Programa Nacional de Economia Solidária da Rede UNITRABALHO.

Gaudêncio Frigotto
Doutor em Educação. Professor Visitante na Faculdade de Educação da UERJ e Prof. Titular Associado no Programa de Pósgraduação em Educação da UFF. Representante do Brasil no Comitê Diretivo do Conselho Latino-Americano de Ciências Sociais (CLACSO). Autor e co-autor de vários livros, entre eles: *A educação e a crise do capitalismo real*. São Paulo, Cortez, 1995, 5ª edição; *Educação e crise do trabalho: perspectivas de final de século*. Rio de Janeiro, Ed. Vozes, 1998, 6ª. *Trabalho e conhecimento: dilemas na educação do trabalhador*. São Paulo, Cortez, 1987. 4ª edição.

Giovanni Semeraro
Prof. Adjunto de Filosofia da Educação da Universidade Federal Fluminense (UFF). Pesquisador do CNPq e Coordena-

dor do Núcleo de Estudos e Pesquisas em Filosofia Política e Educação — NUFIPE/UFF. Autor do livro: "*Gramsci e a sociedade civil, cultura e educação para a democracia,* 2ª ed.", Petrópolis, Vozes, 1999.

Iracy Picanço

Professora Titular em Sociologia da Educação da Universidade Federal da Bahia. Coordenadora do Núcleo Temático Trabalho e Educação da FACED/UFBA e do Núcleo Local UFBA/ UNITRABALHO. Autora de diversos artigos e organizadora de outras publicações na área de Trabalho e Educação. Ex-coordenadora do GT Trabalho e Educação da ANPED. Desde 1999, integra equipe de avaliação de ações do PLANFOR (hoje PNQ/Mte), especialmente dos PEQ e PLANTEQ do Estado da Bahia, e do Plano de Qualificação da CUT-Nacional. No âmbito da Economia Solidária, desde 2002, participa do Programa de Economia Solidária da UNITRABALHO.

José Eustáquio de Brito

Mestre em Educação pela Faculdade de Educação da Universidade Federal de Minas Gerais; Coordenador de Formação da Escola Sindical 7 de Outubro da CUT; Membro do Núcleo de Estudos sobre Trabalho e Educação – NETE / FaE / UFMG. E-mail: jeustbrito@uol.com.br

José Peixoto Filho

Doutor em Educação pela Universidade Federal do Rio de Janeiro— UFRJ; Professor da Faculdade de Educação da Universidade Federal Fluminense-UFF. Atuou no Movimento de Educação de Base (MEB) realizando trabalhos de coordenação, formação e acompanhamento de equipes de monitores, tanto em Goiás como no Rio de Janeiro. Autor do livro *A travessia do popular na contradança da educação* (Editora da UCG, 2003).

Josiane Barros

Psicóloga (analista institucional); Mestre em Educação/UFF na área de Trabalho e Educação. Professora Assistente do Centro Universitário da Cidade (Escola de Educação e Meio Ambiente); integrou a equipe da Incubadora Tecnológica de Cooperativas Populares da COPPE/UFRJ no período de 1996 a 2000; Co-autora de *"Experiências da Incubadora Tecnológica de Cooperativas Populares COPPE/UFRJ no contexto da extensão universitária"* (EdUFF, 2000); Co-organizadora de *"Narrativas das Professoras do Projeto de Educação Ambiental na APA de Petrópolis"* (FURNAS, 2001).

Lia Tiriba

Professora da Faculdade de Educação da Universidade Federal Fluminense-UFF. Doutora em Ciências Políticas e Sociologia pela Universidade Complutense de Madrid (Programa Sociologia Econômica e do Trabalho). Pesquisadora do Núcleo de Estudos, Documentação e Dados sobre Trabalho e Educação, NEDDATE/ UFF. Autora do livro *Economia popular e cultura do trabalho: pedagogia(s) da produção associada* (Unijui, 2001) e de vários artigos sobre trabalho e formação humana.

Maria Clara Bueno Fischer

Professora e pesquisadora da Linha de Pesquisa Educação e Processos de Exclusão Social do Programa de Pós Graduação em Educação da Universidade do Vale do Rio dos Sinos – UNISINOS/RS. Doutora em Educação pela Universidade de

Nottingham, Inglaterra. Dedica-se a estudos sobre trabalho e educação, na perspectiva da formação humana.

Maria Elena Villar e Villar
Professora de Iniciação Científica do Centro Universitário Fundação Santo André; Doutoranda pela Faculdade de Educação da USP; Membro do grupo de pesquisa, de âmbito nacional, *Juventude, escolarização e poder local,* financiado pela FAPESP; Membro da equipe de educação no projeto Bolsas Autogestionárias (1999-2000) da ANTEAG Associação Nacional de Trabalhadores de Empresas Autogestionárias e Participação Acionária.

Marilena Nakano
Doutoranda em Educação pela Faculdade de Educação da USP; assessora da Anteag— Associação Nacional dos Trabalhadores em Empresas Autogestionárias e Participação Acionária (1995-2000); Coordenadora regional— São Paulo da pesquisa *Significados e Tendências da Economia Solidária no Brasil –* Unitrabalho; autora de artigos sobre economia solidária, dentre outros, publicados em *A Economia Solidária no Brasil – a autogestão como resposta ao emprego* (Editora Contexto-2000), *São Paulo em Perspectiva* (SEADE – 1997); membro do grupo de pesquisa, de âmbito nacional, *Juventude, escolarização e poder local,* financiado pela FAPESP.

Marlene Ribeiro
Profª Titular em Filosofia da Educação do PPGEDU/FACED/ UFRGS; Coordenadora do Grupo de Pesquisa CNPq e do Núcleo Trabalho, Movimentos Sociais e Educação – TRAMSE; pesquisadora com apoio do CNPq e da FAPERGS; autora de *Universidade*

brasileira "pós-moderna": democratização x competência. Manaus/ EDUA, 1999; em co-autoria com Alceu R. Ferraro, *Trabalho, Educação e Lazer: construindo políticas públicas.* Pelotas/RS: EDUCAT, 2001.

Marli Pinto Ancassuerd

Professora de Metodologia de Ensino do Centro Universitário Fundação Santo André, Mestre em Educação pela PUC-SP, membro do grupo de pesquisa, de âmbito nacional, *Juventude, escolarização e poder local,* financiado pela FAPESP; Membro da equipe de educação no projeto Bolsas Autogestionárias (1999-2000) da ANTEAG Associação Nacional de Trabalhadores de Empresas Autogestionárias e Participação Acionária.

Ricardo Carvalho

Doutor em Sociologia pela Universidade de Paris VII. Professor adjunto no Departamento de Psicologia e do Mestrado em Psicologia Social/UFMG. Coordenador regional da pesquisa "Significados e Tendências da Economia Solidária no Brasil – Unitrabalho. Autor do livro *Les nouvelles tecnologies de gestion e la mobilisacion de la sujetivité dan une industrie au Bresil,* Paris, 1998. Organizador, entre outros, do livro *Globalização, trabalho e desemprego* (Ed.C/Arte, Belo Horizonte, 2001).